U0741255

2014—2015年
中国工业和信息化发展
系列蓝皮书

2014-2015年中国安全产业发展蓝皮书

The Blue Book on the Development of Safety Industry in China（2014-2015）

中国电子信息产业发展研究院　编著

主　编／王　鹏

副主编／高　宏

人民出版社

责任编辑：邵永忠　刘志江

封面设计：佳艺堂

责任校对：吕　飞

图书在版编目（CIP）数据

2014～2015年中国安全产业发展蓝皮书/王鹏 主编；

中国电子信息产业发展研究院 编著 .—北京：人民出版社，2015.7

ISBN 978-7-01-014983-7

Ⅰ.①2… Ⅱ.①王… ②中… Ⅲ.①信息安全—产业

发展—白皮书—中国— 2014～2015 Ⅳ.① F49

中国版本图书馆 CIP 数据核字（2015）第 141397 号

2014–2015年中国安全产业发展蓝皮书

2014–2015NIAN ZHONGGUO ANQUAN CHANYE FAZHAN LANPISHU

中国电子信息产业发展研究院　编著

王　鹏　主编

人民出版社 出版发行

（100706　北京市东城区隆福寺街 99 号）

北京艺辉印刷有限公司印刷　新华书店经销

2015 年 7 月第 1 版　2015 年 7 月北京第 1 次印刷

开本：710 毫米 ×1000 毫米　1/16　印张：15.75

字数：263 千字

ISBN 978-7-01-014983-7　定价：78.00 元

邮购地址　100706　北京市东城区隆福寺街 99 号

人民东方图书销售中心　电话（010）65250042　65289539

代 序

大力实施中国制造2025　加快向制造强国迈进
——写在《中国工业和信息化发展系列蓝皮书》出版之际

制造业是国民经济的主体，是立国之本、兴国之器、强国之基。打造具有国际竞争力的制造业，是我国提升综合国力、保障国家安全、建设世界强国的必由之路。新中国成立特别是改革开放以来，我国制造业发展取得了长足进步，总体规模位居世界前列，自主创新能力显著增强，结构调整取得积极进展，综合实力和国际地位大幅提升，行业发展已站到新的历史起点上。但也要看到，我国制造业与世界先进水平相比还存在明显差距，提质增效升级的任务紧迫而艰巨。

当前，全球新一轮科技革命和产业变革酝酿新突破，世界制造业发展出现新动向，我国经济发展进入新常态，制造业发展的内在动力、比较优势和外部环境都在发生深刻变化，制造业已经到了由大变强的紧要关口。今后一段时期，必须抓住和用好难得的历史机遇，主动适应经济发展新常态，加快推进制造强国建设，为实现中华民族伟大复兴的中国梦提供坚实基础和强大动力。

2015年3月，国务院审议通过了《中国制造2025》。这是党中央、国务院着眼国际国内形势变化，立足我国制造业发展实际，做出的一项重大战略部署，其核心是加快推进制造业转型升级、提质增效，实现从制造大国向制造强国转变。我们要认真学习领会，切实抓好贯彻实施工作，在推动制造强国建设的历史进程中做出应有贡献。

一是实施创新驱动，提高国家制造业创新能力。把增强创新能力摆在制造强国建设的核心位置，提高关键环节和重点领域的创新能力，走创新驱动发展道路。加强关键核心技术研发，着力攻克一批对产业竞争力整体提升具有全局性影响、带动性强的关键共性技术。提高创新设计能力，在重点领域开展创新设计示范，推广以绿色、智能、协同为特征的先进设计技术。推进科技成果产业化，不断健全以技术交易市场为核心的技术转移和产业化服务体系，完善科技成果转化协同推进机制。完善国家制造业创新体系，加快建立以创新中心为核心载体、以公共服务平台和工程数据中心为重要支撑的制造业创新网络。

二是发展智能制造，推进数字化网络化智能化。把智能制造作为制造强国建设的主攻方向，深化信息网络技术应用，推动制造业生产方式、发展模式的深刻变革，走智能融合的发展道路。制定智能制造发展战略，进一步明确推进智能制造的目标、任务和重点。发展智能制造装备和产品，研发高档数控机床等智能制造装备和生产线，突破新型传感器等智能核心装置。推进制造过程智能化，建设重点领域智能工厂、数字化车间，实现智能管控。推动互联网在制造业领域的深化应用，加快工业互联网建设，发展基于互联网的新型制造模式，开展物联网技术研发和应用示范。

三是实施强基工程，夯实制造业基础能力。把强化基础作为制造强国建设的关键环节，着力解决一批重大关键技术和产品缺失问题，推动工业基础迈上新台阶。统筹推进"四基"发展，完善重点行业"四基"发展方向和实施路线图，制定工业强基专项规划和"四基"发展指导目录。加强"四基"创新能力建设，建立国家工业基础数据库，引导产业投资基金和创业投资基金投向"四基"领域重点项目。推动整机企业和"四基"企业协同发展，重点在数控机床、轨道交通装备、发电设备等领域，引导整机企业和"四基"企业、高校、科研院所产需对接，形成以市场促产业的新模式。

四是坚持以质取胜，推动质量品牌全面升级。把质量作为制造强国建设的生命线，全面夯实产品质量基础，提升企业品牌价值和"中国制造"整体形象，走以质取胜的发展道路。实施工业产品质量提升行动计划，支持企业以加强可靠性设计、试验及验证技术开发与应用，提升产品质量。推进制造业品牌建设，引导企业增强以质量和信誉为核心的品牌意识，树立品牌消费理念，提升品牌附加值和软实力，加大中国品牌宣传推广力度，树立中国制造品牌良好形象。

五是推行绿色制造，促进制造业低碳循环发展。把可持续发展作为制造强国建设的重要着力点，全面推行绿色发展、循环发展、低碳发展，走生态文明的发展道路。加快制造业绿色改造升级，全面推进钢铁、有色、化工等传统制造业绿色化改造，促进新材料、新能源、高端装备、生物产业绿色低碳发展。推进资源高效循环利用，提高绿色低碳能源使用比率，全面推行循环生产方式，提高大宗工业固体废弃物等的综合利用率。构建绿色制造体系，支持企业开发绿色产品，大力发展绿色工厂、绿色园区，积极打造绿色供应链，努力构建高效、清洁、低碳、循环的绿色制造体系。

六是着力结构调整，调整存量做优增量并举。把结构调整作为制造强国建设的突出重点，走提质增效的发展道路。推动优势和战略产业快速发展，重点发展新一代信息技术产业、高档数控机床和机器人、航空航天装备、海洋工程装备及高技术船舶、先进轨道交通装备、节能与新能源汽车、电力装备、新材料、生物医药及高性能医疗器械、农业机械装备等产业。促进大中小企业协调发展，支持企业间战略合作，培育一批竞争力强的企业集团，建设一批高水平中小企业集群。优化制造业发展布局，引导产业集聚发展，促进产业有序转移，调整优化重大生产力布局。积极发展服务型制造和生产性服务业，推动制造企业商业模式创新和业态创新。

七是扩大对外开放，提高制造业国际化发展水平。把提升开放发展水平作为制造强国建设的重要任务，积极参与和推动国际产业分工与合作，走开放发展的道路。提高利用外资和合作水平，进一步放开一般制造业，引导外资投向高端制造领域。提升跨国经营能力，支持优势企业通过全球资源利用、业务流程再造、产业链整合、资本市场运作等方式，加快提升国际竞争力。加快企业"走出去"，积极参与和推动国际产业合作与产业分工，落实丝绸之路经济带和21世纪海上丝绸之路等重大战略，鼓励高端装备、先进技术、优势产能向境外转移。

建设制造强国是一个光荣的历史使命，也是一项艰巨的战略任务，必须动员全社会力量、整合各方面资源，齐心协力，砥砺前行。同时，也要坚持有所为、有所不为，从国情出发，分步实施、重点突破、务求实效，让中国制造"十年磨一剑"，十年上一个新台阶！

工业和信息化部部长　苗圩

2015 年 6 月

前 言

　　安全是经济社会可持续健康发展的前提之一，也是促进经济转型升级的重要抓手。坚持以人为本、安全发展的理念，必须从预防和治本上下更大功夫，坚决遏制重特大事故发生。10多年来，我国安全事故和死亡人数下降了50%以上，表明我国安全生产工作成效显著，安全生产形势总体向好。然而现阶段，我国工业化、信息化、城镇化和农业现代化快速发展，仍未走出生产安全事故、职业病等易发、多发期。与发达国家相比，我国安全事故总量、伤亡人数仍处高位。而且，随着经济社会的发展，人民群众的安全意识和安全需求也越来越高，加上互联网等新媒体带来的信息传播速度加快，信息透明度和社会舆论对我国生产安全形成了巨大压力，必须重视和提高全社会的安全防范水平。因此，我国安全生产的形势依然严峻，治理任务仍然繁重。作为为安全生产、防灾减灾、应急救援等安全保障活动提供专用技术、产品和服务的产业，安全产业始终贯彻我国"安全第一，预防为主"的安全生产方针，成为安全源头治理的重要手段，更是实现安全生产的基础和保障。

一

　　发展安全产业是践行科学发展观的必然要求。习近平总书记强调：我们的发展，决不能以牺牲人的生命为代价，这是一条不可逾越的红线。发展必须以人为本、以民为本，我们不要带血的GDP。大力发展安全产业，是践行科学发展观、落实安全发展理念、牢牢坚守生命红线的必然要求。尽快形成完善的安全产业体系，将有效提升安全生产、防灾减灾、应急救援保障能力，满足全社会对安全、健康、稳定的需要，确保人民群众平安幸福生活、广大劳动者安全健康工作，对于保障社会稳定和促进经济健康发展具有重大意义。

　　发展安全产业是工业转型升级的重要体现。当前，我国工业发展的国内外经济环境发生了深刻变化，在新常态下，只有通过工业转型升级，才能打造中国工业"升级版"。我们必须坚定不移走中国特色新型工业化道路，加快产业结构调整优化，深入实施创新驱动战略，大力推进信息化和工业化深度融合，全面推进工业转型升级，推动中国工业由大变强。首要任务和施策重点是推进发展理念转变、发展模式转型和发展路径创新。正是在这样大的时代背景下，从国家层面提出了培育和发展安全产业的概念和任务。

发展安全产业是新时期提高国家安全生产水平的迫切需要。我们越来越清晰地认识到，发展安全产业是提高本质安全水平的迫切需要。首先，发展安全产业可以推进源头治理。随着新材料、新工艺、新装备以及新一代信息技术的融合发展，应用于安全生产领域的新技术、新产品、新业态、新模式将不断涌现，必将淘汰落后、不安全的生产工艺、技术和产品，进一步提高企业本质安全水平。其次，发展安全产业能增强社会保障能力。大力开发推广使用先进、高效、可靠、实用的专用技术和产品，也是政府保障人民生命财产安全和社会稳定的物质基础，势必更好地增强全社会安全保障能力。

二

从 2010 年国务院文件提出发展安全产业，到 2012 年工业和信息化部和国家安全生产监督管理总局联合发出《关于促进安全产业发展的指导意见》，安全产业稳步发展。2014 年安全产业在园区建设、产业规模上都有了显著提高，特别是 2014 年底中国安全产业协会的成立，更是建立起一个推动我国安全产业发展的大平台。

2015 年是安全产业发展的重要一年，在国家相关部委的支持和推动下，依托中国安全产业协会，依靠创新驱动，构建政产学研用平台，实现安全产业转型升级。一是以产业创新、技术创新和商业模式创新引领，以科技信息技术改造提升安全产业，以超前投资装备防范重特大事故和拉动经济增长带动金融业发展制定顶层设计。二是依靠科技创新，实施信息化、产业化、市场化、金融化"四化"深度融合，改造提升传统工业，改造提升政府、企业、社会安全三大保障能力；努力实现本质安全型企业、智能监管型政府、自我安全型市民、安全保障型社会。

科技进步是社会发展的原动力。安全产业服务社会，最根本的是提高安全保障的科技含量。通过进一步深化改革创新发展模式，在良好的机制环境中深度研发突破关键核心技术、加快转型、加速升级、差异发展、特色发展，为社会提供先进的技术装备和技术保障。

按照当前全国事故灾难分类和风险评估，重点研发道路交通、建筑施工、煤炭矿山、市政管网、消防化工、应急救援等重点事故多发、易发领域的安全保障技术，跟踪聚集全球最先进科研成果和装备设备，推出一批重点产品和项目。

在安全服务方面，重点抓好安全和应急培训、实训，将基础理论培训、现场装备设备实训、安全技能和应急逃生仿真模拟实训集于一体，对监管执法人员、学校学生、企业领导、特种从业人员、机关人员和城乡居民进行全方位仿真模拟体验式培训、实训，提高全民安全意识和应急逃生技能，培养自我安全型市民，任务艰巨而光荣。

三

改变我国安全生产管理模式，提高物防和技防水平，发挥市场推动作用是发展安全产业，做好我国安全预防和治本工作的最佳途径。为更好地促进安全产业发展，赛迪研究院工业安全生产研究所在工业和信息化部安全生产司的直接指导下，在国家安全生产监督管理总局规划科技司等部门的支持下，在中国安全产业协会的帮助下，认真研究国内外安全产业的最新动态，力求为推动我国安全产业的发展献计献策。为此，我们编撰了《2014—2015年中国安全产业发展蓝皮书》。本书由综合篇、行业篇、区域篇、园区篇、企业篇、政策篇、热点篇和展望篇八个部分组成，从多个方面，以数据、图表、案例、热点事件等不同形式，总结归纳了有一定借鉴意义的国内外安全产业发展的经验，从宏观层面较全面地反映了2014年我国安全产业发展的现状与问题，对我国安全产业细分行业和安全产业园区进行了深入研究，展望了2015年我国安全产业发展的趋势。

综合篇，首先对全球安全产业发展状况进行了归纳；然后对我国安全产业发展的情况、问题进行了论述，并提出了相应的对策建议。

行业篇，分别对道路运输安全产业、建筑安全产业、消防安全产业、矿山安全产业、地下管网安全产业、应急救援安全产业、安全服务产业等安全产业重点发展方向，从发展情况、发展特点两个方面进行了较为详细的介绍。

区域篇，对安全产业发展较好的东北地区、华东地区和西南地区，从整体发展情况和发展特点进行了总结，并选取了重点省市进行了详细介绍。

园区篇，选取了重庆市的西部安全（应急）产业基地、江苏省徐州市的徐州安全科技产业园区、辽宁省营口市的北方安全（应急）智能装备产业园、安徽省合肥市的合肥公共安全产业园区等在国内发展比较突出的安全产业园区，从园区概况、园区特色、有待改进的问题三个方面进行了分析研究。

企业篇，在中国安全产业协会的支持下，从协会的理事单位中选择了不同行业且在国内安全产业发展各有特点的十家企业，对企业的概况和主要业务做了介绍。

政策篇，对2014年中国安全产业政策环境进行了分析，对新《安全生产法》等2014年中国安全产业重点政策进行了解析。

热点篇，针对安全生产和安全产业发展，选取了江苏昆山"8.2"粉尘爆炸等重大事故和中国安全产业协会成立等热点问题，分别进行了事件回顾和事件分析。

展望篇，对国内主要研究机构关于安全产业的预测性观点进行了综述，对2015年中国安全产业发展从总体方面和发展亮点等方面进行了展望。

赛迪研究院工业安全生产研究所注重研究国内外工业安全生产，特别是安全产业的发展动态，希望能够发挥对政府机关的支撑作用，对安全产业园区、企业和协会起到服务功能。希望通过我们不断的研究工作，对于推动安全产业按照"科学发展、安全发展"的要求不断向前发展作出更大贡献。

中国安全产业协会理事长

目 录

代 序（苗圩）

前 言（肖建康）

综 合 篇

第一章 2014年全球安全产业发展状况 / 2
    第一节 概述 / 2
    第二节 发展情况 / 3
    第三节 发展特点 / 7

第二章 2014年中国安全产业发展状况 / 10
    第一节 发展情况 / 10
    第二节 存在问题 / 15
    第三节 对策建议 / 17

行 业 篇

第三章 道路交通安全产业 / 20
    第一节 发展情况 / 20
    第二节 发展特点 / 23

第四章 建筑安全产业 / 28
    第一节 发展情况 / 30
    第二节 发展特点 / 31

第五章 消防安全产业 / 34
    第一节 行业发展情况 / 34
    第二节 行业发展特点 / 38

第六章 矿山安全产业 / 45
    第一节 发展情况 / 45

第二节　发展特点 / 47

第七章　地下管网安全产业 / 50

第一节　发展情况 / 50

第二节　发展特点 / 52

第八章　应急救援产业 / 54

第一节　发展情况 / 54

第二节　发展特点 / 57

第九章　安全服务产业 / 59

第一节　发展情况 / 59

第二节　发展特点 / 61

区 域 篇

第十章　东北地区 / 64

第一节　整体发展情况 / 64

第二节　发展特点 / 66

第三节　典型代表省份 / 66

第十一章　华东地区 / 69

第一节　整体发展情况 / 69

第二节　发展特点 / 70

第三节　典型代表省份 / 72

第十二章　西南地区 / 74

第一节　整体发展情况 / 74

第二节　发展特点 / 74

第三节　典型代表省市 / 75

园 区 篇

第十三章　西部安全（应急）产业基地 / 80

第一节　园区概况 / 80

第二节　园区特色 / 82

第三节　存在问题 / 84

第十四章 徐州安全科技产业园区 / 85

第一节 园区概况 / 85

第二节 园区特色 / 86

第三节 存在问题 / 88

第十五章 北方安全（应急）智能装备产业园 / 90

第一节 园区概况 / 90

第二节 园区特色 / 91

第三节 存在问题 / 93

第十六章 合肥公共安全产业园区 / 95

第一节 园区概况 / 95

第二节 园区特色 / 96

第三节 存在问题 / 99

企 业 篇

第十七章 重庆安全产业发展集团有限公司 / 102

第一节 总体发展情况 / 102

第二节 主营业务情况 / 103

第三节 企业发展战略 / 106

第十八章 杭州海康威视数字技术股份有限公司 / 107

第一节 总体发展情况 / 107

第二节 主营业务情况 / 109

第三节 企业发展战略 / 111

第十九章 北京泰远汽车自动防撞器制造有限公司 / 114

第一节 总体发展情况 / 114

第二节 主营业务情况 / 115

第三节 企业发展战略 / 115

第二十章 中防通用电信技术有限公司 / 118

第一节 总体发展情况 / 118

第二节 主营业务情况 / 119

第三节 企业发展战略 / 122

第二十一章　北京奥朗德应急环保装备科技有限公司 / 125
　　第一节　总体发展情况 / 125
　　第二节　主营业务情况 / 125
　　第三节　企业发展战略 / 130

第二十二章　上海华篷防爆科技有限公司 / 134
　　第一节　总体发展情况 / 134
　　第二节　主营业务情况 / 136
　　第三节　企业发展战略 / 138

第二十三章　重庆市荣冠科技有限公司 / 143
　　第一节　总体发展情况 / 143
　　第二节　主营业务情况 / 145
　　第三节　企业发展战略 / 146

第二十四章　威特龙消防安全集团股份公司 / 149
　　第一节　总体发展情况 / 149
　　第二节　主营业务情况 / 151
　　第三节　企业发展战略 / 152

第二十五章　北京千方科技股份有限公司 / 155
　　第一节　总体发展情况 / 155
　　第二节　主营业务情况 / 157
　　第三节　企业发展战略 / 159

第二十六章　江苏八达重工机械有限公司 / 164
　　第一节　总体发展情况 / 164
　　第二节　主营业务情况 / 165
　　第三节　企业发展战略 / 169

政 策 篇

第二十七章　2014年中国安全产业政策环境分析 / 172
　　第一节　中国安全生产形势要求加快安全产业发展 / 172
　　第二节　宏观层面：继续加强对安全产业的支持 / 174
　　第三节　微观层面：关注产业发展，呼吁行业协会出现 / 175

第二十八章 2014年中国安全产业重点政策解析 / 179
  第一节 新《中华人民共和国安全生产法》（2014年修订）/ 179
  第二节 《国务院安全生产委员会关于加强企业安全生产诚信体系建设的
        指导意见》（安委〔2014〕8号）/ 183
  第三节 《国务院办公厅关于实施公路安全生命防护工程的意见》
        （国办发〔2014〕55号）/ 187
  第四节 《国务院办公厅关于加快应急产业发展的意见》
        （国办发〔2014〕63号）/ 191

热 点 篇

第二十九章 江苏昆山"8.2"粉尘爆炸事故 / 196
  第一节 事件回顾 / 196
  第二节 事件分析 / 197

第三十章 "3.1"、"7.19"和"8.9"特别重大道路交通安全事故 / 203
  第一节 事件回顾 / 203
  第二节 事件分析 / 204

第三十一章 韩国"岁月"号沉船事故 / 208
  第一节 事件分析 / 208
  第二节 对我国救援机制的反思 / 209
  第三节 运用互联网思维为应急救援提供新思路 / 211

第三十二章 上海"12·31"外滩拥挤踩踏事件 / 213
  第一节 事件回顾 / 213
  第二节 事件解析 / 213

第三十三章 中国安全产业协会成立 / 218
  第一节 事件回顾 / 218
  第二节 事件分析 / 218

展 望 篇

第三十四章 主要研究机构预测性观点综述 / 222
  第一节 中国安全生产科学研究院 / 222

第二节　中国安全生产报 / 223
第三节　中国安全产业协会 / 224

第三十五章　2015年中国安全产业发展形势展望 / 226
第一节　总体展望 / 226
第二节　发展亮点 / 228

后　记 / 233

综 合 篇

第一章　2014年全球安全产业发展状况

2014年以来，全球经济虽呈现出明显的复苏态势，但经济增速仍小于预期水平。发达经济体经济运行分化加剧，发展中经济体增长放缓。各国深层次、结构性问题没有解决，制约着经济发展。如结构调整远未到位、新经济增长点尚在孕育、内生增长动力不足等问题。为摆脱当前低迷的经济状况，培育新的经济增长点，各国政府高度重视安全产业，使安全产业呈现出新的发展特征。

第一节　概述

安全产业在国际上并无明确的概念和范围划分，各国和各地区对于安全产业有不同的定义范畴，涉及的行业也有所差异，这不仅与各国和地区基本情况、经济发展水平、人文环境等诸多因素相关，也与各国和地区所处的安全环境、发达程度密不可分。

在发达国家，安全产业主要是指与国土安全、社会安全、防灾减灾、维护安全等有关的产品、装备与服务。在发展中国家，安全产业的发展主要是服务于生产安全、社会稳定、职业健康、减灾救灾等社会经济发展所需的技术、装备和服务。

表1–1　全球部分国家（地区）安全产业概念

国家（地区）	安全产业概念
美国	维护基础设施、保障民众生命财产相关的产品与服务。具体包括为通讯设施、邮政设施、公共卫生、运输、金融、反恐、应急救援等提供安全保障的产品及服务。

（续表）

国家（地区）	安全产业概念
日本	与国际安全领域相关，可降低自然灾害损失，以及保障公众安心安全生活的相关产品与服务。具体包括门禁系统、自动探测报警系统、安全设备系统、影像监控系统、防盗安检系统、信息安全系统等。
德国	包括安保、电子报警装置、消防设备、锁类、保险箱、保险柜、机械安全防护装置、安全技术等。
中国台湾	为个人、家庭、企业、银行、政府部门、公共场所及重要基础设施提供安全防护产品、设备及服务的产业。核心产业可分为安全监控、公安消防、系统整合与服务等三大领域；关联产业则有健康照护、公共安全、无线宽带服务、绿色环保、智慧机器人等。

与新能源、生物、新能源汽车等新兴产业不同，安全产业虽然总体上处于初期发展阶段，但在这一新兴产业中，许多细分产业早已存在，如个体防护、监测预警、应急救援等。同时还有许多细分产业被纳入了高端装备制造、新材料、节能环保等新兴产业的支持范畴内。安全产业相关的产品和服务业分散在许多领域，如工业安全、个体防护等，这些领域的发展现状也可以部分地或侧面地反映出全球安全产业的发展情况。

第二节　发展情况

一、总体规模持续扩大

由于安全产业的概念不一，范围不同，不同机构估计的全球安全产业总体规模并不相同。据美国弗里多尼亚集团公司（The Freedonia Group）调查显示，2006 年全球安全产业产值约为 1380 亿美元，2010 年达到 2658 亿美元，年平均增长率达 9% 以上。预计未来 5 年安全产业市场年均增长率约为 7.4%，2014 年全球安全产业产值将达到 3540 亿美元，2015 年为 3800 亿美元，约占全球 GDP 的 0.5%。The Freedonia Group 所指的安全产业，主要包括灭火器、火灾警报器、保险柜、闭路电视、电子门禁防盗系统、金属炸弹监控装置等。

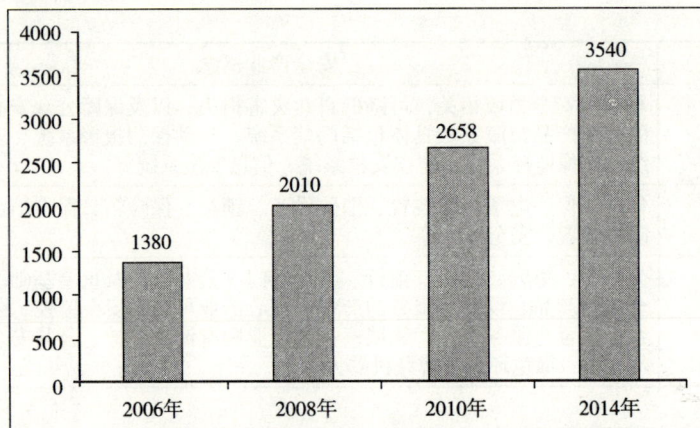

图1-1　2006—2014年全球安全产业产值（单位：亿美元）

Homeland Security Research 公司侧重于公共安全产业，调查了全球安全产业规模。数据显示，2014 年，全球安全产业销售收入和售后服务收入总计达 3490 亿美元，随着传感器和 ICT 技术的逐渐成熟而创造的新市场利基和全新的商业机遇，预计 2022 年全球安全市场将达到 5460 亿美元。其中，自然灾害预防和应急装备市场规模将达到 1500 亿美元。

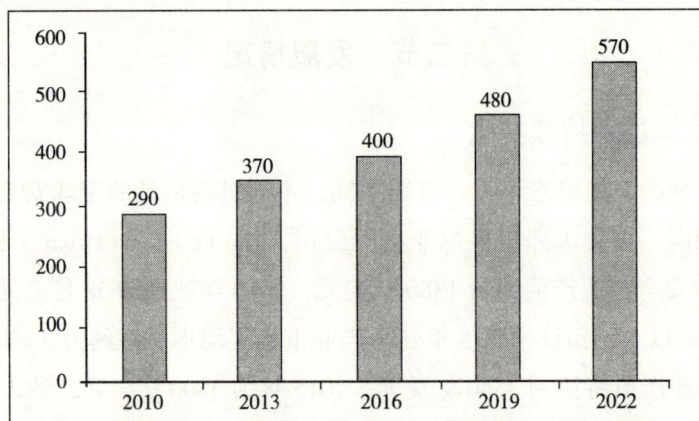

图1-2　2010—2022年全球公共安全市场规模（单位：十亿美元）

二、各国积极筹划布局

安全产业作为具有高增长潜力和高就业率的行业之一，是国家综合国力、经济竞争实力和生存能力的象征。特别是在当前全球经济形势低迷的情况下，各国政府高度重视安全产业的发展。以欧盟为例，为确保欧洲在世界安全产业市场领先地位，欧盟委员会早在 2012 年 7 月就发布了《欧盟安全产业政策》，这项政策在 2013 年和 2014 年逐步得到了落实。虽立足于提高安全产业竞争力，但并不局限于安全产业本身，而是试图通过构建安全产业来促进欧盟经济繁荣、国家安全和社会稳定。

基于日益激烈的国际竞争，欧洲在全球市场的份额急剧下降。《欧盟安全产业政策》将注意力集中在维护本国安全、加强安全产品竞争力、创造安全商业机遇等方面。在该战略核心的"2020 展望"中，多次提到了"高经济增长率"和"高就业率"，并且行动计划的标题也直接指出是创造具有创新性和竞争力的安全产业，充分表明了欧盟委员会通过安全产业促进经济发展的决心。当前整个欧洲依然经济发展低迷、政府赤字居高不下、失业率持续增加。政府意识到安全产业带来的经济机遇，出台具体的措施来应对美国、中国等强大的对手，以抢占全球安全产业市场，确保其"先行者优势"。

三、龙头企业加速崛起

当前,全球42%的安全产业企业位于美国,51%在欧洲。众多知名企业规模大,市场化程度高,销售额稳步增长,利润丰厚,竞争力强,引领全球安全产业的发展。并且,随着安全生产工作的关口前移,安全咨询服务成为安全监管部门和企业安全生产的基础工作与重要组成部分。安全咨询服务的有关理念方法,受到许多大中型企业和行业管理部门的高度重视,涌现出一批著名的安全服务业企业,其中美国杜邦公司在全球享誉盛名。

表 1-2　全球主要安全技术装备生产企业

公司名称	国家	主要产品
3M公司	美国	防毒面具、防尘防毒口罩、隔声耳塞、耳罩
MSA（梅思安）	美国	个人防护装备、监测仪表设备
Honeywell（霍尼韦尔）	美国	安全、火灾与气体探测、防护设备、消防系统、消防救援防护装备、消防外设,高级纤维和合成物
Strata（斯特塔公司）	美国	紧急救生舱、地下采矿顶棚支护
Sperian（斯博瑞安）	法国	个人防护产品
HALMA（豪迈集团）	英国	传感器设备
Draeger（德尔格）	德国	呼吸器
UVEX（优维斯）	德国	安全护目镜
Pensafe（攀士福）	加拿大	坠落防护

安全技术装备细分领域中，产业集中度较高，几个国际大企业占据了全球大部分市场份额。例如，斯博瑞安、3M、优唯斯三家企业产值合计占眼部防护装备 50% 以上。

表1-3　全球主要个体防护生产企业情况

细分领域	代表企业	合计所占市场份额
眼部防护装备	斯博瑞安（Seprian）、3M、优唯斯（Uvex）	50%以上
听力防护装备	3M、斯博瑞安	50%以上
呼吸防护装备	3M、梅思安（MSA）、斯博瑞安、德尔格（Draeger）	80%以上

四、细分领域各有亮点

在安全装备和技术方面，据 Freedonia Group 统计，2010—2014 年，安全装备需求年均增长率约 7.2%，2014 年全球安全装备市场规模超过 950 亿美元。预计到 2016 年，全球对安全装备的需求将以每年平均 7% 的速度增长，市场规模将达到 1170 亿美元。从细分领域看，诸多产业发展各具特色。其中，个体防护装备全年产值约为 300 亿美元；道路安全产业全球总产值为 33.7 亿美元，预计 2019 年将增长到 57.3 亿美元，复合年增长率达 11.2%。从区域看，到 2016 年，北美地区的安全装备需求年增长率预计将增加到 6.5%，中国和印度将是近期安全装备需求上升最快的国家，年均增长率皆超过 10%。

在安全服务方面，随着全球经济改善和基础设施建设持续增长，尤其是巴西、中国、印度、墨西哥等发展中国家安全服务市场的持续发展，2010—2014 年私人签约安全服务年均增长率超过 7.4%，2014 年达到 2180 亿美元。预计到 2018 年，全球安全服务需求将以每年 6.9% 的速度增长，届时，市场规模将达到 2670 亿美元。分区域来看，亚洲、中南美洲、非洲和中东的发展中国家将是全球发展最快的市场，究其原因，与这些国家快速增长的经济、城市化进程、私人收入和外商投资推动等因素密不可分。巴西在 2013 年是紧随美国之后的全球第二大安全服务市场，预计到 2018 年前将以年均 11% 的增长速度发展。中国、印度、墨西哥和南非在全球安全服务市场中的份额虽然比巴西少，但增速也将达到两位数。

第三节　发展特点

一、企业多种发展模式并存

发达国家先进安全产业企业主要有两种发展模式：一种是从事的安全产业相关产品种类较多，呈多元化模式发展。多元化发展的企业追求安全产业的"大而全"，产品涉及安全产业的方方面面，同时注重产品的集成及成套安全装备的研发，如霍尼韦尔、3M、杜邦等公司。另一种是从事的产品种类比较单一，呈专业化模式发展。专业化发展的企业追求安全产业的"小而精"，始终保持自己的产品在技术和性能等方面走在行业前沿，如梅思安（MSA）、德尔格、斯博瑞安（SPERIAN）等公司。企业在发展过程中由于自身实力和特征的差异，各自根据自身特点选择了适合企业发展的路线，因此出现了两种截然不同的发展模式。

表 1-4　安全产业企业两种发展模式

类别	定义	特征	优势
多元化发展	追求安全产业的"大而全"，产品涉及方方面面	企业实力雄厚，具备较强的资金、技术、人才等基础	充分发挥企业自身在资金、人才等方面的优势，提升企业整体实力；利于实现资源的优化配置，降低生产成本；利于实现成套设备的生产，提高设备的整体性能
专业化发展	追求安全产业的"小而精"，保持自己的产品在技术和性能等方面始终走在前沿	企业实力一般，集中精力发展某一类或几类产品	解决了自身资金、人才等资源不足的问题；利于提高产品的质量和可靠性，实现产品的高端化发展

二、安全科技投入不断加大

无论企业选择什么样的发展模式，科技已成为企业降低生产成本、提高产品可靠性的有效手段。2014年以来，随着各国对科技进步的重视及全球科技的快速发展，节能环保技术、清洁能源、生物技术、先进材料等不断融入到安全生产、应急救援产品和装备中，尤其是云计算、物联网等新兴信息技术的应用，大幅提高了产品与装备的自动化、智能化水平。发达国家许多安全产业企业都非常重视科技的投入，如霍尼韦尔、德尔格等。这些大企业通过不断提高科技水平，来降低生产成本、提高产品可靠性，实现企业长效发展。

三、信息技术水平日益提升

发达国家高度重视云计算、物联网等新一代信息技术在安全产业中的应用和推广，普遍利用现代网络化技术建立先进的管理信息系统，实现统一管理、数据规范和资源共享。如美国大量采用现代通信、信息网络、数据库、视频等技术，推行计算机模拟、虚拟现实等信息化技术在矿业安全生产中的应用，建立了矿山安全生产业务信息系统，负责网络管理和数据处理等工作，大幅度减少了矿山意外险情，提高了矿山安全水平和救援效率；英国危险物质咨询委员会进行了重大危险源识别、评价和控制技术研究，并高度重视信息管理、风险分析、决策支持和协调指挥等应急管理技术的应用，建立了统一协调、信息共享的应急平台体系，在决策支持、风险控制等方面发挥了重要作用。

四、跨国公司大量出现

跨国发展是许多大型企业的发展方向，安全产业企业也不例外，发达国家许多大型的安全产业企业公司或集团的业务范围遍及多个国家和地区，如3M公司在全球65个国家和地区设有分支机构，在29个国家具备生产线，在35个国家设有实验室，向全球200多个国家和地区的顾客们提供多元化及高品质的产品及服务，其中美洲地区占50%、欧洲45%、其他地区占5%。跨国发展是企业实力的象征，同时跨国发展也存在着许多优势，如人才优势、市场优势、融资优势、区位优势、与当地政府相结合而形成的优势等，跨国公司利用这些优势实现自身的规模化发展。

表1-5 直接或以合资形式进入中国市场的部分国外企业

企业名称	地点	分公司名称	主要经营范围
霍尼韦尔	上海	霍尼韦尔（中国）公司	安全、火灾与气体探测，防护设备，消防系统、消防救援防护装备、消防外设，高级纤维和合成物
杜邦	深圳	杜邦中国集团有限公司	杜邦安全防护平台致力于开发解决方案，保护人们的生命、财产、业务经营和我们赖以生存的环境，包括食品、营养、保健、防护服、家居、建筑甚至环境方案
3M	上海	3M中国有限公司	职业健康及环境安全、防腐及绝缘、反光材料、防火延烧、交通安全

（续表）

企业名称	地点	分公司名称	主要经营范围
梅思安	无锡	梅思安（中国）安全设备有限公司	行业内个人防护装备及火气监测仪表的最大制造商；呼吸防护产品，头、脸、眼、听力、手、足、身体防护产品，跌落防护产品，消防设备产品，便携式和固定式仪表产品
德尔格	北京	北京吉祥德尔格安全设备有限公司	重点关注个人安全和保护生产设施；固定式和移动式气体检测系统，呼吸防护、消防设备、专业潜水设备，酒精和毒品检测仪器
斯博瑞安	上海	巴固德洛（中国）安全防护设备有限公司	专注于个人防护产品；产品范围涉及全系列头部保护产品（眼/脸部、听力和呼吸）和身体防护产品（坠落、手套、防护服和安全鞋）
奥德姆	北京	北京东方奥德姆科技发展有限公司	气体检测设备
优唯斯	广州	优唯斯（广州）安全防护用品有限公司	头部防护（安全眼镜/矫视安全眼镜/激光防护安全眼镜/安全头盔/听力保护/呼吸防护）、躯体防护、足部防护和手部防护

表 1-6　通过代理商进入中国市场的部分国外企业

企业名称	国家	主要产品
DPI公司	意大利	呼吸防护器及空压设备
Draeger公司	德国	呼吸器
METROTECH公司	美国	探测仪
ITI公司	美国	安防、火警报警系统
RAE公司	美国	气体检测仪
Aearo公司	美国	个人防护用品

注：国外企业进入中国市场通常采用两种形式：一种是直接或以合资形式进入中国市场，另一种是在国内寻求代理商进行产品销售。

第二章　2014年中国安全产业发展状况

第一节　发展情况

安全产业在我国是一个比较新的概念。2012年，工业与信息化部（简称工信部）联合国家安全生产监督管理总局（简称安监总局）发布了《关于促进安全产业发展的指导意见》，明确界定了安全产业的定义、分类与应用范围等。

表2-1　我国安全产业的相关概述

分类	说明
定义	安全产业是为安全生产、防灾减灾、应急救援等安全保障活动提供专用技术、产品和服务等活动主体的集合
分类	技术、产品和服务。技术与产品可以分为安全材料、个体防护产品、监管监察执法设备、安全传感产品、专用安全产品或部件、安全监控管理信息系统、本质安全工艺技术及装备、应急救援装备等，其中应急救援装备包括了医学救护、公共事件应急等所需的技术和产品；服务包括安全顾问服务、安全评估服务、安全培训服务和应急救援服务等内容
应用范围	检测监控、安全避险、安全防护、灾害防控及应急救援等领域。煤矿、非煤矿山、突发事件、消防安全、交通运输、铁路运输、建筑施工、危险化学品、烟花爆竹、民用爆炸物品、冶金等均为安全产业的主要应用方向
发展重点	大力开发先进、高效、可靠、实用的安全专用设备及所需的技术、工艺和配件，着重突出双"四化"，即制造的"通用化、模块化、标准化、集成化"和产品的"人性化、机械化、自动化、信息化"

一、产业规模不断扩大，市场前景广阔

从2012年，国务院提出将安全产业纳入国家优先支持的战略产业后，安全产业出现良好发展势头。据不完全统计，2012年全国从事安全产业的企业已超

过 1500 家，销售收入超过了 2000 亿元，比 2011 年增长了 17.2%；出口额 25.2 亿美元，比 2011 年增长 9.1%；实现利润 179.3 亿元，比 2011 年增长 11.1%。按照 2013 年和 2014 年国民生产总值的增长率 7.7% 和 7.4% 计算，预计 2014 年安全产品年销售收入超过 2315 亿元，（按工业规模以上增长率 9.7% 和 8.3% 计算，2014 年安全产品收入 2380 亿元；按年 18% 的增长率，2014 年安全产业产值 2800 亿元），2014 年安全产业已进入快速发展期。

从细分领域看，我国政府每年用于个体防护装备、安全设施以及安全检测仪器的投入高达 3600 亿元，用于煤炭行业的安全投资约为 500 亿元。每年我国劳动保护用品行业市场规模为 600 亿元，其中，直接保护劳动者安全的特种防护用品市场约为 250 亿元。并且，现阶段"大安全"的理念正在取代我国生产安全为主体的传统安全生产观念，随之而来的市场需求将更广泛、更高端。

表 2-2　中国每年化学防护服市场需求量

防护级别	需求（件）
一级防护服	7390
二级防护服	20560
第三节 四级防护服	74万
颗粒粉尘防护服	1000万
防酸工作服	150万
防酸雨衣	120万
防酸大褂和围裙	120万

二、各地政府高度重视，发展环境逐渐优化

一方面，安全产业在全国各地产业发展中逐渐占据重要地位。自 2013 年下半年以来在重大安全生产事故频发的高压态势下，党中央、国务院多次对安全生产工作做出重要指示。为贯彻落实党中央、国务院精神，切实提高安全生产工作水平，降低安全事故发生率，发展安全产业迫在眉睫。2014 年年初，吉林省率先发布了《吉林省人民政府关于推进安全产业发展的实施意见》，这是我国第一个省级安全产业发展支持政策。主要从安全产业发展的重要性、发展思路、原则和目标、发展方向与重点项目、保障措施等几个方面，为积极培育和发展安全产业指明了方向。并且，全国多地也正在积极组织出台政策支持安全产业发展，《相

关法规政策》将陆续落到实处，安全产业将迎来快速发展的新局面。

另一方面，安全生产专项资金纷纷设立并持续增长。自 2004 年国务院在《关于进一步加强安全生产工作的决定》中提出"各级地方人民政府要重视安全生产基础设施建设资金的投入"以来，我国安全生产专项资金经历了从无到有，从少到多的过程，目前已经覆盖全部省级单位以及约 90% 的地市级单位和 80% 的县级单位。据安监总局统计，2013 年，全国 31 个省级单位共设立安全生产专项资金 132649 万元，平均每个省级单位用于安全生产的投入达 4279 万元。其中，专项资金达 1 亿元及以上的省级单位有 6 个，分别是北京、湖南、广东、甘肃、四川和贵州。多数地区专项资金呈增长态势，如吉林省 5 年来增长 130%。安全生产专项资金自设立以来，至 2014 年已持续增长近 10 年，我国安全生产事故总量和伤亡人数较历史高点已下降了 50% 以上，这两者的时间相吻合。随着每一笔资金的到位，安全生产基础不断得以巩固，安全投入不足的状况正日益改善。

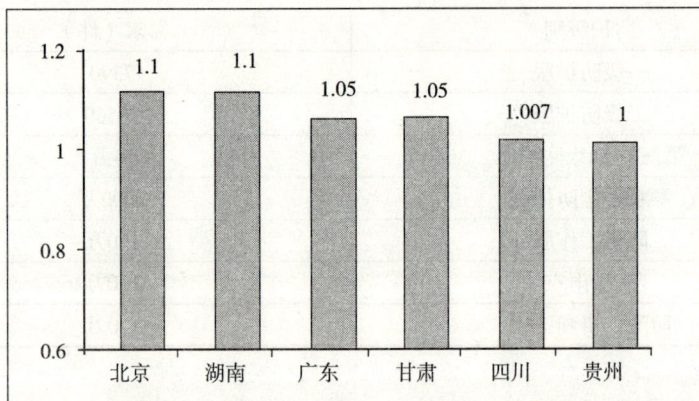

图2-1　我国安全生产专项资金达1亿元以上的省份（单位：亿元）

数据来源：国家安监总局。

三、东部增势突出，中西部保持平稳发展

我国安全产业虽具有一定的市场规模，但各地区安全产业发展规模并不均衡。从地域来看，东部沿海地区安全产业规模相对较大，中西部地区相对较小。2014年，东部省市安全产业继续领先全国发展水平，总销售收入约占全国 50% 以上。其中，浙江、江苏、上海等省市增势突出。

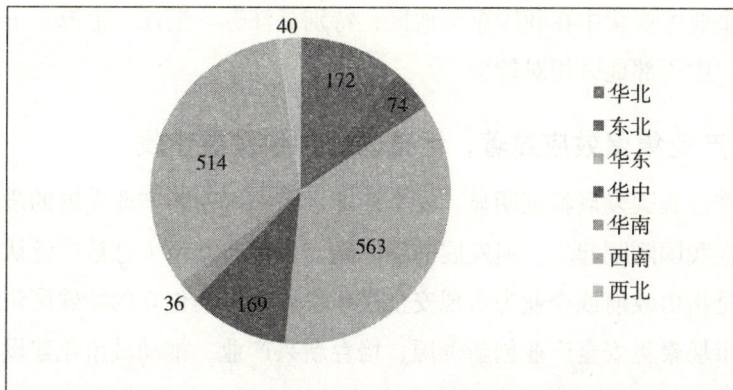

图2-2　全国安全产业相关企业数量地区分布

　　以特种劳动防护用品行业为例，据全国劳动防护用品安全生产许可证办公室不完全统计，目前，全国生产特种劳动防护用品的企业远超800家，已颁发安全生产许可证1288个，其中安全帽132家；安全带74家；防静电导电鞋112家；防尘口罩42家；保护足趾安全鞋150家；阻燃防护服46家；安全网190家；防静电工作服158家；耐酸碱皮鞋49家；电绝缘鞋147家，其他188家。生产企业在各省（自治区、直辖市）的分布如图2—3所示。不难看出，特种劳动防护

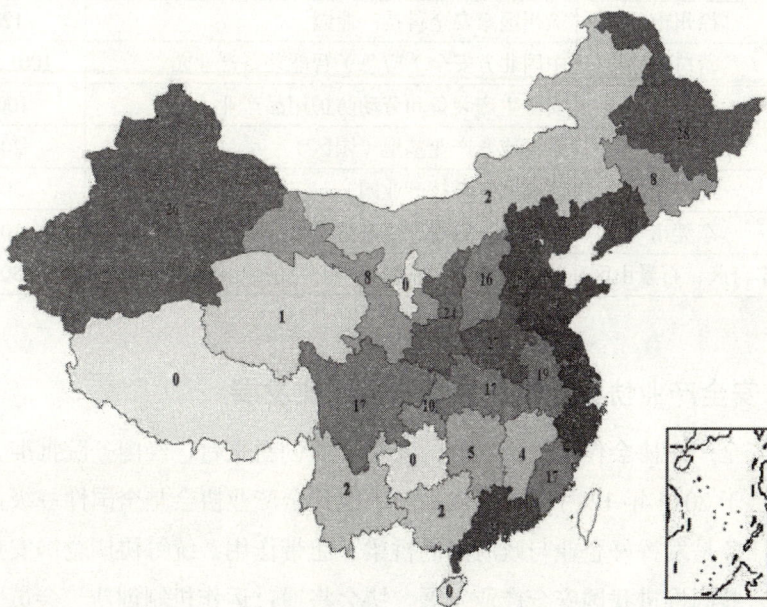

图2-3　特种劳动防护用品生产企业分布示意图

用品生产企业主要集中在我国东部地区，特别是江苏、浙江、上海、山东等工业发达地区，中西部地区相对较少。

四、产业集聚效应显著，示范园区加快发展步伐

安全产业集聚发展特征明显，安全产业示范园区引领产业发展的步伐。虽然安全产业在我国刚刚起步，但发展前景广阔，市场空间巨大已被广泛认同。安全产业园区是指由政府或企业为实现安全产业发展目标而创立的特殊区位环境，担负着依托市场聚集安全产业创新资源、培育新兴产业、推动城市化建设等一系列重要使命。继重庆和江苏徐州的安全产业基地建设初具规模后，2014年辽宁营口国家安全产业示范园区规划已通过评审，并列为安全产业示范园区，成为北方第一个安全产业示范基地。安徽合肥、吉林长春、河北怀安等有条件的地方也根据自身产业基础和科学发展、安全发展的要求，积极推动安全产业集聚发展，打造特色园区，开展新型工业化产业示范基地的创建工作。

表2-3 部分省市安全产业园区"十二五"规划情况（单位：亿元）

省市	所在地	园区名称	安全产业产值
重庆市	巴南区	中国西部安全（应急）产业基地	1000
江苏省	徐州市	徐州国家安全科技产业园	120
辽宁省	营口市	中国北方安全（应急）智能装备产业园	100—150
山东省	全省	安全生产装备和劳动防护用品产业	1000
浙江省	乐清市	乐清应急产业基地（园区）	200
四川省	绵阳市	防震减灾科技产业园	200
广东省	东莞市	中国紧急救援产业基地	100
北京市	丰台区、石景山区	"两园两院一联盟一中心"应急救援产业体系	500

五、安全产业协会成立，助推安全产业发展

中国安全产业协会作为极其重要的安全产业创新平台，经国务院批准，民政部批复，已于2014年12月在北京成立。中国安全产业协会是全国性一级社会团体，主要任务是发挥好企业与政府间的桥梁、纽带作用，统筹协调全国安全产业各方力量，共同推进我国安全产业发展。协会将通过运作机制创新、会员服务模式创新、市场开发机制创新等手段，在政策研究、标准制订、产品推广、市场开拓、投资服务、信息交流等方面，为政府和企业提供高效、优质、满意的市场化

中介服务，努力打造充分发挥市场决定性作用的新型协会。协会将充分发挥企业与政府间的桥梁、纽带作用，统筹协调各方力量，及时倾听企业心声，助力国家财政、金融等一系列政策的落实，推动我国安全产业发展。

第二节　存在问题

一、安全产业规模较小，市场培育不足

安全产业市场成长潜力巨大，在经济比较发达的国家，安全产业产值占 GDP 的 8％，而我国安全产业产值还比较低。尽管 2012 年工业和信息化部联合安监总局联合发布了《关于促进安全产业发展的指导意见》，明确规定了安全产业的定义，但政府相关部门及企业对安全产业认可度相对较低。同时，国家统计局目前没有对该产业的专门统计口径，国家发展与改革委员会（简称国家发改委）也没有该产业目录。产业的社会认可度缺失，影响和制约了安全产业的发展。

从实际情况看，以安全产业发展较好的合肥为例，安全产业为合肥高新区第二大产业，2013 年实现营业收入 207.9 亿元，较 2012 年增长 14.7%，占高新区总营业收入的 15.1%。但与位列第一的家电制造产业相比，相差甚远。2013 年高新区家电制造产业实现营业收入 744.3 亿元，占高新区总营业收入的 53.9%。安全产业所占经济比例较小，尚属于弱势产业，发展较为缓慢。

二、支持政策亟待落实，产业发展扶持力度不够

安全产业支持政策急需落实。一是在推进《关于促进安全产业发展指导意见》政策落实与需求之间还有很大差距。如正在修订的《安全生产专用设备企业所得税优惠目录》中，煤炭行业所需设备的比例仍然偏高；《部分工业行业淘汰落后生产工艺装备和产品指导目录》尚未纳入强制淘汰不符合安全标准、安全性能低下、职业危害严重、危及安全生产的工艺、技术和装备等。二是产业标准有待完善，产业发展需加强规范。标准对于产业的发展具有重要的支撑作用。由于缺乏相关标准，安全产品之间的不兼容、不配套问题直接影响了生产安全保障和事故救援的效率。如矿用救生舱，相关研发及生产企业按照自己的研发思路生产产品，而国内还无统一的技术标准规范，阻碍了市场的快速发展。并且，随着科学技术的快速发展，生产方式的不断变革，安全产业相关标准中，老标准不适应、新标

准跟不上、修订不及时等标准方面的矛盾日益彰显。

三、安全技术、装备和服务水平落后

当前，我国安全生产专用技术、设备等发展滞后。例如：我国小型煤矿机械化程度仅为13%左右；尚有30%的客运车辆未能正确使用车辆卫星定位系统；全国100米以上的超高层建筑3714座，而国内最高的消防车登高平台仅为113米。消防装备建设不适应现代火灾的需求，尤其是针对高空、地下、水上等特殊火灾现场，更是望火兴叹。安全保障能力建设与我国经济发展水平不相适应，阻碍整体安全生产水平提升。

企业安全生产自动化、智能化程度不高，尚存在诸多问题：第一，监控范围小，对重点人员和部位覆盖面不足。第二，监控系统警示和报警没有完全实现自动化，"电脑＋人眼＋电话"的模式，监视作用大，防范功能差。第三，技术水平参差不齐，很多单位的系统和装备使用多年没有更新或升级，既没有运用先进信息技术更新换代，也无法满足不断变化的安全需要，甚至形同虚设。

四、企业竞争力不足，缺少领军企业

龙头企业因其技术含量高、效益好、整合性强、带动效应明显等特征，具有较强的集聚效应。然而，我国安全产业集中度较低，缺乏在国际市场上有引导作用的龙头企业。通过产业调查，全国安全产业2000多亿元的销售收入由1500多家企业完成，其中没有超过100亿元的企业。这与国外安全产业大企业年销售收入动辄数百亿美元相比，差距明显。以消防行业为例，消防企业年营业额在1000万元以内的占72%的，营业额不足500万的企业占总数的47%，超过5000万元以上的仅占5%，前30强企业的市场份额不到10%，缺乏市场秩序的建立者和领导者。与此形成对比的是，美国消防行业龙头企业霍尼韦尔（Honeywell）公司，独占了同业份额的30%。面对国内巨大的市场需求和国外全球性大公司的竞争，我国安全产业的集中度有待提高，企业分布需要适当聚集。

五、科技实力基础薄弱，成果转化率较低

科技实力是安全产业发展的科技基础。由于我国产业基础薄弱，而且科技实力起步晚，很多关键技术没有很成熟。支撑安全科技进步的检测检验、试验测试等支撑体系建设较为落后。特别是在人才激励培养方面，急需高端研发人才、复

合型人才和高级技能人才；已引进人才的职称评定、子女入学、家属落户等方面给予优惠政策落实不到位；整体规划和系统设计不完善；安全产品的技术成果转化率较低，政产学研用的良性互动机制还有待完善。

第三节 对策建议

一、积极推动把大力发展安全产业纳入国家战略

当前，安全产业已成为各地产业结构调整和工业转型升级的热门方向之一。各地安全产业园区（基地）正在积极布局、快速建设。在总结各省（区、市）、国家安全产业示范园区发展安全产业经验和措施基础上，梳理安全产业在促进国民经济科学发展、保障社会公共安全、推进工业转型升级方面的积极作用，组织地方工业和信息化主管部门、重点企事业单位和业内专家研究我国安全产业的经济属性、社会属性和安全属性，积极推动把大力发展安全产业纳入国家战略。

二、支持关键安全技术研究和产业化

一是支持关键安全技术研究。建立政产学研用相结合的安全科技创新体系，着力解决制约我国安全技术和装备发展的共性、关键技术难题。如车联网、地下管网安全监控系统、普通公路危险路段智能防护栏等。二是支持安全技术产业化。尽快出台《安全技术和产品指导目录》，重点支持安全领域新技术、新产品、新装备的产业化，逐步形成一批集成性强、技术含量高、市场容量大、应用广泛、社会经济效益显著的核心技术和拳头产品，提升企业自主创新能力和安全技术发展水平，努力打造若干千亿级、万亿级安全产业新市场。

三、建立健全安全产业投入体系

第一，建立安全产业投融资机制。利用现有政策和资金渠道，建立以政府扶持为引导、企业投入为主体、多元社会资金参与的投入机制，用于重大成果产业化、重大应用示范和创新能力建设等。在提高我国安全生产预防和治本水平和能力的同时，更好地发挥安全产业在扩大内需、培育新的经济增长点、调整经济结构等方面不可替代的作用。第二，优化安全投入的合理流向。要根据行业特点，按高危行业、一般行业等规划资金结构，同时积极统筹和优化资金的使用。改变此前提升安全监管能力和隐患排查治理等被动人防投入为主的局面，向支持先进安全

技术与装备的开发与推广应用等方向倾斜，重点支持技防和物防等有助本质安全水平的提升的方向。

四、提高企业竞争力，打造龙头企业

加快安全产业企业的培育，引导和扶持大企业，夯实产业发展基础。一是鼓励有实力的大型企业通过参股、控股或兼并等方式进入安全生产装备产业领域，加快形成一批具有产业优势、规模效应和核心竞争力的大公司、大集团。二是通过支持一批龙头企业发展壮大，加强配套服务，完善产业链条，形成聚集效应，以降低企业成本和刺激创新。三是进一步鼓励国内外投资者投资发展安全产业，特别是安全生产重点领域的安全产业发展。四是鼓励支持高校、科研院所等单位的科技人员加快科技成果转化，创办高科技类型的安全产业企业。

五、加强安全产业示范园区建设

安全产业示范园的建设可以有效且有力地促进地方经济的发展和安全技术装备的产业升级。重点支持安全产业基础较好的地区，积极培育建立一批安全产业特色园区、集群，鼓励企业集聚、集约、关联、成链、合作发展。并且，各园区应结合自身产业特色、发展优势等，塑造园区竞争新特色。例如，重庆市侧重发展应急产业、江苏徐州大力推动矿山物联网建设、辽宁营口以安全（应急）装备为核心等，均充分发挥了比较优势，使特色产业的竞争力更加凸显，激发了产业活力，增强了区域产业整体竞争。

行 业 篇

第三章　道路交通安全产业

我国是交通安全"重灾区"，2014年交通事故万车死亡率在2.2左右，远高于美国、日本等发达国家，交通事故死亡人数占全国各类安全生产事故死亡总数的80%以上，交通安全形势严峻。发展道路交通安全产业能够提升我国道路交通安全水平，降低交通安全事故发生率，保障人民群众的生命和财产安全。

第一节　发展情况

一、严峻的安全生产形势要求道路交通安全产业快速发展

近年来，虽然我国交通安全事故起数和死亡人数逐年下降，但事故起数和死亡人数总量依然较高，每年发生各类交通事故近20万起，伤亡近十万人，直接

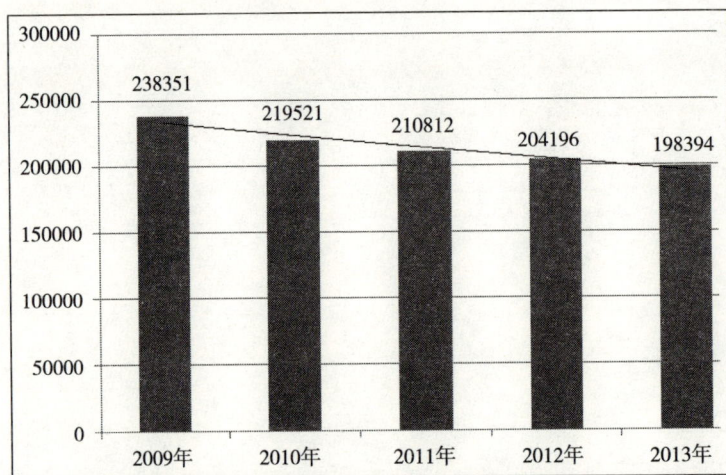

图3-1　2009—2013年我国交通安全事故起数（起）

经济损失十亿元左右。数据显示，2013 年全国各类安全生产事故死亡 6.9 万人，其中交通事故死亡 58539 人，占 84.8%，交通事故是我国"第一杀手"。2015 年 3 月国务院总理李克强在政府工作报告中强调："人的生命最为宝贵，要采取更坚决措施，全方位强化安全生产"。随着我国安全生产工作的不断强化，道路交通安全必然成为安全治理的重点，道路交通安全产业也将得到较快发展。

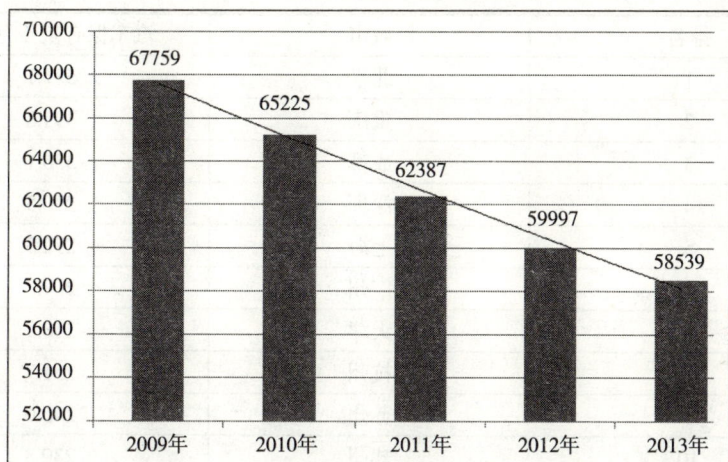

图3-2　2009—2013年我国交通安全事故死亡人数（人）

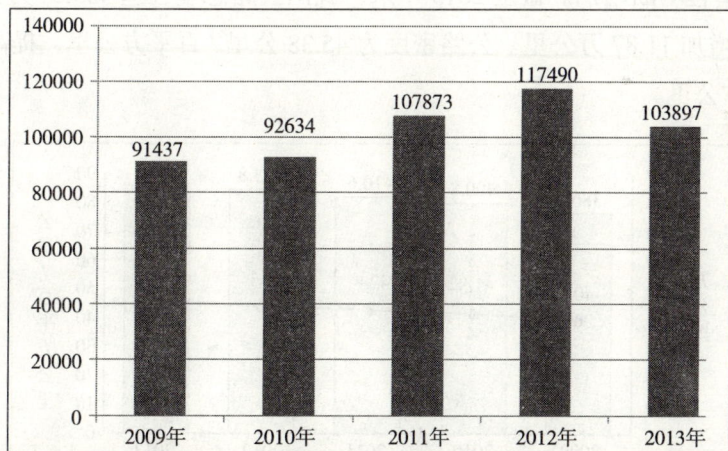

图3-3　2009—2013年我国交通安全事故直接经济损失（万元）

二、汽车保有量和公路里程不断增加为交通安全产业市场带来活力

我国汽车保有量高，且增长速度快。数据显示，截至 2014 年底，我国机动

车保有量达 2.64 亿辆，其中汽车 1.54 亿辆，比 2013 年新增 1707 万辆，增幅为 12.5%，据预测，2020 年，我国汽车保有量将超过 2 亿辆。全国汽车保有量超过 100 万辆的城市有 31 个，其中，北京、天津、成都、深圳、上海、广州、苏州、杭州等 8 个城市汽车保有量超过 200 万辆，北京更是超过了 500 万辆。

表 3-1 我国汽车保有量前十名城市

排名	城市	汽车保有量（万辆）
1	北京	537.1
2	重庆	399.8
3	成都	336.1
4	深圳	290.5
5	上海	272.3
6	广州	269.5
7	天津	258.9
8	杭州	251.7
9	苏州	245.0
10	郑州	230.8

公路里程不断增加。截至 2013 年末，我国公路总里程达 435.62 万公里，比 2012 年末增加 11.87 万公里。公路密度为 45.38 公里 / 百平方公里，提高 1.24 公里 / 百平方公里。

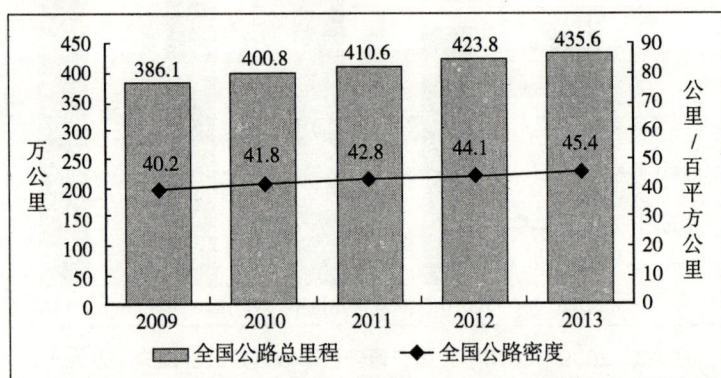

图3-4 2009—2013年全国公路总里程及公路密度

第二节 发展特点

一、道路交通安全产业市场潜力大

一是道路交通安全基础设施市场潜力大。当前,我国道路交通建设飞速发展,国家每年投入上万亿元进行交通基础建设,《交通运输"十二五"发展规划》指出,"十二五"期间,我国交通基本建设投资总规模约 6.2 万亿元,比"十一五"期间总投资增长 31.9%。其中大部分的资金将用于公路建设,但安全投入却没有同步。数据显示,2013 年底,全国各类行政等级公路总里程达到 435.62 万公里,其中县道、乡道、村道共计 378.48 万公里,占总里程的 86.9%。而全国县乡村道路危险路段 90% 以上没有安装防护栏、警示标志等安全基础设施,安全投入欠账大,道路交通安全基础设施市场潜力大。

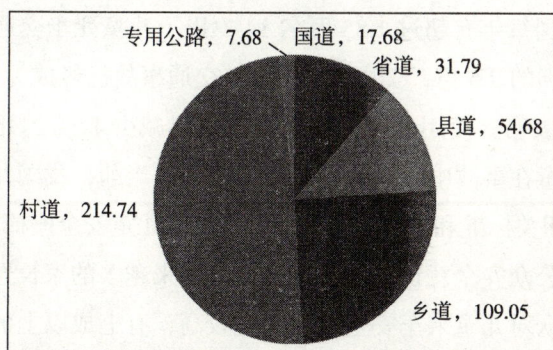

专用公路,7.68　国道,17.68　省道,31.79　县道,54.68　村道,214.74　乡道,109.05

图3-5　2013年全国公路里程按行政级别分布(万公里)

二是汽车安全装置蕴含广阔市场。当前,我国汽车在安全性方面已经有了很大提升,安全带、安全气囊、ABS 等传统汽车安全装置在我国新出厂汽车中的装配比例较高,如 2011 年我国汽车 ABS 的配备比例就达到了 90% 以上,市场较成熟,市场规模稳步增长。但在汽车主动安全方面还存在一定差距,如 ESP(电子稳定系统)、BAS(制动辅助系统)、ASR(加速防滑控制系统)、EBD(电子制动力分配系统)、LDWS(车道偏离预警系统)、汽车自动防撞系统等主动安全系统装配比例还比较低,只在中高端车型中得到一定应用,蕴含巨大的市场空间。

表3-2　常见品牌车辆电子稳定系统

名称	应用品牌
ESP	奥迪、大众、铃木、菲亚特、克莱斯勒、奔驰、标致、雪铁龙、福特（国产）等
VSA	本田、讴歌
VDC	日产、英菲尼迪、斯巴鲁
DSC	宝马、捷豹、路虎、马自达、MINI等
VSC	丰田（锐志）
VDIM	丰田（皇冠）、雷克萨斯
ESC	通用（国产车型）
StabiliTrak	通用（进口车型）
ADVANceTrac	福特锐界
VSM	现代

二、儿童安全座椅市场将呈现较大规模增长

数据显示，我国每年有超过 1.85 万名 14 岁以下儿童死于交通事故，儿童交通事故死亡率是欧洲的 2.5 倍，美国的 2.6 倍，交通事故已经成为 14 岁以下儿童的第一死因。研究表明，使用儿童安全座椅，可以减少 17% 的死亡率，未使用儿童安全座椅是儿童在事故中死亡的重要原因之一。当前，我国儿童安全座椅已经进入立法进程，相关标准和法规逐步完善，将推动儿童安全座椅市场快速发展。

一方面，随着公众安全意识的提升，将会有越来越多的家长选购儿童安全座椅，调查显示，公众对儿童乘车安全重视程度较高，有七成以上的受访者认为购买儿童安全座椅是必要的，只有不到一成的受访者认为没有必要。

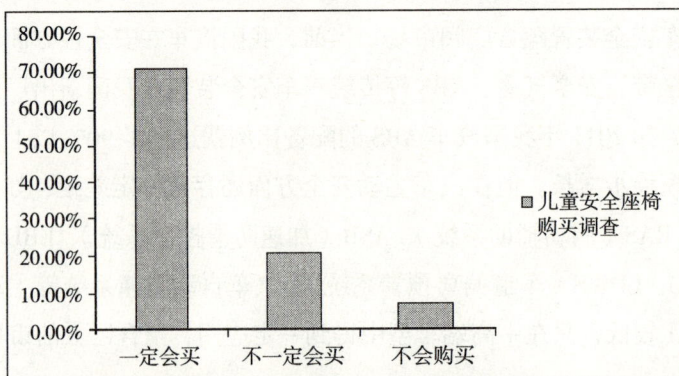

图3-6　儿童安全座椅购买调查

另一方面，国家相关标准和法规的出台也会对儿童安全座椅市场产生积极影响。2012 年 7 月，由国家质量监督检验检疫总局（简称国家质检总局）、国家标准化管理委员会（简称国家标准委）发布的《机动车儿童乘员用约束系统》标准正式实施，该标准对儿童安全座椅的技术要求做了明确说明，是我国第一部有关儿童和车安全的强制性国家标准；2014 年 1 月 22 日，国家质检总局与国家认监委联合发布关于机动车儿童乘员用约束系统实施强制性产品认证的公告，要求自 2015 年 9 月 1 日起对儿童安全座椅实施强制性产品认证，未获得强制性产品认证的儿童安全座椅不得出厂、销售、进口或在其他经营活动中使用。一些地方性法规已经将儿童安全座椅的使用纳入其中，如上海市新修订的《上海市未成年人保护条例》规定：自 2014 年 3 月 1 日起，未满 12 周岁的孩子不能被安排坐在副驾驶座位，未满 4 周岁的孩子乘坐私家车，应该配备并正确使用儿童安全座椅；《合肥市道路交通安全条例》第四章第三十条也规定"携带儿童时应当使用与其年龄相适应的儿童安全座椅"，并于 2014 年 1 月 1 日起实施。

三、智能主动安全装置市场将成为新的增长点

随着民众安全意识的提升，越来越多的消费者在购车时会注重安全性，调查显示，31% 的消费者在购车时会把安全性作为首要考量因素。车企也将更多的主动安全装置装配到汽车中，以满足用户需求，特别是智能主动安全装置市场将得到快速发展。

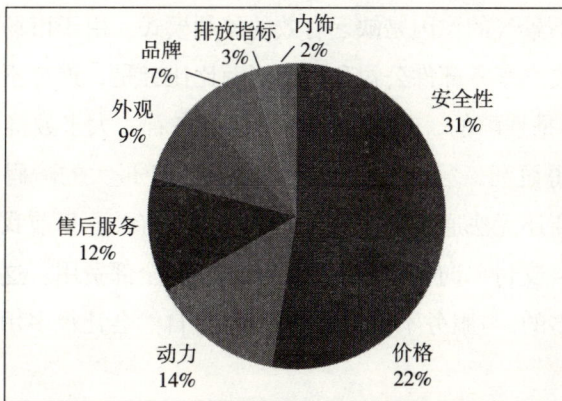

图3-7 消费者购车关注指标调查

如汽车自动防撞系统。它能够自动探测可能与车辆发生碰撞的车辆、行人或其他障碍物，当车辆与前方物体距离小于安全距离，驾驶员未采取制动措施时，

系统能够自动发出警报或同时采取制动／规避措施，以避免碰撞事故的发生。研究显示，我国80%以上的交通事故与驾驶员注意力不集中、判断失误等因素有关，而驾驶员刹车晚1秒，速度为80公里／小时的汽车将行进约22米，刹车制动不及时，甚至根本没有采取相应措施是造成严重伤亡的重要原因。汽车自动防撞系统能在可能发生碰撞事故的情况下自动刹车，从根本上降低碰撞事故发生率，大幅降低伤亡事故。目前，国内外汽车自动防撞技术已经成熟，并逐步在一些车型中得到应用，如沃尔沃在其S60、XC60等车型中装载了"汽车自动防撞系统"；丰田则计划于2018年前完成旗下所有车型"汽车自动防撞系统"的装载。成本方面也达到了"亲民"的水平，如丰田Prius版雷克萨斯装载汽车自动防撞系统的费用为人民币5000多元，而丰田还在加快廉价汽车自动防撞系统的开发。随着技术的不断成熟和消费者认可度的不断提升，汽车自动防撞系统市场可能会呈现大幅增长。

四、车联网等智能化交通安全系统市场亟待成熟

车联网（IOV: Internet of Vehicle）是物联网在智能交通领域的一个细分应用，在我国战略性新兴产业中有着十分重要的地位。不但在减少交通拥堵、有效降低能耗等方面发挥重要作用，还能够缓解交通安全难题，且市场潜力巨大。据预测，到2020年我国车联网市场规模将达到2000亿元，并能带动汽车电子、汽车导航等产业的快速发展。

车联网市场不景气的原因是缺乏有效的盈利模式。由于市场潜力巨大，国内布局车联网的相关汽车零部件公司和汽车厂商比比皆是，谁都不想错过这片"超级蓝海"。但现实是残酷的，从这些公司的年报来看，大多数推出车联网新技术的公司并没有获得盈利，"盈利难"成为车联网企业最大的障碍，这与车联网发展之初各种供应商还无法通过规模化生产降低成本有关。目前我国车联网的收费多采用的是服务－支付单向模式，即仅由用户支付全部费用。这种模式导致车联网用户承担了过多的、与服务不相符的使用费用，自然会让很多用户对车联网"敬而远之"。

亟待探索新的盈利模式激发车联网潜在市场。如车联网企业可通过与加油站、高速服务区、保险公司、银行、道路救援企业等合作，为入网车辆提供加油打折、服务区购物／用餐优惠、保险费用降低、ETC办卡／充值打折、免费道路救援等实惠，

必将极大的提升营运企业和驾驶员入网积极性。加油站、高速服务区、保险公司、银行、道路救援企业等通过与车联网企业合作，采取让利的形式获得大量的客户，提高自身收益。车联网企业也通过客户量的大量增加实现运营成本的大幅降低和效益的大幅增长，从而实现车联网企业、入网客户与车联网相关合作企业的互利共赢。另外，建立诸如"支付宝"一类的网上支付平台，逐步形成数以万计生产、物流和商贸企业上网发布货源信息的网络平台，实现货物、车辆等资源之间的优化配置，从而减少车辆空驶率，降低运输成本和减少环境污染。同时，网上结算还能够降低现金交易风险，提升资金运转效率。

第四章　建筑安全产业

　　随着我国城市化进程逐渐加快，必然会驱动基础设施的持续发展与完善，建筑产业将迎来发展的"黄金期"，国家统计局数据显示，2014年全国建筑业总产值176713亿元，同比增长10.2%。2014年全国建筑业房屋建筑施工面积同比增长10.4%，达125亿平方米，建筑施工项目总量持续上涨，施工项目计划总投资968785亿元，同比增长11.1%；全年新开工项目计划总投资406478亿元，同比增长13.6%；新开工项目415482个，比上年增加53199个。目前，我国建筑业从业人员达4500万人，由于建筑业自身的高危险性特点，加之安全防范意识较低，技术装备不足等问题，安全状况不容乐观，高处坠落、建筑物结构坍塌、物体打击等事故时有发生。住房与城乡建设部（简称住建部）数据显示，2014年，全国共发生各类建筑施工安全事故522起、死亡648人，事故起数比2013年同期减少6起、死亡人数减少26人，较大及以上事故29起、死亡105人。建筑安全产业能够为建筑施工安全提供硬件基础，提高建筑施工操作和管理人员安全意识和理念，促进建筑行业安全生产形势的持续稳定好转，是建筑行业健康快速发展的有力保障。

表 4-1　2014 年全国建筑产业主要事故情况

日期	死亡人数	事故简况
1月3日	3	1月3日20时左右，河北省石家庄市境内，栾城县新建大型高温水锅炉供热站，在锅炉房主体工程施工过程中发生脚手架倒塌事故，造成3人死亡
3月9日	3	3月9日16时35分，云南省怒江傈僳族自治州贡山县境内，云南第一公路桥梁工程有限公司独龙江隧道一合同段项目部，在掘进施工时发生坍塌，造成3人死亡

（续表）

日期	死亡人数	事故简况
3月27日	3	3月27日16时20分，河北省邯郸经济开发区锦天新能源汽车公司锦田电动车项目施工现场，发生建筑施工坍塌事故，造成3人死亡，3人受伤
3月27日	3	3月27日16时20分，河北省邯郸经济开发区锦天新能源汽车公司锦田电动车项目施工现场，发生建筑施工坍塌事故，造成3人死亡，3人受伤
4月6日	3	4月6日14时，辽宁省大连石达建筑工程有限公司组织人员在庄河市新建中心医院的施工过程中，吊塔发生倾覆，造成3人死亡、2人受伤
5月13日	5	5月13日9时左右，广西区桂林市临桂县六塘镇，临桂县建筑公司六塘镇政府公租房项目工地顶层进行浇筑两个柱子作业时发生坍塌，造成5人死亡
6月18日	3	6月18日9时左右，陕西省榆林市定边县砖井镇西关社区移民搬迁点建筑工地在施工过程中，一名工人将铁架子碰到上方10千伏高压线，造成3人死亡，1人受伤
7月18日	3	7月18日17时左右，河北省邯郸市一建筑工地发生坍塌事故，造成3人死亡，3人受伤
8月25日	3	8月25日12时左右，四川省广元市一建筑工地发生塔吊坍塌事故导致3人死亡
8月25日	3	8月1日22时，贵州省铜仁市大龙开发区施工工地发生塔吊倒塌事故，造成3人死亡，1人受伤
8月29日	3	8月29日11时30分左右，青海省海东市塔吊安装施工作业时，塔吊臂脱落，造成3人死亡
9月21日	3	9月21日18时左右，山西省太原市小店区坞城路一施工工地发生倒塌事故，造成3人死亡
9月28日	3	9月28日12时20分，福建省三明市，中铁隧道集团有限公司三明快速通道施工队伍在孔桩挖孔作业时发生坍塌事故，造成3人死亡
10月19日	3	10月19日2时左右，辽宁省朝阳市京沈客运专线一建筑工地发生坍塌事故，造成3人死亡
10月21日	3	10月21日22时30分左右，云南省曲靖市会泽县境内，待功高速公路一施工路段弃土场发生塌方，造成3人死亡
11月1日	3	11月1日13时30分左右，山东省东营市一建筑工地在实施塔吊拆卸作业施工中发生坠落事故，造成3人死亡，1人受伤
11月10日	3	11月10日12时20分左右，辽宁省朝阳市一施工工地，发生塔吊倾覆事故，造成3人死亡
11月26日	3	11月26日，河北省唐山市一厂房施工浇筑支护模板脱落，截至11月29日9时42分，被困的3名人员已确认遇难
12月6日	3	12月6日20时，湖北省潜江市曹禺大剧院施工项目高支模浇灌过程中发生平台坍塌，造成3人死亡、6人受伤
12月14日	4	12月14日16时，山东省聊城市一轴承厂在建筑施工时发生倒塌事故，造成4人死亡、10人受伤

第一节　发展情况

一、脚手架

脚手架作为重要的高空作业架设工具，被广泛应用在广告业、市政、交通路桥等建筑施工的多种作业场所，是保障施工人员人身安全的关键基础设施。扣件式钢管脚手架在我国使用量占60%以上，20世纪80年代初，我国建筑施工企业从国外引进了门式脚手架和碗扣式脚手架等多种型式脚手架，高新技术快速发展下又引进开发了多种功能性安全性更高的脚手架，如插销式脚手架、十字盘式脚手架、方塔式脚手架、CRAB模块脚手架，以及各种类型的爬架。脚手架行业以安全为基础，走上专业化发展的道路，脚手架的材质向轻质高强结构、标准化、装配化和多功能方向发展，主体材料由木、竹逐渐发展为金属制品，而脚手架配件材质从扣件、螺旋到薄壁型钢、铝合金制品发展。在结构架构方面，当前主要以门式脚手架和圆盘式脚手架为主，国内市场规模不断扩大的同时，出口数量也在多年持续上升。建筑业的黄金发展也给脚手架行业带来了巨大的商机，从事脚手架制造生产的企业数量在逐年增加，目前国内有百余家专业脚手架生产企业，主要分布于无锡、广州、青岛等地。从全国范围脚手架零部件看，脚手架钢管生产约1000万吨以上，但其中劣质的、超期使用的和不合格的钢管占80%以上，扣件总量约有10亿—12亿个，其中不合格品占比过大，如此量大面广的不合格钢管和扣件，已成为建筑施工的安全隐患。

二、安全防护网

安全防护网（密目网）是预防坠落伤害的特种劳动安全防护用品，用于各种建筑工地，特别是高层建筑，实现全封闭施工。目前，国内广泛使用的安全防护网主要有安全平网、密目式安全立网，除了能够有效防止电焊火花所引起的火灾，还能降低噪音灰尘污染，保护环境，达到文明施工美化城市的效果。随着建筑施工对安全防护网要求的提高，平网和立网的材质由最初的棉、麻、棕等天然纤维发展到化学纤维，规格也趋于多样化，但安全性始终是安全防护网发展最基础和重要的目标。我国密目网标准于1983初步建立，密目网产品市场规范化程度逐年提高，产品规格趋于统一，质量大幅提高。密目式安全立网与传统的安全平网和立网相比，具有机械化程度高、便于控制产品质量、生产效率高、质量相对稳定等优点，特别是其耐贯穿性能、阻燃性能、防尘、美化作业环境等特性是安全平网和安全立网所不能比拟的。目前，密目式安全立网已成为各类密目网产品中的主导产品，所占市场份额不断提高，几乎替代了传统的安全立网。目前，全国有 200 余家密目网生产企业，但生产投入门槛低，技术含量不高，作为特种劳动防护用品生产许可管理产品，190 家持有安全生产许可证，主要集中在福建、山东、安徽 3 省，95% 以上为年产值在 500 万元以下的小规模企业，年产值达 15 亿元。企业对于标准的认识不够，生产过程中的不规范行为，导致我国密目网质量难以保障。

三、安全帽

安全帽是防御人体头部，避免或减缓飞来物体、坠落物、硬质物件的冲击、挤压等外来物体击打和伤害的防护用品，是建筑施工、高空作业等必备的个体防护产品，能够有效地降低事故的发生，保障作业者的生命安全。经过多年的发展，我国建筑施工用的安全帽由二十世纪七十年代后期的塑料材质发展成为维纶、环氧树脂玻璃钢、ABS 塑料等，安全系数大大提升。1981 年，我国颁布实施了《安全帽》和《安全帽试验方法》，开始对安全帽市场统一规范管理，随着法制化进程的加速，安全帽产业及产品的整体水平较标准实施前有了较大提高，在产品制造方面我国安全帽制造的工艺水平、设计理念现已达到国际先进水平。我国安全帽行业市场潜力巨大，需佩戴安全帽的从业人员达 8000 万人以上，每年安全帽需求总量达 5000 万顶，生产企业主要集中在江苏、浙江、河北、山东、安徽等地。近年来，我国安全帽产业初步建立起了集聚发展模式，形成了品牌企业分割"大市场"、小企业占领"小市场"的局面。

第二节　发展特点

一、信息技术为建筑安全产业注入活力，提升本质安全水平

采用先进的技术装备是实现建筑安全生产的根本途径。我国新一代信息技术在建筑产业的应用已初具规模，建筑安全信息管理系统成为建筑施工中安全生产

工作的有力抓手，促进建筑业信息化水平不断提升。运用大数据建立建筑施工的设备和事故等数据库，并进行科学的分析，研究事故规律，从而制定有针对性的监管措施。建立危险隐患反应－运作机制，实时监控，动态管理，及时发现事故隐患，采取相应排查措施，能够预防和降低建筑施工中事故的发生。我国建筑产业信息化正处于发展的关键阶段，越来越多的建筑企业已经对安全信息管理系统有了认识并积极展开实践，部分企业与高校、研究机构深入合作，进行建筑产业信息化的研究和探讨。

"十二五"期间住建部出台的《2011—2015年建筑业信息化发展纲要》加快了建筑信息模型（BIM）、基于网络的协同工作等新技术在建筑施工工程中的应用，推动了建筑信息化标准建设，提升了建筑产业本质安全水平。

二、建筑安全产业集中度低，产品质量难以保障

由于建筑安全产业企业规模小，分布较为分散，使得我国建筑安全产业企业发展中呈现工艺装备小型化、科技水平低的问题，造成产品缺乏核心竞争力，产品结构不合理，产业链整合能力不足。目前，建筑脚手架扣件和安全防护网，两大产品95%以上不合格，其他产品无证生产扰乱了市场经济秩序，埋下了事故隐患。建筑安全产业企业多以作坊为主，从业人员文化水平较低且人员流动大，90%以上为初中及以下文化程度，产品质量的持续稳定缺乏保障。我国建筑安全产业集中度低，管理水平低的小型企业较多，以安全防护网的生产企业为例，95%为年产值500万以下的小企业。随着全球安全产业积聚效应进一步凸现，产业分工不断细化，安全产业园区建设成为产业集聚发展的载体和根本。而在近几年多个安全产业园区迅速发展过程中，规划建设中未将建筑安全产品和技术的研发制造作为园区的发展目标。使建筑安全产业面临产业集中度，技术装备通用化、标准化、系列化的水平不高，创新驱动能力不足，高附加值和高技术难度的产品匮乏，生产成本高，质量也难以保障的困境。

三、传统防护产品科技含量不高，创新能力匮乏

国内大部分建筑安全防护产品生产企业所选用的原材料、产品款式以及结构等均大同小异，科技含量不高，缺少重大技术突破和创新。占据建筑安全产品市场的多是国外知名企业，本土产品竞争中长期处于下风，近年来市场份额不断缩减。建筑安全产业产品制造自动化程度不够、人员技术水平不高、生产环境相对

较差等现象明显，相关企业没有足够持续的资金投入进行研发创新，品牌发展滞后等问题也依然存在，大功率、高产、高效的大型设备的制造技术落后，企业整体生产水平落后，核心竞争力不足。创新能力薄弱使得主导产品安全防护网、安全带等的来源基本靠引进，传统产品的改造升级缺乏亮点，新领域的技术产品又不能满足建筑施工安全的刚需。在建筑安全生产领域的国家科技支撑计划项目、重点基础研发项目、高技术研究计划项目基本为零，从事建筑安全技术装备研究的研究中心较少。

第五章　消防安全产业

　　消防是渗透到人类生产生活一切领域之中的专门活动，受到严格的法律法规限定。为保障消防活动的正常进行，必须大力发展消防产业。消防产业由消防产品产业和消防工程两大方面构成。消防产品产业包括消防科技研发、消防器材、消防装备制造以及消防服务等。消防器材包括灭火器、消火栓、消防箱、消防水带、消防泵灌装设备、蓄电池等。消防装备包括监测、探测、报警系统、通用防火灭火系统（含消防车辆）、特种消防装备、消防专用防护装备、通用个人防护装备、专用抢险救援装备、消防智能信息化指挥控制系统、引导疏散系统、防烟排烟系统、消防供水系统等。消防服务包括设备安装、维修维护，消防培训、监测检验、安全评估等。消防工程包括消防设施设计，施工安装，消防检测等。

第一节　行业发展情况

　　消防产业发展的任务是为提高社会消防安全保障水平提供先进可靠技术装备和服务。消防安全产业的发展，是衡量一个国家和社会现代文明程度的标志之一，对于国家的长治久安和促进社会进步具有重要意义。

一、消防产品产业

　　近年来，我国消防产品市场销售年增长率达17%—20%，2014年我国消防产品市场销售规模约2300亿元。我国目前拥有5000多家生产消防产品的企业，能够生产包括固定灭火设备、自动火灾报警、消防车等800多个品种、9000多个规格，共 21 大类消防产品，可以满足我国防火、灭火的基本需求。

生产企业大多位于东南沿海一带，以福建省南安市、浙江省江山市、广东省中山市为代表，分布区域较集中。但多数生产企业规模小、品种单一、科技含量低，70% 的企业年销售收入在 1000 万元以下，缺乏竞争力。

近年来，为满足城镇化建设需要，消防产业加快市场化步伐，打破原先的行业垄断，一批国家骨干级军工企业的加入为消防产品科技自主研发提供了新生力量。一些过去主要依赖进口的产品，也基本实现了国产化，还有一批创新型消防产品问世。如火灾探测报警设备行业，截至目前，消防产业年产值已超过 12 亿元，在全国范围内拥有 110 多家生产企业，其自动灭火设备、建筑防火材料、建筑耐火构件与配件等产品为我国消防保障水平提高起到了促进作用。

（一）消防科研

消防科学技术领域的研究主要涉及火灾科学、消防技术与消防软科学等。我国专门的消防科研机构都归属公安部，他们分别是天津、上海、沈阳、四川消防研究所。这四家消防研究所在专业研究方向上各有分工：天津所主要负责火灾基础理论、消防工程技术、消防规范、消防信息、耐火构件、灭火剂等方面的研究；上海所主要负责灭火理论、消防装备、灭火技术与战术、火场防护技术等方面的研究；沈阳所主要负责火灾探测理论、自动报警技术、消防通讯等方面的研究；四川所主要负责建筑火灾理论、建筑防火技术、材料阻燃等方面的研究。经过数十年努力，我国共取得消防科研成果 800 多项，其中获得国家级科技成果奖励的有：点型感烟火灾探测器和火灾报警控制器的标准及其检测设备、民用住宅耐火性能的评价研究、承重墙耐火性能中试装置、消防装备喷雾水粒子流场特性试验方法、LB 钢结构膨胀防火涂料、高层建筑楼梯间正压送风机械排烟技术的研究等 20 多项成果。

1992 年我国利用世界银行贷款和国内配套投资兴建中国科学技术大学火灾科学国家重点实验室，1995 年 11 月通过国家验收，是中国火灾科学领域的国家级研究机构。

除公安部直属科研机构以外，在一些综合性大学和大型企业和工业研究机构，也设立有特种领域的消防科研机构。如核工业、林业、煤炭、石油化工、航空航天、船舶制造等行业。

（二）消防装备

作为消防主战装备的消防车辆，是消防生产的标志性产品。国内消防车制造企业约 40 家，其中年生产能力达到 500 辆的仅有几家，年总销售消防车 2000 辆。目前我国消防车保有量达 34 万辆，约一半为公安部消防部队拥有，另外一半由化工、烟草、机场等行业所有。

消防车辆由特种车辆底盘和消防上部装备两大部分组成。不同客户对底盘配置、主要装配套件等需求差异很大，因此，消防车不能够进行大规模流水线式生产，生产模式上都具有多品种、小批量的特点。多数国内企业规模较小，仅能生产技术含量、单位价值相对较低的低端产品，如普通水罐车、轻型泡沫水罐车等。由于低端产品技术门槛不高，所以竞争较为激烈，产品价格多在 50 万元以下，企业基本处于微利状态。而重点要害区域消防部队、油田、石油公司炼油厂、油库、煤矿、粮库、机场等火灾危险性较大的企业需装备的中高端消防车以及重型和特种消防车，价格普遍在 100 万—400 万之间，特种消防车甚至达上千万元，国内企业尚不能制造，主要依靠进口。

国际上消防车产品已成系列，技术已十分成熟。目前广泛在用的是压缩空气泡沫灭火系统（CAFS），具有 7 倍的灭火功效，灭火剂分为 A 类和 B 类。如日本森田的路轨两用消防车，芬兰博浪涛的云梯车，美国大力的压缩空气泡沫消防车，德国施密茨自装卸式多功能保障车、核生化（NBC）侦检消防车，德国马基路斯城市八爪鱼多功能高喷救援消防车等。上述消防车技术含量及单价高，如芬兰博浪涛 90 米云梯车价值 2000 万元。国内高端消防车市场主要由进口产品所垄断，仅在 2012 年我国消防车采购额就达 100 亿元。根据我国消防事业发展趋势，未来市场对中高档产品需求约达 800 亿元以上。

（三）消防服务

消防服务最主要的部分是消防安装和维保，是指在新建建筑及各类工程建设时同步进行消防设施安装、设置，在交付使用后对这些设施进行维护维修。我国消防技术服务起步于二十世纪九十年代，消防技术服务机构随着消防法律法规的逐步完善得到不断发展，其中建筑消防设施检测、电气防火检测、建筑消防设施维修保养、消防安全监测、消防安全评估及咨询等五类机构已初具规模并健康成长。原先进入消防服务的机构一律要报公安消防部门审批，直到 2002 年，国务院《关于取消第一批行政审批项目的决定》取消了建筑消防设施维修保养、检测资格许可证的行政审批，公安消防部门不再管理检测和维修保养机构，也不审查许可新机构，由消防协会或者其他部门实行社会管理，消防服务向市场化发展。

近年来，消防服务市场以15%—18%左右的速度快速增长。2014年消防设施安装和维保市场分别达到800多亿元和70多亿元，其中维保市场的增长快于安装市场。

由于各地区房地产开发和基建投资增长的差异，消防安装和维保业务在各细分市场的情况不同。江苏、广东、上海和北京等大城市的安装市场增长势头逐渐放缓，相反维保业务却迅速增长。中西部一些城市的安装市场的增长率明显高于沿海地区，这其中河南、山东和辽宁的安装业务增长较快。东北、西南、西北在市场构成方面更是获得了前所未有的发展。

消防服务市场竞争趋于激烈，主要原因是消防维保业务具有稳定、高毛利率和回款安全等特点，因此一些原本不涉及消防业务的物业管理企业和建设施工单位以及消防产品制造企业也开始觊觎此类业务。和传统的安装业务相比，消防维保业务的价值主要体现在服务的过程而不是项目的工程数量上，因此维保业务的竞争策略主要定位在服务的创新和整合上，例如网络监控和消防管理咨询等。

二、消防工程

主要是消防工程设计、消防工程施工。消防设计是源头，设计的合理、科学、专业与否，对建筑工程的消防安全保障至关重要。消防工程施工，按照我国的相关法律规定，从事消防工程施工必须具备相关资质。其中：一级资质企业，可承担各类消防设施工程的施工；二级资质企业，可承担建筑高度100米及以下、建筑面积5万平方米及以下的房屋建筑、易燃、可燃液体和可燃气体生产、储存装置等消防设施工程的施工；三级资质企业，可承担建筑高度24米及以下、建筑面积2.5万平方米及以下的房屋建筑消防设施工程的施工。

国内宏观经济和建筑业产值的较快增长奠定了消防工程的长期成长性。根据我国《建筑消防设计规划》《高层民用建筑设计防火规划》规定，住宅建筑方面每平方米建筑面积消防投入约占建筑安装总投资的2%—5%，办公与商用每平方米建筑面积消防投入约占建筑安装总投资的5%—8%。以2010年为例，我国对房地产建筑安装总投资约为7226.80亿元，其中住宅投资约为70%，办公与商业营业用房及其他占比30%。按国家规范要求我国仅民用建筑的消防投入总额就超过 200 亿元（按 2% 计算）。

第二节　行业发展特点

一、消防行业发展现存问题

消防产业长期不能得到规模化、科学化发展，难以满足经济和社会发展对国家消防现代化建设的迫切需要。

（一）社会整体配备不足

随着中国经济建设的发展，特别是现代化城市建设规模不断扩大，超大空间、超高层建筑、地下轨道交通系统和石油、化工、建材等高火险行业快速发展，易燃易爆场所快速增多，起火因素日渐繁多，火灾呈现多样性、复杂性态势。由此引发的重特大火灾不仅导致群死群伤，而且造成的经济损失越来越大，而我国的公共消防资源严重不足。不能满足企业消防、民居消防、园林消防（特别是针对古树消防保护）、古建筑消防、农村消防等安全需求。据不完全统计，近年来全国市政火栓欠账 26.5%，地级以上城市消防站欠账 30%，农村公共消防设施相比差距更大。与发达国家相比，我国正规消防队伍的装备配备欠账严重，国产自有配套率低。目前我国有 660 多个城市、2800 个县或县级市，但消防装备总体不到发达国家的 20%。世界上大多数国家专职消防员人数占到全国人口比例万分之 10 左右，最高达到万分之 161，而我国包括非专职消防员在内的消防员占比只有万分之 1.5。

目前，国家更加关注"防灾减灾"，更加重视应急救援力量建设，消防部队已经成为抢险救援的中坚力量。综合应急救援队除承担消防工作以外，还承担包括自然灾害、危险化学品、建筑施工、道路交通所引发的事故以及社会安全事件的抢险救援任务。根据国务院关于消防工作的报告，近三年，我国公安消防部队共扑救火灾和处置灾害事故共 163.9 万起，解救遇险被困人员 32.8 万人，抢救和保护财产折合人民币 1241 亿元。应急救援队伍发展，要求投入更多的经费，保证队伍拥有精良的装备。近几年来，各地方纷纷建立应急救援队伍，政府投入巨大，迅速扩大了抢险救援装备的市场，对于多功能抢险救援车、生命探测仪、破拆工具、防护装备等产品有巨大的市场需求。

近年来，国家将加强社会保障和改善民生摆在突出位置，按照覆盖率达到

20%的要求建设城镇保障性安居工程，从2011年至2016年保障性住房总量达到3600万套。据现行的《建筑设计防火规范》规定，3600万套国家保障性住房都必须安装室内消火栓、消防水箱、灭火器、自动喷水系统、烟感探测器等产品，同时全国各大城市不断有新的工、商、文、体设施落成，这些建筑都需要消防系统配套建设，消防产品市场需求巨大。行业人士预算消防系统工程约占装修投资的6%—11%，即人民币120亿元—200亿元。

在如此巨大的需求面前，消防产业由于自身力量分散，利益格局分割严重，从近年调查情况来看，从事消防安全产业的企业年营业额在1000万元以内的占72%，份额不足500万的企业占总数的47%，超过5000万元以上的仅占5%，排名进入前30的企业市场份额不到10%，缺乏龙头型大企业。企业不能做大做强，仅能生产少数几个规格产品，产品品种单一，缺乏品牌与技术支持，难以挤占中高端市场，或只能在低端产品和工程建设的消防设施施工方面以及消防安装和维保方面提供较充分的市场支撑，而对于不断增长的全社会消防系统建设需求、特殊领域的高性能装备需求以及家用消防器材需求既不能拿出优质可靠的产品供应和专业服务，也缺少面对机遇的迅速反应。

（二）研发成果难以迅速投入市场

经济和社会的发展也不断地给消防部门提出新的任务。消防部门所面临的共同难题：各种复杂的火灾和特种灾害下的救援行动、特大恶性火灾的扑救、危险化学品引发事故的处置、恐怖袭击造成的破坏现场的救援与处置等。为了有效解决各种突发事件，各国消防装备的研究开发机构和企业正在努力开发更加专业化、更加实用的各种灭火救援和特种灾害处置装备，并使之系列化。消防装备的智能化程度随着自动控制和人工智能技术的发展越来越高。各种智能化的灭火救援装备和消防机器人将成为二十一世纪消防装备的主流。随着大城市各种超高层新型建筑不断出现，国家的建筑规范也在修改，规定"高层住宅、人员密集场所、办公楼、综合楼等建筑物应当配备必要的救生缓降器、逃生滑道、逃生梯、自救呼吸器等逃生辅助装置"。

消防机器人作为特种机器人的一种，在灭火和抢险救援中愈加发挥出重大的作用。随着各种大型石油化工企业、隧道、地铁等不断增多，油品燃气、毒气泄漏爆炸，隧道、地铁坍塌等安全隐患不断增加。这类灾害具有高突发性、处置过程复杂、危害巨大、防治困难等特点，已构成顽疾。消防机器人能代替消防救援人员进入易燃易爆、有毒、缺氧、浓烟等危险灾害事故现场，快速进行数据采集、处理、反馈，有效地避免了消防人员在上述场所面临的人身安全，解决了数据信息采集不足等问题。现场指挥人员可以根据其反馈的数据资料，及时对灾情作出科学准确的判断，并对灾害事故现场救援工作作出正确、合理的决策。

与发达国家相比我国的消防科研基地和基础设施建设相差甚远，消防科技创新领域资金投入不够，造成创新能力整体水平不高，缺乏具有自主知识产权的原创性科技成果，出现较多地照抄和仿制怪相。在国家急需取得成果的研究领域，如公众聚集场所、大型公共建筑、易燃易爆危险品单位、地铁及城市交通隧道等高风险场所，缺少对火灾烟气排放与控制技术、烟气优化管理技术、烟气危险性评估方法与人员疏散技术的研究，始终没有取得创新成果。在对火灾科学试验新手段的开发方面，缺少火灾虚拟现实和仿真技术应用研究。只有对我国现有的建筑结构与火灾机理进行模化仿真研究，才能够对产品的结构、性能、功用真正从理论上、技术原理的深层次上做到科学合理的优化设计。

生产消防产品的民营企业更加缺少科技投入，基本上没有科研开发机构和专业实验室，一旦有了新产品便停滞不前，不做改进，有的十几年一直在吃一种产品的老本，这种不重视科技创新的做法对消防产品技术发展极为不利。

（三）民用市场重视不足

据消防部门统计，近五年来，我国住宅火灾和公共场所火灾在所有火灾中占比分别为43.17%和24.21%，死亡人数占比为33.88%和27.33%，高居所有火灾发生数和死亡人数的榜首。我国消防部门相关统计数据显示，目前我国家庭配备灭火器的比例仅有0.1%左右，也就是说，1000户家庭对灭火器的占有率不到1台，而在公共场所火灾自救中，灭火器的使用率也非常低。在西方发达国家，家用消防产品已经成为消防产业发展的重要市场之一。如日本，家用消防器材占整个消防器材市场份额的40%—60%。再如美国，城市居民中大约有75%的家庭自备有火灾自动报警器、自动灭火器和煤气漏气报警器。另外，推广阻燃的衣料和被褥，也是美国家庭防火的高招。英国政府大力发动民众安装住宅火灾烟雾报警装置，直到国内城乡居民住户全部普及使用为止。

2010年上海那场高层住宅大火让家用消防市场掀起了关注热潮，火灾发生后不久，公安部消防局发布《家庭消防应急器材配备常识》推荐居民配备手提式灭火器、灭火毯、消防过滤式自救呼吸器、救生缓降器、带声光报警功能的强光手电等消防逃生器材。人们开始对家用消防器材有了新的认识。但目前我国面向家用的消防器材开发生产企业少，标准不统一、品牌杂乱、质量无保证，无法满足大量增长的家庭消费者需求。

另外，值得一提的还有农村消防市场的开发。近年来农村火灾趋势日益增多，《消防法》已经将农村消防站、消防供水、消防装备等建设规划纳入国家法律。但目前，我国农村消防几乎空白，急需开发生产农村消防产品、拓展农村消防市场。消防摩托车是很适合农村地区使用并很受农村市场欢迎的小型装备。消防摩托车行驶灵活、速度快捷，在未经过道路规划的农村能穿梭自如，第一时间到达火灾现场。消防摩托车自带抽水泵，在多水的南方农村，能随时补充水源。如果每个行政村配置一辆消防摩托车，每辆车按5万元计算，那么，全国消防摩托车市场预计高达345亿元。

二、典型事故情况及分析

（一）事故统计

2014年全国火灾数量相比2013年有所下降，共接到火灾报案39.5万起。综合统计，东部地区为火灾相对多发地区且伤亡较严重，冬、春季节火灾发生的概率较大。虽然2014全年没有发生特别重大火灾事故，但因火灾死亡人数仍达到1817人，受伤人数为1493人，造成的直接财产损失约为43.9亿元，全国消防行业依然任务繁重。

表5-1　2014年消防主要安全事故

序号	时间	地区	事故级别	伤亡/财产损失情况	事故原因
1	1月11日	云南迪庆藏族自治州	重大	经济损失8983.93万元	如意客栈经营者在室内因取暖器使用不当引燃可燃物造成火灾
2	1月14日	浙江台州市	重大	死16人，伤5人	台州大东鞋业有限公司违法搭建临时厂棚电线短路着火
3	2月4日	上海宝山区	一般	死2人	上海环震包装制品有限公司引燃易燃物起火
4	3月26日	广东揭阳市	重大	死12人，伤5人	非法从事内衣生产的家庭作坊因管理不善导致火灾
5	11月16日	山东寿光市	重大	死18人，伤13人	龙源食品有限公司制冷风机线路接头因过热短路引燃易燃材料

（续表）

序号	时间	地区	事故级别	伤亡/财产损失情况	事故原因
6	12月15日	河南长垣县	重大	死11人，伤24人	皇冠KTV电暖气故障导致起火
7	12月26日	安徽阜阳市	较大	死5人，伤6人	床垫加工厂因电暖气超负荷引发火灾

数据来源：公安部消防局网站，2015年3月。

（二）重点事故分析

2014年，消防行业主要发生五起重大安全事故。1月11日，云南迪庆藏族自治州香格里拉火灾造成经济损失8983.93万元。1月14日，浙江台州大东鞋业有限公司因电线短路着火造成16人死亡，5人受伤。3月26日，广东揭阳市一家非法经营的内衣作坊因管理问题起火造成12人死亡，5人受伤。11月16日，山东寿光市龙源食品有限公司因线路接头短路引发火灾造成18人死亡，13人受伤。12月15日，河南长垣县皇冠KTV电暖气故障起火造成11人死亡，24人受伤。经过火灾原因的分析可以看出，大部分火灾是由于居民用火不慎引发，同时当地政府在规范消防安全管理及消防教育方面也负有重要的责任。下面以浙江台州大东鞋业有限公司事故为例，分析事故发生原因。

1. 事故情况

2014年1月14日，浙江省温岭市位于城北街道的台州大东鞋厂在下午14时52分发生火灾，大火从一楼开始往上蹿升，共三层七间厂房着火，过火面积达800多平方米。经过温岭市公安局消防队的奋力扑救，大火于17时40分被扑灭。火灾共造成16人死亡，17人送医治疗，其中4人出现呼吸道灼伤，1人骨折。

2. 事故原因

台州大东鞋厂为私营企业，厂房以砖混结构为主。事故发生时厂房内预计有81人，直接起火原因为电气线路故障。由于厂内堆放有大量鞋箱，火势迅速蔓延。且当日东北风通过排风机灌入厂房，加速了火势与浓烟的扩散。

经过调查，大东鞋厂存在严重安全隐患。主厂房没有消防审批许可，各楼层楼梯没有独立封闭，用以紧急疏散的楼梯没有按规定安装平开门，厂内消火栓如同虚设。厂房内的用电设备和相关电气线路缺乏日常专业电工维护，导致敷设不合理、线路老化、部分线路未经穿管等有效防火保护手段。包装车间存放有大量纸箱、包装盒及可燃杂物，这些易燃物品直接与不合格电气线路接触，以致起火后无法遏制火势蔓延。同时由于大东鞋厂在主厂房东侧违规搭建铁棚，对人员疏散和火灾抢救工作造成了一定阻碍。

3. 事故处理

事故发生后，国务院领导高度重视，要求全力查明事故原因，排除安全隐患，对相关人员进行追责处理。根据国务院493号令《生产安全事故报告和调查处理条例》和省政府第310号令《浙江省生产安全事故报告和调查处理规定》，由浙江省安监局牵头，成立了事故调查组进行勘察及取证。经调查结果显示，大东鞋厂未经许可擅自在主厂房东、南、北方向加建违章铁皮棚用以生产。自该厂成立以来，当地相关职能部门存在严重失责，消防、派出所、安监等机构未履行职责对该企业进行安全生产检查。该厂违章搭建的铁棚也没有得到城市管理部门的处罚。当地村干部负责对该鞋厂每月进行消防安全检查，但最近检查记录为2013年12月31日，未记录有消防安全隐患。

经查证，大东鞋厂管理无序，没有落实安全生产主体职责，无专人负责消防安全，没有按规定执行安全生产规章制度。企业内部员工流动性大，组织结构松散，存在严重安全隐患。大东鞋厂法人代表林剑锋及股东林真剑被刑事拘留，依法追究其刑事责任。大东鞋厂被依法取缔。

温岭市杨家渭村委会存在放纵违章、以包代管等失职行为，未履行安全生产管理条例，未按时对企业进行消防安全检查，对大东鞋厂违章搭建采取放任态度，没有向上级政府及时汇报其安全消防隐患。原村委会主任被予以党内严重警告处分。

温岭市相关负责部门未严格履行职责，存在渎职行为，对消防安全监管没有有效落实到位。大东鞋厂的安全隐患长期没有得到相关部门的重视及整治，成为死角盲区。温岭市委市政府负有一定责任，基层安全监管仍然存在漏洞，对安全隐患排查工作督查不到位，力度不够大，没有实现全覆盖，零容忍。温岭市市长李斌、副市长张永兵、市安监局局长金良明等相关责任人员均被记过处分。

（三）暴露出的主要问题

1. 企业消防意识淡薄，严重违法违规

企业消防意识淡薄是重大消防隐患之一。大东鞋厂属于劳动密集型企业，厂

内存放有大量可燃物品，燃烧后产生的一氧化碳、氰化物等有毒气体严重威胁员工的生命安全。该企业没有按规定留有消防通道，未设置封闭楼梯间，仓库厂房等简易结构抗火灾能力极低，短时间内结构就会被破坏，易造成重大财产损失。厂房内没有严格的监督管理制度，致使电气线路安装走线不合规定，存在安全隐患，电线乱拉等现象屡见不鲜。此外，该企业消防设置配备不符合安全生产要求，员工严重缺乏消防常识，没有经过消防培训，自救能力及逃生能力不足。劳动密集型企业的生产加工车间等场所均应按规定配有消防安全负责人，每日进行防火检查。

2. 地方政府主管部门对消防隐患监察不力

温岭市政府、市安监局未履行职责严禁杜绝消防隐患，对消防工作缺乏宣传教育及严厉监督。当地消防安全检查没有做到严执法、重实效，在工作上存在疏漏，暴露了当地政府相关部门在开展消防安全打非治违的工作中存在浮于表面、排查力度欠缺的漏洞。当地政府应督促开展消防安全隐患彻查，改善企业的安全生产环节，严格按照标准，明确各机构职责，无死角、无折扣，做到整治排查到位，杜绝安全隐患。对企业违法搭建、火灾隐患严重、缺乏员工安全培训、企业内部安全管理混乱、安全生产责任制未落实等问题进行严厉打击。

为实现消防安全隐患的早发现早处理，当地消防、工商、安监、城管等部门要努力构建安全"大监管"网络，从源头上进行管控。建立健全基层网络管理，定期进行动态巡查，发挥网络信息化平台的监管作用，综合运用行政、教育、法律、经济等手段，着力改善小作坊、小企业内部安全管理疏松、消防安全存在漏洞、非法搭建等现象，从源头上杜绝重特大安全生产事故的发生。

第六章　矿山安全产业

矿山井下地质条件复杂、环境恶劣，一旦发生事故，极易造成群死群伤。当前我国矿山安全生产基础依然较为薄弱，重特大安全生产事故时有发生，人员伤亡和财产损失惨重，亟待发展矿山安全产业，提升矿山安全保障能力。

第一节　发展情况

一、严峻的安全生产形势要求矿山安全产业快速发展

我国矿山安全生产形势十分严峻，每年因矿山安全事故导致的伤亡总量较高，重特大事故频发。数据显示，2014 年我国发生的一次死亡 10 人以上的矿山安全生产事故就有十多起，矿山安全生产形势十分严峻，要求矿山安全产业快速发展。

表 6-1　2014 年全国一次死亡 10 人以上的矿山安全事故

日期	死亡人数	事故简况
3月21日	13	河南省平顶山市汝州市境内，平煤神马集团长虹矿业公司1-21010机巷工作面发生煤与瓦斯突出事故。经搜救，事故共造成13人死亡
4月7日	22	云南省曲靖市麒麟区，黎明实业有限公司下海子煤矿一采区工作面放炮引发透水事故，造成22人死亡
4月21日	14	云南省曲靖市富源县，红土田煤矿井下发生一起瓦斯爆炸事故，当班入井56人，事发后，安全升井42人，造成14人遇难
5月14日	13	陕西省榆林市榆阳区，中煤大海则煤矿发生溜灰管坠落事故。5月20日救援工作结束，事故共造成13人死亡
6月3日	22	重庆市南桐矿业公司砚石台煤矿发生瓦斯爆炸事故，造成22人死亡、1人受伤

（续表）

日期	死亡人数	事故简况
6月11日	10	贵州省六枝工矿集团公司新华煤矿一炮掘工作面发生煤与瓦斯突出事故，造成10人死亡
7月5日	17	新疆生产建设兵团第六师，大黄山豫新煤业有限责任公司一号井发生瓦斯爆炸事故，造成17人死亡
8月14日	16	黑龙江省鸡西市城子河区，安之顺煤矿发生透水事故，造成16人死亡
10月5日	10	贵州毕节市黔西县，永贵能源公司新田煤矿发生瓦斯事故，造成10人死亡
10月24日	16	新疆乌鲁木齐市米东区，米泉沙沟煤矿采空区大面积冒顶，有毒有害气体溢出导致人员窒息，造成16人死亡，11人受伤
11月26日	28	辽宁省阜新矿业（集团）有限责任公司恒大煤业公司综采放顶煤工作面发生一起重大煤尘爆炸燃烧事故。截至12月1日，已造成28人死亡、50人受伤
11月27日	11	贵州省六盘水市盘县，松林煤矿发生一起重大瓦斯爆炸事故，造成11人死亡、8人受伤
12月14日	10	黑龙江鸡西市鸡东县，兴运煤矿井下发生瓦斯事故，造成10人死亡

　　我国是世界上最大的煤炭生产国和消费国，2014年我国煤炭产量为38.7亿吨，占世界总量的49%。我国煤矿井下地质条件复杂，安全隐患多，事故发生率也较高，是矿山安全治理的重点。虽然近些年我国在煤矿安全治理方面取得了很大成就，煤矿百万吨死亡率持续大幅降低，但与美国、澳大利亚等发达国家0.03和0.05的数值相比，我国0.25的煤矿百万吨死亡率依然较高。

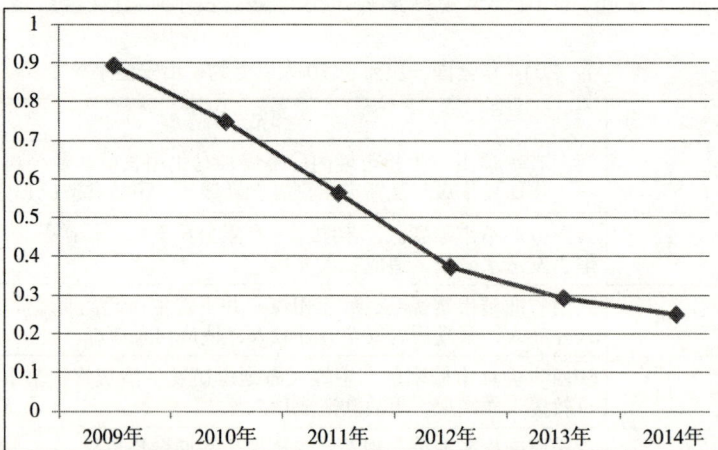

图6-1　2009—2014年我国煤矿百万吨死亡率

二、环境复杂、灾害多要求矿山安全产业"保驾护航"

我国是采矿大国，矿产资源丰富，矿山数量众多。目前，我国拥有煤矿11000多座、煤矿工人580多万人；非煤矿山7万多家、作业人员300多万人。按"三班倒"粗略估算，每时每刻都有近300万人在矿山井下作业。矿山井下作业的特点是地质条件复杂、灾害多，特别是我国煤矿，水、火、瓦斯、煤、尘、地压、地热灾害聚集，极易发生安全生产事故。研究显示，我国煤矿事故死亡人数较多的事故类型主要是瓦斯燃烧、爆炸事故，顶板事故，透水事故，煤与瓦斯突出事故和瓦斯引起的中毒、窒息事故。其中与瓦斯相关的事故，包括瓦斯爆炸、瓦斯燃烧、煤与瓦斯突出和瓦斯引起的中毒、窒息等事故，致死人数占煤矿事故死亡人数的近一半，瓦斯是煤矿安全的"第一杀手"。

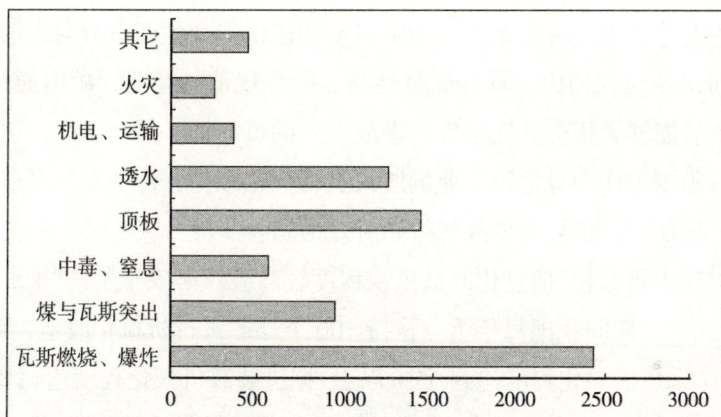

图6-2　我国煤矿灾害事故伤亡人数对比（人）

另一方面，我国矿山安全生产基础薄弱，机械化水平普遍偏低，企业安全生产主体责任意识不强、安全生产责任制不完善、安全管理混乱、从业人员安全意识差等问题较多，导致矿山安全隐患较多，事故频发。当前，我国亟待发展矿山安全产业，提升矿山生产机械化、自动化、智能化水平，减少作业场所人员配置，从根本上降低安全生产事故发生的可能性。

第二节　发展特点

一、矿山安全产业市场前景广阔

近年来，随着科技兴安、安全生产信息化等工作的深入开展，我国矿山机械化、自动化水平不断提升，特别是《安全生产科技"十二五"规划》的发布，将安全科技提升到了前所未有的高度，提出以煤矿、非煤矿山和危险化学品为核心领域推进安全科技水平提升，同时，将建立一大批安全技术示范工程、研发创新中心和科技支撑平台。在国家相关政策的引导下，我国矿山安全科技研发水平、科技成果转化率得到大幅提升，矿山安全产业市场得到较快发展。

但是，我国矿山数量众多，矿山安全生产基础薄弱，与发达国家相比，矿山安全科技水平还有很大的提升空间，矿山安全技术、产品和服务市场需求量依然较大，矿山安全产业市场前景广阔。

二、机械化、信息化改造是矿山安全产业的有力增长点

当前，通过技术和信息化手段，提升矿山机械化、信息化水平，已成为矿山安全治理的重要手段。研究显示，90% 以上的矿山安全生产事故与人的不安全行为有关，而机器与人相比，具有可靠性高、操作规范等特征，矿山通过机械化、信息化改造后能够大幅降低安全生产事故发生的可能性；另一方面，机械化、信息化改造后采掘工作面等危险作业场所人员将大幅减少，即使发生事故，也不会产生大量人员伤亡，重特大事故将得到有效遏制。

我国对矿山机械化、信息化改造重视程度较高。《煤矿安全生产"十二五"规划》提出，"十二五"期间我国每年重点扶持 100 个煤矿进行机械化改造，到 2015 年底，小型煤矿采煤机械化程度达到 55% 以上、掘进装载机械化程度达到 80% 以上，实现小型煤矿采煤机械化改造 4000 个、掘进装载机械化改造 5000 个。可见，我国对于矿山采掘生产信息化和自动化的扶持力度不断提升，加之我国矿山机械化、自动化总体水平依然较低，未来，矿山安全生产机械化、信息化改造依然是矿山安全产业的有力增长点。

三、矿山安全物联网孕育着巨大的产业市场

矿山安全物联网是物联网应用的一个重要领域，指通过各种感知、信息传输与处理技术，实现对真实矿山整体及相关现象的可视化、数字化及智能化，可打造本质安全型矿井。

矿山安全物联网市场潜力巨大。物联网是国家重点支持的战略性新兴产业，国家出台了一系列扶持政策和大量资金支持物联网产业发展，如《物联网"十二五"发展规划》明确提出，加大财税支持力度，增加物联网发展专项资金规模，加大

产业化专项等对物联网的投入比重，鼓励民资、外资投入物联网领域；落实国家支持高新技术产业和战略性新兴产业发展的税收政策，支持物联网产业发展。在良好的政策环境下，我国物联网产业发展迅猛，数据显示，2012年，我国物联网产业市场规模就已达到3650亿元，预计到2015年将达到7500亿元。矿山安全物联网作为物联网的重要分支领域，不但能够解决矿山安全问题，还能够激发巨大的产业市场，在良好的政策环境下，必然得到快速发展，预测数据显示，2015年我国矿山安全物联网产业可实现产值1000亿元，未来数年，可达到5000亿元。

第七章　地下管网安全产业

第一节　发展情况

城市地下管网系统是现代化城市和工业企业不可缺少的一项重要基础设施，由地下污水管网、雨水管网、雨污合流管网、沟渠、下水道和化粪池、居民供气和给水管路、化工园区油、气、危险化学品输送管路等设施组成，为城市输送着物质、能量与信息。据《中国城市建设统计年鉴》统计，截至 2011 年底，中国城市仅供水、排水、燃气、供热四类市政地下管线长度已超过 148 万公里。2010 年，城市建成区内每平方公里土地上就有超过 30 公里长的管线。

根据中国城市规划协会地下管线专业委员会（以下简称地下管线委员会）对 2009—2013 年中国地下管线事故统计报告显示，依媒体公开报道且影响较大的原则，典型事故总计 75 例。据地下管线委员会此前统计，2008—2010 年间，全国仅媒体公开报道的地下管线事故平均每天就有 5.6 起。全国每年因地下管线事故造成的直接经济损失以数十亿元计。

统计显示，地下管线出事故引发的次生灾害屡见不鲜。例如，管线破裂导致火灾、爆炸、地陷等。此外，密匝的管线之间还会"交叉感染"。2010 年，黑龙江巴彦县发生居民集体腹泻，原因即污水管线渗漏污染了自来水管道。一年后，相似的一幕又在江苏大丰县上演。地下管线委员会统计显示，2009—2013 年直接因地下管线事故而产生死伤的事故共 27 起，死亡人数达 117 人。单就致死伤的地下管线事故而论，呈逐年增多趋势。2009 年两起导致死伤，2013 年则达到 9 起。这些事故中，最严重的当属 2013 年"11·22"中石化东黄石油管道泄漏爆炸事故。

地下管网安全产业被视为中国新时期城镇化背景下保障城市安全发展的重要支持产业之一。2014年随着国务院发布《关于加强城市地下管线建设管理的指导意见》(下文简称《指导意见》),地下管网安全产业规模逐步从小到大,从概念走向落地发展。在此背景下,地下管网硬件、软件、集成、运营等领域的主要厂商纷纷借势转型发展,基于多年发展的现有产品及技术优势,推出了多种基于城市地下管网安全监控的解决方案,进一步构建并完善了地下管网安全产业链,使得地下管网安全产业生态系统加速形成。地下管网安全产业涵盖地下管网异常监控、有毒有害气体监测、预警系统相关软件(基础软件、中间件和应用软件)、硬件(服务器、存储设备、终端设备、网络设备、元器件)和系统集成等领域。

地下管网安全产业未来发展空间巨大,我国城市化进程在"十二五"期间提速,预计到2015年末城镇化率将达到56%。按照2015年人口控制目标13.9亿计算,城镇人口将达到7.68亿。根据重庆市"污水管网、化粪池安全监控预警系统"示范工程实际测算,该区城区人口20万,全覆盖安装地下管网安全预警系统需2000台。如在未来实现全国城区覆盖,估计系统安装数量约为768万套,按照一套系统每年可节省清掏费用2400亿元,地下管网安全产业所带来的经济效益十分显著。地下管网安全产业发展一方面可加强城市基础设施建设,另一方面又能造福广大百姓,同时也可大力促进经济发展。

最近几年,尤其是在2014年国务院正式颁布《指导意见》之后,地下管网安全产业发展提速,产业初具规模。以旭日大地、重庆荣冠、山西罗克佳华为代表的地下管网安全相关产品及服务的企业快速崛起,产业链逐步完整。这些企业在自主核心技术开发等方面,达到国际领先水平,并且创新性的开拓了产品的应用范围,在我国城市发展过程中发挥着越来越重要的作用。

在新型工业化、信息化、城镇化、农业现代化同步发展的时代背景下,利用信息化技术手段打造安全的城市地下管网系统,利用"两化深度融合"的有利契机,城市安全投入必然进一步加大,力度进一步加强,城市地下管网安全技术和产业的发展壮大,必将推动管网相关产业的技术改造、资源整合,还将为城市的发展提供安全保障。

第二节　发展特点

一、有利于地下管网安全产业发展的政策环境日趋完善

最近几年，随着技术的不断发展，我国地下管网安全产业在标准研制、技术研发和产业培育等方面已具备一定基础，尤其是应用示范领域，在国内一些城市率先取得了突破。然而，缺乏支持产业发展的金融政策、配套管理办法等严重制约地下管网安全产业发展的深层次问题仍然存在。为了推进地下管网安全产业的有序健康发展，政府亟须加强顶层设计研究，对产业发展方向和发展重点进行规范引导，不断优化产业发展环境。

二、地下管网安全产业仍处于初期发展阶段

2014年《指导意见》公布之后地下管网安全日益受到重视，很多城市都公布了地下管网普查计划以查清错综复杂的地下情况，然而当前产业进入门槛不高，导致产业内企业实力参差不齐，而另一方面，由于地下管网监控系统投入资金多、回报慢、效益不够显著，政府无法凭一己之力拉动产业发展，而投融资渠道尚未有效打通，更多民间资金尚未有效进入地下管网安全建设领域，致使该行业尚未出现爆炸式的发展局面。然而，地下管网安全产业通过工业和信息技术手段的深度集成和综合应用，可有效保障我国城镇化进程的顺利推进，在提升城市民众安全感、避免地下安全事故隐患等方面正发挥重要的作用，为城市发展"保驾护航"。

三、智能化、数字化成为产业发展新亮点

随着科技的不断进步和技术手段的逐步多样化，信息化、智能化逐步成为城市地下管网安全监控的有力手段之一，尤其是我国当前地下管网的基础设施薄弱，与欧美等国家在城市设计建设之初就打下了很好的地下管网基础不同，我国的地下管网系统多借鉴前苏联的设计思路，管线直径细、排放物没有得到有效分类、污水净水未做有效分流，并且随着近几年大批外地人员涌入城市寻找工作机会，导致城市地下管网压力进一步加大，安全监控手段捉襟见肘。一方面，通过信息化、智能化手段，在现有管网基础上加装监控设备，可以最大限度节省成本，无需通过扩建改造现有管道系统，就可以通过有效监控手段将地下的危险源化解于

无形；另一方面，传统的管线安全监控装置，大多采取单点信号报警，当采集点的物理量达到一定阈值，就向控制中心发出报警信号。这种报警装置的优点是安装便利、反应迅速，但缺点是适应范围小，对单点噪声过分敏感，容易误报，在防止误报和漏报两个方面无法做到兼得。因此，高可靠性、准确性的智能监控系统融合智能识别、智能判断、智能调度于一体，通过综合判断某采集点的安全危险等级，分析和提出专家决策方案。实现了对危险源的智能分析与判断，自动采取合理干预措施，最大限度降低了人工的劳动强度，节省了人力成本。

四、物联网为地下管网安全产业发展带来新机遇

当前，物联网技术的深入发展和应用正在成为我国"智慧城市"建设的重要环节，加快物联网技术在地下管网安全监控领域的应用，逐步实现城市基础设施的智能化和精细化管理，大幅提升地下油气、水务以及各种污水管线和化粪池等公用基础设施的智能化水平，运行管理实现精准化、协同化、一体化。

物联网技术融入地下管网安全建设过程，不仅能有效预防地下管网发生安全事故，并且在城市突发应急事故中，实现了物联网安全系统能及时反映灾害发生地周边管线的分布情况，协助管理者快速调用相关资源并完成应急处置，提高政府应对公共安全和突发公共事件的处置能力。

第八章　应急救援产业

第一节　发展情况

　　2014年，应急救援产业的发展热点在消防产业、电梯安全、应急救援信息化等方面，不仅各地政府对应急救援产业提高了重视程度，采取了各种措施提升安全水平，部分企业也自发地在应急救援方面做了很多工作，以达到及时响应、有效救援的目的。2014年在《国务院办公厅关于加快应急产业发展的意见》（国办发〔2014〕63号）（以下简称《意见》）影响下，应急救援产业得到了较快发展，并呈现良好的发展势头。

一、消防行业

　　据公安部消防局统计，2014年，全国共接报火灾超过39万起，死亡1817人，受伤1493人，直接财产损失接近44亿元，同比2013年死亡人数下降14%，受伤人数下降8.8%，直接财产损失下降9.5%，全年未发生特别重大火灾事故。全年共发生较大以上火灾73起，死亡287人，受伤83人，直接财产损失2.2亿元，与2013年相比，分别下降40.7%、57.2%、69.8%和61.1%。每一千起火灾导致的死亡人数由2013年的5.43人减少到4.60人，受伤人数由上年的4.21人减少到3.78人。火灾事故和伤亡人数的减少与消防产业的快速发展密不可分。有研究机构指出，2014年我国消防产业总体规模已超过2000亿元。

　　火灾的直接原因中，因违反电气安装使用规定引发的火灾占总数的26.9%，因生活用火不慎引发的火灾占17.9%，放火引发的火灾只占总数的1.8%。分析火灾原因可以看出，因缺乏常识引发的火灾占比巨大，消防知识的宣传教育十分重要。2014年，各部门针对各种火灾原因稳步推进消防宣传教育，全年新建社会消防培训机构117家，省级消防职业技能鉴定站（点）29个、累计培训40万人次。近3000万中小学生、老年人通过有关部门组织的消防知识进学校、进养老机构活动，受到直接的消防宣传教育。2014年虽然消防宣传培训力度较大，但和我国大体量的人口基数相比还存在很大差距，下一步需要更加深入开展消防宣传教育，全面推进消防应急知识入厂进家。

2014年，公安消防部队共接警出动113.7万起，营救遇险被困人员17.6万人，抢救保护财产价值573亿多元。13名官兵在灭火和抢险救援战斗中英勇牺牲。为保护人民群众生命财产安全，同时保障消防人员自身生命安全，积极推进消防行业"机器换人"成为必要，消防机器人产业前景看好。近年来，随着建设"智慧城市"的呼声越来越高，工业机器人开始全面渗透智能化城市产业链中的各个领域，如安防、消防、节能减排、再生资源等。2014年我国工业机器人产业市场高达万亿，除汽车制造业是工业机器人应用最多最广的领域之外，消防行业是作为机器人应用最具体可行、迫在眉睫的重要领域之一，预计国内消防机器人产业发展前景可期，市场可达千亿元。

二、电梯安全

随着国民经济的持续发展，高层建筑和地下交通的大踏步建设，我国已成为世界第一大电梯消费市场，年消费电梯超过50万台。今后一段时间，在商业地产增长、城市基础设施建设、保障房建设、老旧电梯更新及旧楼改造和出口市场发展等因素刺激下，我国电梯的需求量还将进一步增大，电梯安全也愈加成为公共安全的重要组成部分。有研究显示，全国平均每20台电梯就有1台存在安全隐患。从2005年开始，我国平均每年发生电梯事故约40起，年均致伤亡人数约30人，大量电梯超期服役。2014年，电梯事故继续呈现高发趋势，故障不断的隐患电梯引起社会各界的高度重视。河北省、浙江省瑞安市和安徽省分别从强化电梯安全监督管理、探索电梯事故应急处置机制、出台意见等方面加强电梯安全应急管理。河北省政府2014年要求各级政府要高度重视住宅电梯安全监管问题，作为关注民生的大事列入工作日程。各级质量技术监督部门牵头设立电梯故障应急处置机制，统一整合小区物业、街道社区、电梯维保单位、电梯检验检测单位等相关力量，按区域形成应急处置全覆盖，并建议石家庄市率先出台《住宅电梯安全监督管理办法》。浙江省瑞安市共拥有电梯 3600 多台，并以年均 15% 的速度迅速增长，仅 2013 年，瑞安市就发生电梯故障 6000 余次，困人事故 122 起。2014 年，浙江省瑞安市政府研究出台《关于进一步加强电梯安全工作的意见》，率先探索以政府购买服务方式，委托有资质的企业外包电梯事故应急救援。安徽省政府出台了《关于加强电梯安全工作的意见》，要求建立健全电梯质量安全追溯和责任追究机制。

三、应急救援信息化

2014 年，道路交通物联网的建设是交通应急救援的中心工作。据有关资料表明，我国在 1000 例交通事故伤者中，只有 14.3% 乘救护车到达医院。通过道路交通物联网可实现道路事故的应急救援的调度指挥和迅速响应，减少时间延误，降低事故伤亡率。2014 年，信息化技术在应急救援产业中的应用也有了新的发展。重庆市投资 600 万余元建设高危行业智能监测预警应急救援指挥中心平台，实现对危险化学品、易燃易爆品、有毒有害物质、煤矿等生产企业和重点防范单位实施远程监控、应急救援指挥调度及辅助决策。重庆永川区区域性应急中心将建成六大平台、三大基地、四种能力。六大平台中，有两个已经建成，即人防综合应急指挥中心和自然灾害应急联动平台；社会安全事件应急联动指挥中心、公安消防支队牵头的区域性应急救援指挥中心正在建设中。另外福建省漳州市投资 1800 万余元建设应急管理平台，该平台主要由十大系统组成，即应急指挥大厅集成系统、多媒体会议室集成系统、指挥大厅机房集成系统和无人机监测监控系统、监测预警系统、安全生产监督管理系统、互联网舆情监控系统、公共管理系统、应用支撑系统、数据层信息库系统。预期平台将满足包括应急救援在内的三大需求：一是漳州市安监局古雷分局日常监管需求；二是重大危险源远程监测监控预警需求；三是基于 GIS 的应急救援指挥信息支持，可提升重特大事故、突发公共事件应急处置能力。建设智慧型化工园区也要求在应急救援产业中融入信息化技术：当化工园区的风险隐患引起一起重大事故时，就需要启动应急响应体系来应对。应急响应指挥系统可以接收来自监控系统的自动报警或人工报警信息，应急人员可以快速完成坐标定位、启动方案、调度资源等工作。在制定好有效的应急方案之后，可以基于应急平台对现场人员进行调度管控。2014 年，针对西南地区地震高发状况，国内首个危化行业地震预警体系在成都启用，三家危化企业成为首批试点启动，覆盖领域涵盖化工生产和存储基地。该体系采用的是已研发成功并被广泛应用的"成都造"地震预警技术，在操作层面分为绿灯、红灯预警两个档级。

中国石油化工集团公司、济南市公交总公司等企业针对安全生产工作在全系统开展形式多样的应急预案演练工作，确保应急管理水平和应急救援能力得到质的提升。国家矿山应急救援企业龙煤集团还组织六支队伍开展救援技术竞赛与交流，在比赛和学习中提高应急救援队伍的业务水平。

第二节　发展特点

一、我国应急救援产业处于起步阶段

我国应急救援产业总体上还处于起步阶段。一是适应我国公共安全需要的应急救援产品体系还未形成，应急救援产业发展机制不健全，应急救援、综合应急服务等新型应急服务业态市场化程度低，应急救援产业应对突发事件的综合保障能力不强。二是全民公共安全消费需求不强。与以往相比，现阶段公民的公共安全意识虽有了很大提高，但和发达国家公民公共安全意识差距仍然很大，安全意识的缺乏阻碍了安全消费需求的增长。三是关键技术装备发展缓慢。在市场化不充分的情况下，我国应急救援产品和技术缺少创新动力和活力，低端化、同质化竞争严重。

二、应急救援服务具备发展潜力

应急救援产业从大类上可分为应急救援产品、应急救援技术及应急救援服务，其重点发展方向包括：监测预警，即围绕提高各类突发事件监测预警的及时性和准确性，重点发展监测预警类应急产品；预防防护，即围绕提高个体和重要设施保护的安全性和可靠性，重点发展预防防护类应急产品；处置救援，即围绕提高突发事件处置的高效性和专业性，重点发展处置救援类应急产品；应急服务，即围绕提高突发事件防范处置的社会化服务水平，创新应急服务业态。其中，应急救援服务作为优化产业结构的最主要手段，具备发展潜力。《意见》要求加快发展应急救援服务业，并提出了"采用政府购买服务等方式，引导社会力量以多种形式提供应急服务，支持与生产生活密切相关的应急服务机构发展，推动应急救

援服务专业化、市场化和规模化"等多种加快发展应急救援服务业的措施。

三、地区发展不均衡,产业集中度低

从企业数量及企业规模看,应急救援产业在华东和西南地区发展较好,西北和华南地区发展暂时明显落后于其他地区。但即使华东地区和西南地区产业发展较好,应急救援产业的集中度和专业化程度仍有待提高。我国应急救援产业企业规模普遍较小,缺少具有核心竞争力的大型龙头企业,企业小、散、弱的问题困扰产业发展。

第九章　安全服务产业

根据 2012 年工信部和安监总局联合发布的《关于促进安全产业发展指导意见》中对于安全产业范围的界定,我国安全服务产业主要包括安全技术咨询、推广、展览展示,宣传教育培训,应急演练演示,检测检验,安全评价,事故技术分析鉴定以及针对安全的工程设计和监理,保险,设备租赁,融资担保等服务。我国的安全服务产业起步于二十世纪九十年代初,随着我国社会主义市场经济体制的建立和逐步完善,在保障我国工业领域多个方面的安全生产起到了重要作用。安全服务业涉及生产设备、劳动与作业环境、安全管理等方面,专业从业人员达数十万人。近年来,我国安全服务产业稳步健康发展,总体规模持续扩大,有序化程度不断提高。

第一节　发展情况

一、安全评估

安全评估作为安全生产工作的重要组成部分,是对所做的各项安全工作及效果等内容进行的评价,其内容涵盖了安全设计、资金投入、设施装备、安全系统、工程技术和安全管理等方面。根据安全评估机构信息查询系统,截至 2013 年 10 月,全国安全生产评价机构获甲级资质的达 203 家,各省级批准的乙级机构超过 600家,业务范围覆盖煤炭、轻工、冶金等多个领域。根据中国合格评定国家认可委员会统计,全国有 55 家职业安全健康管理体系认证机构,认可领域数量为 71 个,业务范围类型合计 1855 个。2015 年 2 月安监总局出台了《安全评价与检测检验机构规范从业五条规定（试行）》,进一步严格规范了安全评价的行业和领域以及安全评价机构的管理，规范了安全服务产业中评价和检测检验市场。我国安全评估领域的专业技术水平不断提高，也得到了国外知名企业和安全服务机构的认可，已成为安全生产重要的技术服务支撑保障力量。

二、安全培训

安全培训重点是针对领导、安全管理人员和普通员工等不同层次的人员，按客户要求进行个性化的安全培训，包括安全基础知识、安全产品、系统安全知识和安全管理知识等方面。截至 2012 年 3 月，我国一至四级安全培训机构达到 3658 家，其中，一级安全培训机构共有 33 家，二级安全培训机构 166 家，三级安全培训机构 1733 家，四级安全培训机构 1379 家；拥有专职教师 2 万多人，近三年每年平均培训企业主要负责人、安全生产管理人员和特种作业人员超过 300 万人次。注册安全工程师制度的完善为安全培训服务提供了有力的人才保障，我国安全培训服务的考核力度逐年加大，培训形式不断创新。近年来，安全生产基础教育培训社会化程度提高，校园、社区等安全生产培训课堂逐渐普及，网上安全培训系统等新的模式成为安全培训的有效途径。新常态经济形势下，社会化的安全培训是提升生产经营主体安全生产管理水平，强化广大公民安全意识，促进安全服务产业发展的主要途径。

三、安全检测检验

检测检验主要包括生产安全的产品型式检验、矿用产品安全标志检验、在用设施设备（特种设备除外）检验、监督监察检验、作业场所安全检测和事故物证分析检验等业务，涉及煤矿、金属和非金属矿、危险化学品、劳动防护用品等领域。近年来，安全检测检验机构为企业和建设项目安全风险评估、设施设备安全检测和技术鉴定分析、政府部门安全生产监管提供了强有力的技术支持，发挥了较好的事故防范作用，成为安全生产领域一支重要的技术力量。据有关机构统计，截至目前，全国安全检测检验机构共有 184 家，其中甲级安全检验检测机构 44 家，乙级安全检测检验机构 140 家，2014 年安全评价与检测机构完成各类技术服务 7.6 万项，发现隐患和问题 32.5 万项，提出措施建议 27.9 万条，为排查治理事故隐患，预防事故发生，提供了有效的技术支撑和专业服务。

四、企业安全文化

我国安全文化建设处于起步阶段，对安全文化的定义基本是人类为防范（预防、控制、降低或减轻）生产、生活风险，实现生命安全与健康保障、社会和谐与企业持续发展，所创造的安全警示价值和物质价值的总和。大量煤矿重大事故统计分析结果表明，96.7%以上的事故是由于人的不安全行为所引起的。有统计数据表明，2007 年在全国发生的煤炭重特大事故中，因人为冒险原因造成的起数占当年总起数的 88.3%，其死亡人数占总数的 84.7%。企业安全文化建设是安全生产工作的重要部分，是减少事故总量、降低死亡人数的有效办法和重要途径。2014 年修订实施的《新安全生产法》中强调了企业安全文化的重要性，我国企业安全文化建设一直以建设安全理念、安全制度、安全环境和安全行为"四位一体"的体系为目标。我国煤炭、民爆等行业的诸多企业，将企业安全文化作为安全生产的重点工作建设发展，形成了独具特色的企业安全文化体系。

第二节　发展特点

一、安全服务市场规范化水平有待进一步提高

安全服务机构的市场混乱，缺乏统一性。目前我们安全生产的第三方市场机构组织数目庞大，门槛不高导致水平低、服务表面化的组织过多，安全生产服务市场的"瘦身"工作势在必行。整体市场缺乏统筹规划，表现为区域不平衡，服务领域仅仅局限在安全评价、安全培训和一般性安全生产服务，以检测检验、认证、鉴定、救护救援等为服务内容的安全服务机构占比重较少。对现有资源的整合能力不够，急需对安全服务机构数量进行一定的控制，根据不同领域进行严格的横向、纵向的分析和调整，完善安全服务产业标准体系。

二、安全服务机构缺乏自主独立性

我国安全服务机构在社会主义市场经济体制发展背景下多是先官办、后脱钩。即先按国家要求和有关规定由有关政府部门按事业单位成立，运作几年后，又按照国家有关规定脱钩，成为自主经营、自负盈亏、自我发展的经济实体。例如，江苏省共有安全服务机构 1 万户，其中政府机构开办的有 3280 户，占总数近 1/3。我国现行的多数安全服务是一种国家强制性行为，带有很强的行政色彩，

而不是企业的自觉行为。目前很多企业只是为了获得政府的经营许可权，不得不接受被动评价等安全服务。安全生产服务机构缺乏自主独立性成为其时代的特点，长期的依赖性，导致安全生产服务机构的客观性、公正性受到限制，权威性受到怀疑。

三、安全服务水平普遍较低，认证缺乏权威性

我国安全服务过程中缺少针对具体问题的系统风险分析和评价，多是按照"模板"结合法规和规范来检查每个被评对象是否符合标准。科技含量和整体素质偏低，只有"框架"，没有灵魂，很难得出科学、具体、有价值的结论，很难形成对企业安全生产着实有效的服务。在人员结构上除了一些专业性很强的社会中介组织，如律师、注册会计师等执业人员文化素质较高外，其他的社会安全服务组织从业人员整体素质偏低，另外在政府部门主办的某些安全服务组织中离退休人员多，老龄化导致了安全服务产业缺乏发展创新动力。安全服务套用相关标准而不能量身定制，一则服务水平低，技术含量低，自然会产生低效益—低成本的恶性循环，甚至连基本的安全也未必能够保证。二则我国现有的安全服务机构鲜有自己的研发队伍，机构在检测检验、认证服务的质量与国际水平尚有差距，国际权威认证机构认可度不高。

区域篇

第十章　东北地区

东北地区包括辽宁、吉林和黑龙江三省，是我国重要的老工业基地，能源、原材料和装备制造业实力较强。几年来，随着国家东北地区等老工业基地振兴战略的深入实施，东北地区产业结构不断优化，安全生产保障能力不断提升，安全产业也得到了长足的发展。

第一节　整体发展情况

东北三省安全产业技术、产品和服务市场需求旺盛，在国家、地方安全产业及相关政策利好的大环境下，安全产业发展势头强劲，具备较大的发展空间。

一、产业发展势头强劲

安全产业市场需求旺盛。东北地区资源丰富、重工业聚集，煤矿及非煤矿山开采业、石油加工及炼焦业、金属冶炼及金属制品业、化工原料及化学品制造业等安全生产重点企业较多，经过多年粗放式的发展，安全生产基础比较薄弱，安全技术、装备水平落后，较大以上事故时有发生。随着国家东北地区等老工业基地振兴战略的深入实施，以及国家对于安全生产重视程度的不断提升，工业企业转型升级是近些年工作的重点，在此过程中，也产生了旺盛的安全产业技术、产品和服务市场需求。

表 10-1　2014 年东北三省一次死亡 10 人以上的安全生产事故

日期	死亡人数	事故简况
3月5日	10	吉林省吉林市，一辆通勤车起火燃烧，造成10人死亡，18人受伤
8月14日	16	黑龙江省鸡西市城子河区，安之顺煤矿发生透水事故，造成16人死亡
11月26日	28	辽宁省阜新矿业（集团）有限责任公司恒大煤业公司综采放顶煤工作面发生一起重大煤尘爆炸燃烧事故。截止12月1日，已造成28人死亡、50人受伤
12月14日	10	黑龙江鸡西市鸡东县，兴运煤矿井下发生瓦斯事故，造成10人死亡

安全产业具备较大发展空间。2014 年，东北三省国民生产总值（GDP）为57469.79 亿元，其中辽宁 28626.58 亿元、吉林 13803.81 亿元、黑龙江 15039.4 亿元。但安全产业产值占 GDP 的比重依然较低，如吉林省 2012 年安全产业总产值为 90亿元，仅占 GDP 的 0.75%，按照吉林省规划的目标，到 2018 年，安全产业产值占 GDP 比重能够达到 2.5%，但与发达国家 8% 的比重相比，依然较低，东北三省安全产业具备较大发展空间。

二、政策环境不断优化

安全产业政策环境利好。国家层面，从 2010 年《国务院关于进一步加强企业安全生产工作的通知》（国发〔2010〕23 号文）首次提出培育安全产业的要求，到 2011 年《国务院关于坚持科学发展安全发展 促进安全生产形势持续稳定好转的意见》（国发〔2011〕40 号文）再次提出把安全产业纳入国家重点支持的战略产业，再到 2012 年工业和信息化部、国家安全生产监督管理总局联合发布的《关于促进安全产业发展的指导意见》中明确给出了安全产业的定义，我国出台了一系列文件支持安全产业发展。地方层面，在国家政策大环境下，东北三省也针对本地区安全产业发展给予了相关政策支持，如吉林省 2014 年出台了《吉林省人民政府关于推进安全产业发展的实施意见》（吉政发〔2014〕3 号）。

相关政策对安全产业发展起到了良好的促进作用。2009 年《国务院关于进一步实施老工业基地振兴战略意见》（国发〔2009〕33 号）、2012 年《东北振兴"十二五"规划》、2014 年《国务院关于近期支持东北振兴若干重大政策举措的意见》（国发〔2014〕28 号）等相关文件的出台，加速了东北地区工业企业转型升级、兼并重组和安全保障能力的提升，对安全产业的发展起到了良好的促进作用。

第二节 发展特点

一、安全产业呈现集聚化发展趋势

产业集聚发展能够实现资源优化配置，降低企业成本，提升产业整体竞争力。经过多年的发展，东北三省安全产业具备了一定的基础，但安全产业集聚化程度依然较差。在老工业基地振兴、东北振兴等"十二五"规划相关战略和规划的引导下，近几年，东北地区安全产业集聚化发展趋势明显。如安全产业发展较好的吉林省，通过长春高新北区、吉林经济技术开发区（简称经开区）、辽源经开区、通化二道江区等4个产业示范园区（基地）的建设，企业集聚、集约、合作发展趋势明显，安全产业集聚化程度明显提升。

二、企业自主创新能力显著提升

东北老工业基地经过多年的发展，在体制和发展模式的限制下，企业自主创新能力较差。近年来，在相关政策的引导下，随着东北地区技术创新体系、技术创新公共服务平台、协同创新机制、人才培养和引进机制等的建立，东北地区企业自主创新能力有了很大改善，安全产业企业自主创新能力也得到了较大提升。如吉林省安全产业实施意见提出，加快建设以企业为主体、市场为导向、产学研相结合的安全技术创新体系，建立健全适应安全产业发展需要的人才培养机制和人才引进机制，随着技术创新体系和人才培养/引进机制的建立，吉林地区安全产业企业自主创新能力将得到大幅提升。

第三节 典型代表省份

2014年1月吉林省政府出台了《吉林省人民政府关于推进安全产业发展的实施意见》（吉政发〔2014〕3号），明确要求加快培育发展安全产业，打造新的经济增长点。吉林省具备一定的安全产业发展基础，依托其在汽车、化工、装备制造、电子信息、新材料等产业方面的优势，为打造具有吉林特色的安全产业体系奠定了良好的基础。吉林省属于重化工业聚集省份，对安全保障需求强烈，安全产品、技术和服务市场需求日益增长，是安全产业发展的内在动力。

一、产业发展前景广阔

吉林省工业企业数量多、存在大量重化工企业，安全生产基础薄弱，安全保障能力差，较大以上事故时有发生，安全生产形势严峻。另一方面，虽然吉林省具备一定的安全产业基础，但安全产业相关企业规模偏小，集中度低，安全技术、产品和服务水平比较落后，数据显示，吉林省安全产业相关企业不到200家，2012年总产值仅有90亿元左右，占GDP比重不足0.8%，与发达国家8%的比重相比相差甚远。当前，安全产业规模难以满足严峻的安全生产形势对于安全技术、产品和服务的需求，安全产业具备较大的市场发展空间。从吉林省发展目标来看，2018年全省安全产业产值将达到500亿元，年复合增长率达到33%。

二、产业发展目标明确、重点明晰

吉林省政府明确了本省安全产业的发展目标，一是产值方面：到2018年，初步形成具有吉林特色的安全产业体系，全省安全产业产值达到500亿元，占GDP比重超过2.5%。二是研发平台和园区建设方面：到2018年，建立安全材料、安全装备、安全产品和部件等3个产业研发平台；重点建设长春（高新北区）、吉林（经开区）、辽源（经开区）、通化（二道江区）等4个产业示范园区（基地）。三是企业培养方面：到2018年，培育50家具有较强竞争力的安全产品研发、制造和服务企业，打造30个具有较强市场竞争力的名牌产品，安全保障能力显著提升。

吉林省根据自身发展基础和特点，明确安全技术与产品、安全科技、安全服务为三个重点发展方向。其中安全技术与产品涉及专用安全产品和部件、先进安全材料、应急救援装备和产品、本质安全工艺技术及装备、安全监控管理信息系统等五个方面。

三、产业发展政策环境良好

吉林省政府高度重视安全产业发展，2014年专门针对本省安全产业出台了《吉林省人民政府关于推进安全产业发展的实施意见》，提出加大安全产业政策支持力度，具体包括"将安全产业纳入本省战略性新兴产业、各类工业发展和科技创新专项支持范畴，给予重点扶持。进一步加大财政支持力度，重点支持示范园区启动与建设、安全生产重大技术装备、自主创新关键技术产业化等方面项目。按照国家《安全生产专用设备企业所得税优惠目录》，落实相关企业享受新技术、新产品税收政策；针对安全产业，落实科技发展投入、企业研发费用加计扣除等促进技术进步税收激励政策、知识产权质押等鼓励创新金融政策、工伤保险事故预防资金使用政策、产业发展的土地优惠政策、政府采购政策等；对国家支持发展的安全生产重大技术装备，积极争取纳入国家振兴装备制造业进口税政策支持范围。鼓励各市（州）结合本地比较优势和特色重点，制定有针对性和可操作性的支持引导政策，在土地、资金等要素资源配置方面给予适当倾斜。"

第十一章　华东地区

第一节　整体发展情况

　　华东地区具体指上海、江苏、浙江、安徽、福建、江西、山东共六省一市。华东地区是我国安全产业发展较好的地区。早在 2009 年，安全产业就已列入各省（市）产业结构调整和工业转型升级的热门方向之一，有条件的地区正在积极布局和建设安全产业园区（基地）。2014 年，徐州、合肥等地的安全产业园区建设已经初具规模。特别是 2014 年 10 月，国内首个以促进安全产业创新发展和产、学、研、用为载体的物联网产业联盟——中国矿山物联网协同创新联盟在江苏省徐州市成立，标志着华东地区的安全产业迈入了快速发展阶段。据不完全统计，2014 年华东地区从事安全产业的生产企业已超过 560 家，占全国安全产业企业的三分之一以上。销售收入已超过 1200 亿元，约占全国销售收入的 50%。从具

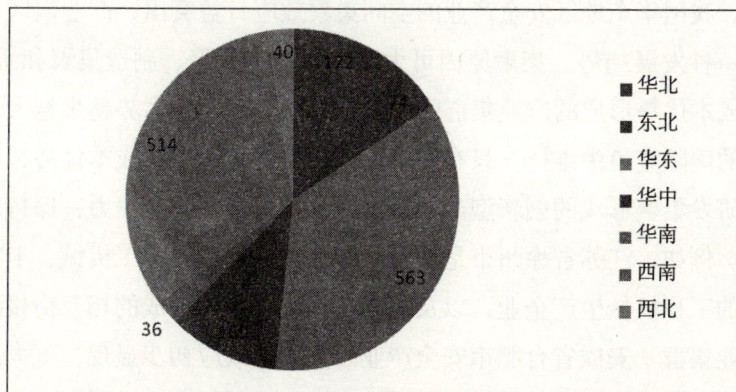

图11-1　全国安全产业相关企业数量地区分布（单位：家）

体的省份来看，江苏省、安徽省、浙江省、上海市等地经济发展形势较好，安全产业及安全产品销售收入也名列前茅。

第二节　发展特点

一、市场敏锐性强，优先发展安全产业

华东地区是我国经济发展较为发达、市场化程度较高的地区，地理区位条件为安全产业的发展创造了良好的外部环境。在区位上，华东地区是距离长三角最近的区域，也是长三角向中部地区产业转移和辐射的最接近区域。2014年9月《国务院关于依托黄金水道推动长江经济带发展的指导意见》的出台，标志着合肥市也正式加入长三角，以往发展较为落后的合肥市，其发展也进入了新纪元。华东地区经济发达，成为信息流、人才流、技术资金流高速汇集之地，为安全产业发展带来了新的机遇。

例如，合肥市拥有适宜居住、适宜创业的良好城市生态环境。合肥市是全国十大经商成本最低的城市之一，综合商务成本比长三角等发达地区低30%以上。其坚持"环境比投资更重要"的理念，深入推进效能建设，以营造合法高效的政务环境为核心，真正把合肥市打造成为中西部乃至全国审批环节最优、办事效率最高、服务意识最强的地区之一。这些都为加快安全产业发展以及引进集聚人才创造了良好的环境，提供了重要的市场需求。

二、产业集群雏形初现

目前，我国华东地区安全产业的空间集聚效应日益突出，产业园区、基地建设已成为一种发展趋势。集聚原因可大概分为成本集聚、制造集聚和研发集聚。依靠要素成本优势形成的产业集群的竞争优势越来越小，劣势越来越大，难以在日趋激烈的国际竞争中维持。只有以集聚创新优势替代要素成本优势，通过制造集聚带动研发集聚形成的创新型产业集群，才能增强国际竞争力，保持产业持续快速发展。例如，江苏省徐州市是装备制造之城，聚集了徐工机械、卡特彼勒等世界著名的工程机械生产企业，以及围绕这些核心企业形成的相互衔接配套的工程机械产业集群；安徽省合肥市安全产业园的集群效应初步显现，五大产业集群雏形基本形成，即交通安全产业、矿山安全产业、消防安全产业、电力安全产业

及安全信息化产业集群。

三、科技创新能力卓越

华东地区拥有上海市、江苏省等经济发展地区，区域内科研机构林立、大学城独具特色和人才资源丰富。"人才特区"集聚凸显，这些都为华东地区安全产业发展提供强有力的技术支撑和保障。例如，徐州市作为老煤炭工业基地，多年来一直致力于矿山安全生产建设，推动以矿山物联网"感知矿山"为前沿的安全生产科技实现了新的突破和发展，并建立了安全科技产业园，深入探索安全生产从科技创新到示范应用、市场推广和产业化发展的路子，取得了成效。并且，徐州市是苏北乃至淮海经济区最大的科教集聚区，高校拥有量在江苏省仅次于南京，拥有中国矿业大学、江苏师范大学等12所高校。尤其是中国矿业大学的安全工程专业和采矿专业位列全国学科评估第一名，为高新区推进安全科技研发提供了扎实基础。

四、政策环境利好

基于对安全产业发展前景的一个综合预判和科学的考量，华东地区政府高度重视安全产业的发展并超前谋划，出台了一系列政策措施和规划。

从国家层面看，政策环境为华东地区安全产业发展提供了有力支撑。从2010年《国务院关于进一步加强企业安全生产工作的通知》（国发〔2010〕23号文）首次提出培育安全产业的要求，到2011年《国务院关于坚持科学发展安全发展 促进安全生产形势持续稳定好转的意见》（国发〔2011〕40号文）再次提出把安全产业纳入国家重点支持的战略产业，再到2012年工业和信息化部、国家安全生产监督管理总局联合发布的《关于促进安全产业发展的指导意见》中明确给出了安全产业的定义，我国出台了一系列文件支持安全产业发展。

从具体的省份来看，以安徽省为例，该省在大力推进安全产业方面走在全国前列。《安徽省战略性新兴产业"十二五"发展规划》中明确安全产业为安徽省重点发展的战略性新兴产业，提出：面向国家公共安全重大需求，瞄准公共安全科技前沿，充分发挥我省公共安全产业的现有优势，以民生安全需求为导向，以关键和集成技术创新为动力，以企业为主体，以提升产业自主创新能力为核心，以技术创新推进产业集聚和产业升级，催生具有爆发性增长潜力的产业。到2015年,建成若干公共安全技术应用平台，一批国家工程（重点）实验室、工程（技术）研究中心，一批科研成果快速实现产业化，公共安全产业集聚化发展，力争产值达到 500 亿元。

并且，合肥市也高度重视安全产业发展。合肥市政府出台了一系列政策措施培育和发展安全产业。2009 年 9 月 23 日，合肥市政府印发了《合肥公共安全产业发展规划（2009—2017）》（以下简称《规划》），将安全产业作为重点培育的新兴产业，围绕制约安全产业发展的政策、科技、资本、人才、体制机制等实施创新，促进合肥安全产业发展壮大，建成国家安全产业研发和生产基地。

第三节　典型代表省份

江苏省是安全产业发展大省，利用区位优势，产业发展的国际化和高端化特点明显，上海技术和资本溢出效应为毗邻的江苏省带来诸多发展机会。早在2010 年，江苏省政府就出台了《关于进一步加强企业安全生产工作的意见》（苏政发〔2010〕136 号），助力安全产业发展。明确指出：加快安全生产技术研发和推广。在煤矿瓦斯灾害综合防治、非煤矿山典型灾害监测预警、重大危险源监控和应急救援等方面建设一批先进技术应用示范项目。积极推进物联网等安全信息化建设，努力提高企业本质安全度。……加快产业转型升级步伐。大力培育发展安全检测监控、安全避险、安全保护、个人防护、灾害监控、特种安全设施及应急救援专用设备等安全产业。

江苏省安全产业发展主要集中在徐州市。2014 年 10 月，我国首个以促进安全产业创新发展和产、学、研、用为载体的物联网产业联盟——矿山物联网协同创新联盟在徐州市成立，200 多家矿山物联网技术的研发机构和企业成为首批联盟成员，标志着江苏省安全产业发展迈入新的发展阶段。目前我国有 13000 多家大中小型煤矿企业和 10 万多家非煤矿山企业，矿山物联网产业的未来发展前景广阔。徐州市的铜山高新区建有我国东部地区首个矿山物联网科技产业园，中国矿业大学基于矿山安全研发出感知矿山物联网，该技术首次实现了矿山人员环境实时感知。

近年来，徐州高新区认真落实省"创新驱动"战略总体部署，紧紧围绕"区域创新高地和南部主城区"发展定位，努力完善创新体系、积极集聚优势产业、扎实开展产学研合作、不断推进协同创新，初步成为了全市乃至区域创新发展的支撑点和引领区。先后获批国家火炬安全技术与装备特色产业基地、国家级科技企业孵化器、国家级安全科技协同创新基地。在 2013 年全国国家高新区综合考核中，位居 49 家新晋级国家高新区第 9 位、全部 115 家高新区第 69 位。其中知识创造和技术创新能力位居第 49 位，产业升级和结构优化能力位居第 40 位，创新能力和产业转型升级能力分别高于昆山、江阴、常州、武进、泰州等苏南老牌国家高新区。2014 年，高新区共实现业务总收入 1763 亿元，增长 13%，完成高新技术产业产值 706 亿元，占比达 51.5%，实现地区生产总值 453 亿元，增长 12.5%，实现公共预算财政收入 27 亿元，增长 22%，实际到账利用外资 1.61 亿美元。

第十二章　西南地区

第一节　整体发展情况

西南地区包括四川省、云南省、贵州省、西藏自治区和重庆市，其安全产业发展情况大致可分为明显的两个梯队，第一梯队包括重庆市和四川省，云南省、贵州省和西藏自治区为第二梯队。第一梯队安全产业在政府重视下，多元资本进入安全产业市场，发展势头强劲，均属于全国安全产业发展较好的省市；第二梯队安全产业发展缺少动力，市场尚未打开，发展状况全国排名靠后。两个梯队安全产业差距大，发展不均衡。

第二节　发展特点

一、重庆模式一枝独秀，带动安全产业发展

重庆市安全产业从创新金融模式入手，以交通防护栏这款拳头产品打开西南地区市场。经过创新的金融模式为"超前投入，分期偿还"，即先垫资为区县政府实施"生命工程"，然后政府以购买公共安全服务方式分年支付，有效解决了政府资金短缺问题。2014年，重庆市接到十亿多元的订单，分两年时间把"生命工程"交通防护栏推广应用到西藏自治区，把西藏自治区的道路交通全部覆盖，有效解决了西藏自治区的道路安全问题。城市地下管网安全智能处置系统在西南地区的发展也借鉴了交通防护栏的经验，以"超前投入，分期偿还"方式在重庆市永川区、黔江区、巴南区进行试点成功后，将在全国各地区全面铺开。

二、产业呈现集聚发展，龙头企业初步形成

中国西部安全（应急）产业基地（一期）集中了西南地区安全产业企业总数50%以上的安全产业相关企业，西南地区安全产业呈现集聚式发展。其中重庆安全产业发展集团有限公司是经市政府批准成立的国有独资公司，注册资本6亿元，2014年营业收入超过6.4亿元，堪称西南地区安全行业龙头。其经营范围已不限于各类安全产品，更涉足科技研发、培训实训、安全文化、安全投资、安全担保、安全保险等多个安全相关领域。

第三节　典型代表省市

一、发展概况

重庆市是长江上游地区的经济中心，是中国老工业基地之一，同时也是国家重要的现代制造业基地，具有较好的产业经济基础。依靠较为雄厚的经济基础，较强的综合配套能力，以及政府部门的高度重视，安全产业在重庆市发展早，起步快。同时我国西部安全生产形势严峻，重大灾害多发，客观上为安全产业发展提供了一个广阔市场。重庆市位于西部这个广阔市场的有利核心和龙头位置，具备消纳大量安全产品、技术和服务的能力。

2013年初，重庆市政府在第141次常务会议上明确指出，安全产业是国家明确的战略性新兴产业，而目前重庆已具备先行发展安全产业的基础条件，聚集了一批安全产业发展的重点项目。市政府支持全市安全产业加快发展，并放开市场，鼓励有能力的企业都能参与其中，通过平台建设、政策引导和市场运作，力争到2017年全市安全产业实现年产值500亿元。2014年，在政府的大力支持下，重庆市先后成功举办2014年重庆市第三届中小学幼儿园安全知识网络竞赛、重庆市首届安全文化艺术节活动、2014年重庆社会公共安全产品与技术设备展览会、2014第二届中国重庆国际（安全）应急产业博览会和2014第二届中国（重庆）国际智能交通、道路安全产品展，顺利开展2014年全市"安全生产月"活动。在社会各界的共同努力下，全市安全产业完成年产值200亿元左右，且安全产业在安全生产工作中的作用初见成效：2014年全市发生各类事故1207起，比2013年减少139起，下降10.3%；各类事故死亡1379人，比2013年减少120人，下降10.3%；发生较大事故30起，比2013年减少13起，下降30.2%。安全形势总

体平稳，呈现"三个下降，两个较好"的发展态势。

二、安全产业集聚发展

2008 年，国家安监总局批准重庆市建设安全保障性示范城市，2009 年国家安监总局与重庆市人民政府签署《备忘录》，确定在重庆建设国家级安全（应急）研发基地、科研成果转化基地、培训实训基地、应急救援基地、设备产品生产基地，加快探索创新安全生产管理模式。2011 年，中国西部安全（应急）产业基地正式开工，基地规划土地面积 5000 余亩，储备用地 5000 亩，建设研发基地、安科成果转化基地、培训实训基地、产品交易市场、仓储物流园、企业孵化园、安科大厦、制造基地。整个基地力争 5 年建成，实现产值 1000 亿，培育若干个年销售收入过 100 亿的龙头企业，全面建成全国示范的"中国西部安全（应急）产业基地"。中国西部安全（应急）产业基地落户麻柳沿江开发区，将带动产值达数百亿的新兴产业集群。项目投资 150 亿元人民币，建成后预计产后年销售收入不低于 300 亿元，年税收不低于 15 亿元，解决就业约 35000 人。作为我国第一个安全（应急）产业基地，中国西部安全（应急）产业基地担负着在全国先行先试的重任，它的成功落户并开工建设，在重庆市打造全国安全保障型城市示范区建设的进程中，具有重要的里程碑意义。

三、代表企业

（一）重庆安全产业发展集团有限公司——安全产业领航者

重庆安全产业发展集团有限公司（以下简称"安产集团"）成立于 2013 年 1 月，集团以安全产业投资服务为主导，集研发、生产、投资、服务为一体，以发展安全产业为主线，是一家实力雄厚、经政府批准的国有独资公司。重庆市政府也将目光投向安全产业的发展，将其他为新兴支柱产业鼓励建设。安产集团主要提供安全产业投资服务，包括安全产业投融资、安全产业基地开发建设、安全科技研发及成果转化、安全教育培训实训、安全产品制造、安全工程咨询、评价等业务。集团通过企业安全费用和政府安全专项资金分年偿还、配送安全产品、投融资、安全教育培训、安全科技研发、安全产品制造等手段，提升企业安全保障能力、政府监管能力和社会安全保障能力，同时避免为企业增加负担。安产集团立足安全产业科研、制造、投融资、培训实训及经营服务业等领域，整合安全产业优势资源，打造安全产业"十大专业园区"，力争到 2017 年在全球安全产业发展投资服务领域成为领导者。

（二）中煤科工集团重庆研究院有限公司——防爆领域排头兵

中煤科工集团重庆研究院有限公司（以下简称重庆研究院）成立于 1965 年，现隶属于国务院国资委直接管理的中央企业——中国煤炭科工集团，总部位于重庆市高新区二郎科技园区，是全国煤矿安全领域居于龙头地位的一流科技型企业。重庆研究院目前拥有瓦斯灾害监控与应急技术国家重点实验室、煤矿安全技术国家工程研究中心、国家安全生产技术支撑体系重点实验室以及亚太地区最大的瓦斯煤尘爆炸试验平台、国际先进的通风火灾和煤与瓦斯突出实验平台，为国家煤矿安全生产发挥着重要技术支撑作用。重庆研究院也是国家煤矿防尘通风安全产品质量监督检验中心、国家矿山安全计量站的挂靠单位，以及国家煤炭行业安全科技的重要支撑单位和国家煤矿安全监察局的首要依托单位，其防爆领域防尘通风安全产品在国内同行业产品中首屈一指。

（三）重庆安轩——"安保工程"护航者

当前，我国道路交通事故伤亡人数占全国安全生产事故伤亡人数的 65%，其中没有安装防护栏坠崖落水伤亡人数约占 20%。2002 年，重庆市政府决定实施道路交通防护栏"安保工程"，对临边、临坎、临水、急弯、陡坡、长下坡等危险路段超前投入、负债安装，这一工程得到国家部委高度肯定。2004 年，公安部、交通部在重庆召开现场会，2012 年公安部、交通部和安监总局联合发文要求全国进一步推广重庆防护栏超前安装经验，有效推动了防护栏"安保工程"。

重庆安轩安全产业发展有限公司（以下简称安轩公司）是由重庆安全产业发展集团有限公司和荣轩控股有限公司共同出资组建的中外合资企业，是一家拥有雄厚的资金实力，实行现代企业管理及多样化经营模式的安全产业投资公司，注册资金 1 亿元整，实收资本 5000 万。公司自 2012 年成立以来，秉持"超前投入、主动保障"的理念，创新安全产业投融资模式（融资租赁模式、公共安全服务模式、战略合作模式），致力于道路防护栏"安保工程"建设，形成了以"安保工程"投融资模式为主，公共安全服务为辅的业务经营特色。同时，通过"超前投入，分期偿还"的模式，减少和排除大部分竞争，增强订单的获取能力，奠定企业发展的市场基础。有效的推动了重庆、四川实施"安保工程"，取得了良好的社会效益。

园 区 篇

第十三章 西部安全（应急）产业基地

第一节 园区概况

作为我国中西部地区唯一的直辖市和全国 5 个中心城市之一，重庆市安全产业的发展速度较快，整体发展水平较高。据统计，2010 年重庆市安全产业的年销售收入和服务收入就达到 120 亿元，增加值达 40 亿元，占重庆市 GDP 的 0.8%。2011 年，我国第一个安全产业基地——中国西部安全（应急）产业基地在重庆巴南区落户，基地的规划面积达 5000 余亩。基地的发展目标是：争取在三年后实现年产值 500 亿元，工业增加值 150 亿元，争取在五年后实现年产值 1000 亿元，基地内成长起若干个年销售收入超百亿的龙头企业，争取成为全国安全产业示范基地。截至 2012 年 11 月，中国西部安全（应急）产业基地完成了一期 340 多亩的主体工程建设，引进了重庆成宇安全防护网等 6 个项目并顺利投产。

图13-1 中国西部安全（应急）产业基地空间布局

为将安全产业发展成为重庆市新兴支柱产业，2013年1月，重庆市政府注资6亿元成立了国有独资公司——重庆安全产业发展集团有限公司（以下简称"安产集团"），对西部安全（应急）产业基地进行开发建设，并提供相应的管理服务。重庆安产集团以安全产业投资服务为主导，积极推动安全产业的发展，坚持以市场经济规律为发展依据，重视人才培养、技术储备和资本运作，集研发、生产、投资、服务为一体。

安产集团的主要工作包括：提供安全产业投融资服务，开发建设安全产业基地，对安全科技进行研发和成果转化，进行安全教育方面的培训，生产和交易安全产品并提供物流和检验检测服务，提供应急救援、安全工程咨询、评估等服务。安产集团对客户企业实行企业安全费用和政府安全专项资金分年偿还的方式，在不增加企业负担的同时，让企业的安全保障能力、政府的监管能力和社会的安全保障能力得到了提高。

中国西部安全（应急）产业基地立足自身的优势，建立了近期、中期和远期三个阶段的发展目标：

近期目标（2015年）：在产业基地关键的开局阶段，基地需要做好基地布局规划、配套设施搭建、构建管理服务体系、确定合理的安全产业类型、招商引资等工作，完成产业基地的交通道路系统建设和水、电、气、通讯、网络等管线的铺设，建立健全管理服务机构，在基地内形成一定规模的安全产业集群。

中期目标（2020年）：进一步完善产业基地的相关服务功能，发挥产业基地的集聚效应，进一步开发基地内部潜力，加快建立创新机制，促进产业升级，扩大产业优势，完善产业生态链，通过媒体、网络等多种平台和渠道，提升产业基地及其安全企业和产品的形象。

远期目标（2025年）：产业基地实现规模效应，有3—5家企业成为国内同行业的龙头企业，基地内企业具有明显竞争优势，基地成为区域经济发展的支柱、项目引进的载体和重庆市对外开放交流的重要窗口。

中国西部安全（应急）产业基地的未来发展方向是"立足重庆、服务西部、面向全国、接轨世界"，而筑巢引凤、服务企业是其重要工作之一。在企业入驻和发展的过程中，基地秉承"服务至上"的理念，为投资者提供保姆式、一站式服务。对于新入园的项目和投资合作伙伴，基地的服务部门有专人负责协助办理项目批复、公司注册、政策享受、人员招聘等方面的事务，确保新项目一进园就能开工建设，帮助项目尽早完工并促进企业尽快投产见效。对于已建成投产的项目，可以利用基地牵头成立的销售公司、供应公司、财务中心、对外联络中心、物业保安服务公司等，优化网络关系，逐步发展壮大产业基地的产、供、销体系。此外，基地已在园区内建成了职工餐饮文化体育娱乐中心和职工公寓，引进了电信、银行、邮政、超市等服务网点，为园区企业和员工的生产生活提供了便利服务。

第二节　园区特色

一、产业定位明确

由于中国西部安全（应急）产业基地建立时间较早，当时业界对安全产业并未形成统一的界定，因此在建设该产业基地的规划中特别对"安全（应急）产业"的定义进行了明确说明：为保障人民生命财产安全与职业健康，为安全生产领域中有关预防和减少事故的发生，控制、减轻和消除事故危害等安全保障活动提供相应产品、技术和服务的产业。

中国西部安全（应急）产业基地紧紧围绕重庆作为国务院批准建设的全国唯一的安全保障型城市示范区，总体定位是国家级综合产业基地，以安全（应急）产品制造业为主导，以安全（应急）服务业为支撑。在安全产品制造业领域，重点发展煤矿安全、交通安全、危险化学品安全和应急救援等；在安全服务业领域，重点发展安全投融资、培训演练、仓储物流和检测检验。

这种产业定位是基地在清晰竞争格局和自身实力下的战略选择。从产业发展的领域定位看，西部安全（应急）产业基地与其他同类产业基地并无冲突。如乐清应急产业基地定位于发展公共卫生领域，东莞应急救援产业园区定位于发展自然灾害领域，合肥公共安全产业园定位于发展社会安全领域，绵阳市防震减灾科技产业园则定位于发展自然灾害领域等。从产业基地的区域定位看，有别于乐清、合肥、绵阳等地方层面的产业基地，并与东部有关产业基地形成互补，有利于整个产业的发展。

二、基地布局合理

合理空间布局是园区快速发展的重要基础。西部安全（应急）产业基地根据园区的基础条件、发展现状、面临形势和区域优势，以优化产业布局、突出区域特色为导向，在空间布局上按照"中心集聚、带面延伸、发挥优势、整合协调、配套发展"的基本原则,全力做"一个品牌",建设"五大基地",构建"十大体系"。

"一个品牌",即:加快建成安全保障型城市;"五大基地",即:安全(应急)科技研发基地、安全(应急)科研成果转化基地、安全(应急)产品制造基地、安全(应急)培训实训基地、安全应急救援基地。"十大体系",即:安全(应急)产业园区、研发中心、交易市场、培训实训中心、产品认证检测中心、物资储备库及仓储物流中心、产业基金及投融资服务中心、科普会展中心、国际交流中心、商务信息中心等。这种空间布局,积极引导各产业、价值链细分环节在五大专业基地形成集聚,形成优势互补、分工协作的格局。

三、以公司化形式为主运营管理

2013年3月8日,重庆市组建了重庆安全产业发展集团有限公司(以下简称安产集团),该公司是由重庆市人民政府主办,市国有资产管理委员会、市安监局管理的国有独资公司,首期注册资本2.5亿元,主要承担安全产业基地开发建设,科技研发及成果转化,培训实训,应急救援,安全产品制造、交易、物流、检验检测,安全工程咨询、评价,开展对安全产业投融资等业务。安产集团旗下设立了重庆安产房地产开发有限公司,主要负责中国西部安全(应急)产业基地建设,负责园区的标准厂房、安全文化广场、园区培训实训基地等项目的建设开发。中国西部安全(应急)产业基地的发展基本上是以公司化管理为主的运营模式。

四、投融资以市场化运作为主

投融资服务是产业园区配套公共服务的重要内容,负责为园区及园区内企业发展提供资金保障。针对当前经济下滑急需消费投入拉动,安全形势严峻急需投入装备保障的现状,西部安全(应急)产业基地采用BT、BOT等市场化手段,加快了安全产品和服务的应用推广。

为安全产品的需求方提供的"先配送、保安全,后偿还、保平安"投融资租赁服务尤为突出。具体来说,在已安装1万公里道路防撞护栏的基础上,采取融资租赁手段,再一次性投入20亿元,安装1万公里通客车的县乡道路防撞护栏,实现县乡以上道路高路堤全防护,政府分10年偿还(以物价增长支付资金利息)费用,超前投入、超前保障的投资模式,实现重庆连续53个月未发生一起死亡10人以上道路交通特大事故。通过这种投融资方式实现了社会效益和经济效益双赢,大幅度降低了全国安全事故死亡率,带动了安全装备、钢材等园区内其他产业发展，扩大内需，为安全生产费用提取和保险等闲置资金提供投资渠道等。

第三节　存在问题

一、引导和支持的力度不够

安全产业基地的规划和建设仍然处于地方自主发展阶段，亟须国家层面的引导和支持。中国西部安全（应急）产业基地在发展过程中，组建了重庆安产集团，在规划范围之外新建了若干企业，通过采用"一个基地多个园区"的管理模式，其产出早不局限于原有的规划范围之内，因此其实际产出总产值虽接近原规划，但实际产出面积超过原规划面积，实际单位土地产出强度也低于原规划。因此，园区的安全产业产出强度应考虑产业园区的发展阶段和我国当前的经济增长速度，避免设定过高。

二、集中度较低，缺乏集聚效应

中国西部安全（应急）产业基地作为安全产业发展较早的地区，安全产业集中度较低，缺乏集聚效应，整个行业缺乏在国际市场上有引导作用的龙头企业。同时，国外跨国巨头采取多种形式，纷纷进入中国市场，这些国际化大公司一方面带来了雄厚的产业资本、先进的生产技术和管理经验，但另一方面也给本土企业带来了巨大的竞争压力。面对国内巨大的市场需求和国外全球性大公司的竞争，中国西部安全（应急）产业基地的集中度有待提高，企业分布需要适当聚集，产业结构有待优化。

三、产业链关联协同效应较差

打造产业集群，有利于形成产业链"瀑布效应"，将"小盆景"变成"大树"。但中国西部安全（应急）产业基地缺乏龙头企业，企业之间专业分工和配套体系仍在培育初期，产业链中各环节的关联发展、协同增值效应尚未得到充分体现。与此同时，招商引资工作更多的是从扩大产业规模的角度去考虑，对基于产业发展战略规划引进关联度高、协同性强的龙头型、基地型企业的工作考虑不多、做得不够。

第十四章　徐州安全科技产业园区

第一节　园区概况

依托中国矿业大学的安全科技研发优势和高新区以矿山安全为主导的安全科技产业优势，徐州高新区与中国安全生产科学研究院联合建立了徐州安全科技产业园。通过积极集聚国内外安全科技产业企业，孵化国内外安全科技前沿技术，徐州高新区已经成为了国内著名的"中国安全谷"。徐州安全科技产业园最先在国内提出了"感知矿山"概念，建立了全国第一个感知矿山物联网研发中心和矿山物联网示范工程，被评为"江苏十大科技创新工程"。2013年，凭借着优秀的产业发展基础和突出的科技创新能力，徐州安全科技产业园区被工信部、国家安监总局批准为国家安全科技产业示范园区。

长三角的经济发达地区已经进入工业化中后期，正在加快延伸产业链、发展产业集群，加快发展知识密集型、技术密集型和资本密集型为特征的产业，加速推进产业升级和产业结构调整，这为徐州市发展知识密集型、技术密集型和资本密集型的安全产业领域提供了历史机遇。当前，我国安全生产已连续十余年事故总起数和死亡人数双下降。2014年煤矿事故起数和死亡人数同比分别下降16.3%和14.3%，重特大事故同比分别下降12.5%和10.5%，已连续21个多月没有发生特别重大事故。这与近年来矿山安全生产技术的不断进步和创新应用有着密不可分的关系。

截至2014年底，园区内已建成五条主干道路，总长4千米；道路及配套园区面积128亩、绿化面积12亩；初步构建起涵盖煤矿提升、电力传动、矿山感知、应急指挥等方面的装备制造与系统集成产业链条，建成煤炭资源与安全开采国家重点实验室、感知矿山工程研究中心等国家级创新平台和 12 家省级工程技术研发中心；吸引了两个"千人计划"专家团队、10 余个教授创业团队、近 50 家安全科技产业企业进入园区；研发和制造大型采煤机械、井下运输装备、煤炭筛分装备、安全提升装备、电气控制系统、防爆变频系统、检测控制系统等近百种涉及矿山安全的装备和系统，已经形成了较为完整的产业链，实现安全科技产业年产值 150 多亿元。目前，徐州国家安全科技产业园已初具规模，集研发、生产、交易、大数据四位一体的"中国安全谷"建设取得初步效果。

第二节　园区特色

一、以矿山安全为特色，实现"121"框架

有别于中国西部安全（应急）产业基地定位于综合性基地，徐州安全科技产业园以矿山安全为主导产业。其原因在于徐州是我国传统的煤炭工业基地，借助中国矿业大学等高校科研资源，长期致力于矿山安全的生产建设，努力推动以矿山物联网为代表的一系列矿山安全技术的创新发展。目前我国在全国范围内的矿山安全生产形势不容乐观，特别是事故频发的煤炭开采行业。2012 年，虽然我国煤矿安全生产百万吨死亡率降低到了 0.35，但仍高出美国的百万吨死亡率 10 倍有余，其中一个非常重要的因素就是安全技术研发水平和安全产业发展水平不高。以研发矿山安全技术为主要目标的徐州市安全科技产业园的建立，有利于提升我国安全科技产业水平，壮大安全科技产业规模，对于改善我国重要的安全生产短板——煤矿安全有着十分重要的现实意义。在此背景下，徐州安全科技产业园重点发展领域采用"121"框架，即：以矿山安全 1 个产业领域为主体，以危险化学品安全和交通安全 2 个产业领域为两翼，以安全服务为 1 个支撑。

表 14-1　徐州高新区部分矿山安全技术装备企业

序号	企业名称	投资总额（万元）	占地（亩）	主要产品	工业产值（万元）	利税（万元）
1	徐州天地重型机械制造有限公司	20000	102	矿用高空车	58000	7250
2	徐州良羽科技有限公司	22000	115	矿用车驱动桥	28000	3500

（续表）

序号	企业名称	投资总额（万元）	占地（亩）	主要产品	工业产值（万元）	利税（万元）
3	爱斯科（徐州）耐磨件有限公司	12000	50	矿山机械耐磨件	36000	4500
4	徐州五洋科技有限公司铜山机电分公司	12000	48	矿用液压拉紧装置	16000	2000
5	徐州工大三森科技有限公司	800	32	矿用提升设备	13500	1687.5
6	徐州中矿大传动与自动化有限公司	1000	28	交直流传动设备	12000	1500
7	徐州润泽开关有限公司矿用	800	6	电气相关	4000	500
8	徐州华煤矿山机械有限公司	100	3.5	矿山机械	1200	150
9	徐州中安机械制造有限公司	3300	33	悬浮式单体液压支柱、矿用皮带保护装置	9600	1200
10	徐州中矿大华洋通讯设备有限公司铜山分公司	600	24	煤矿通信设备、监控设备、软件	18000	2250

二、充分运用其独特的区位优势和广泛的市场需求

徐州市处于东部沿海与中部地带、长三角经济圈与环渤海经济圈的结合部，在产业成长和产业市场方面具有独特的区位优势。中东部地区潜在广泛的安全产业市场需求。中部地区的内蒙、山西、河南等地区，是我国重要的煤炭产区；东部地区是我国经济相对发达地区，工业生产规模庞大，尤其是化工、汽车等行业已经形成规模化的产业集聚；中东部地区社会经济的高速发展带动了建筑施工业的快速发展；煤炭、化工、建筑施工均属高危行业，汽车与交通安全关系密切，而交通安全是我国安全生产事故数量和死亡人数最多的领域。这些行业均潜在大量安全生产保障需求，地处中东部地区结合部的徐州市，位于国内广阔的安全产业市场的腹地，这为徐州市快速发展安全产业、提高产业竞争力提供了难得的区域优势。

三、强化科技引导实现创新驱动

徐州将安全产业园区建立在高新区内，并命名为"国家安全科技产业园"，足以体现科技在园区内的突出作用。园区内科教优势集聚明显，政产学研结合紧密。中国矿业大学和中国安全生产科学研究院是徐州发展安全产业的重要技术支

撑力量。两者在安全技术，尤其是在矿山、危险化学品等领域的安全技术方面具有雄厚的研发实力。

徐州主要依赖区域丰富的科研资源和技术研发实力，重点对科技成果加以利用转化，在当地或者周边地区实现产业化发展。这种发展模式依赖于高端智力资源，所涉及的产品附加值高，对技术工艺、人才素质要求较高，新技术成果产业化也具有较高的投资风险。因此，产业园区多集中在科研实力较强的区域。

四、采用政府和企业综合管理为主

"政府搭台，企业唱戏"是产业园区政企合作的模式，园区管理对产业园的长期发展具有重要影响。在徐州产业园区发展初期，政府牵头负责产业园的规划、建设、招商引资宣传工作以及入园企业筛选工作，产业园区结合企业管理体制带来的市场化优势，推动了产业基地的初期建设；在产业园区具有一定规模和基础后，政府管理逐步退出，仅负责维持产业园区的生产秩序和园区内公共设施维护工作，园区以企业化发展模式为主，通过市场运作来有效推动园区内企业的发展，进而促进徐州安全产业的快速发展。

第三节　存在问题

一、未充分发挥本土优势

因地制宜，发挥优势，是产业布局规划最核心最基本的原则。但从目前安全产业各园区规划来看，在考虑做大做强园区产业规模的对策建议时，无一例外地都提到加大招商引资力度。如徐州在发展应急产业时，也强调了引进国外的龙头企业，但徐州市本地便拥有徐工集团这样的我国工程机械领域的翘楚，生产的大型起重机、挖掘机、破障机等本身就可作为抢险救援工程机械。同时，徐州市的安全产业主要集中在高新区内，园区内产值规模最大的四家企业分别是徐州天地重型机械制造有限公司、肯纳金属（徐州）有限公司、爱斯科（徐州）耐磨件有限公司和徐州良羽科技有限公司，目前其产值也分别达到5.8亿元、4.8亿元、3.6亿元和2.8亿元。这些企业生产的产品种类众多，技术先进，短时间内足以满足园区内安全产业多领域发展的要求。

二、产业配套设施严重不足

安全产业园区统一规划不足，并没有建立起相互关联、相互依存、相互支援的专业化分工协作产业体系。2009 年以来，徐州安全科技产业园就进行了园区的规划和建设，但是多数企业和机构仅仅是实现了地理上的集中，彼此间的产业和技术关联不强，缺乏产业发展配套，产业集群尚未形成。

主要表现为：首先，以安全产业为主的园区缺乏专门的辅助生产配套，如分析检测设施、水电气供给、物流运输、产品包装、仓储等，也缺乏相应的生活服务设施配套，包括标准化工厂、食堂和宿舍等。其次，配套体系有待完善。依托中国矿业大学等高校和科研机构，徐州国家科技产业园在部分领域有着丰富的创新人才和良好的研发基础，在产业链上游的研发环节有着显著优势，但在投融资、技术孵化、检验检测、市场营销和安全服务等产业链的其他环节，尤其是对于促进研发成果转化、推动产品市场化的产业服务环节，缺乏相应的产业支撑，使得大量的研发成果中，只有少数实现转化投入生产；一些适合社会实际需求、技术先进的产品又在市场开拓方面进步迟缓，导致成果转化率较低，产业规模发展有限。

三、对外开放有待深入

目前，在矿山安全、交通安全、危化品安全、应急救援等安全产业的诸多领域，徐州安全科技产业园的技术水平和创新能力与世界先进水平仍存在一定差距。徐州安全科技产业园在发展安全产业过程中对外合作有待加强。在产业市场方面，徐州安全科技产业园的产品基本面向国内市场，尚缺乏在国际市场具有影响力的产品，参与国际竞争不足；在创新资源方面，徐州安全科技产业园现有的安全产业创新人才和创新平台基本来自于国内，在现有产业集群中，尚无国外企业，尤其是相关行业领域内的国际知名企业；在国际合作方面，无论是人员、技术，还是在信息、资金等方面，徐州安全科技产业园与国外相关机构的合作都有待加强。

第十五章 北方安全（应急）智能装备产业园

第一节 园区概况

按照立足营口、服务东北、辐射全国的定位，以"应急""智能"为特色，中国北方安全（应急）智能装备产业园已经在辽宁省营口市高新技术产业开发区（简称高新区）落地生根，规划面积15.7平方公里。该园区实行统一规划、分区建设的组织方式，将技术研发、投融资、检测检验、教育实训、贸易物流等公共服务类项目以及数字化智能产品孵化项目放在营口高新区进行集中建设，将生产制造类项目的企业放在辽宁（营口）沿海产业基地进行集中建设。在继研发成功"卓异救生舱及井下应急救援技术"的卓异科技有限公司于2010年入驻园区之后，园区已聚集了越来越多的安全应急装备企业，并且拥有实力雄厚的行业龙头企业，例如专注于提供数字化矿山整体解决方案的瑞华科技有限公司。

中国北方安全（应急）智能装备产业园区内拥有中科院、航天研究院、农科院、水科院、清华大学、中国矿大、北科大、北联大、哈工大等一批科研机构，也建立了国家级技术转移中心分中心、创业服务中心和生产力促进中心等机构，这些科技研发平台和成果转化平台为安全装备产业发展提供了研发设计、检验检测、质量标准认证、培训教育、信息服务等支撑和保障。

目前，北方安全（应急）智能装备产业园拥有安全装备相关企业约50家，产值规模超过了100亿元，研发集聚效果和产业集聚效果都开始展现出来，整体的概念性规划和实体性拓展已经完成。园区初步形成了以矿山安全装备制造和智能系统研发为主、以应急救援工程机械制造为辅的安全装备产业体系；同时，也初步形成了以营口高新区为主要承载区、布局重点园区的安全装备产业发展格局。2014年7月24日，中国北方安全（应急）智能装备产业园被国家安监总局和工业和信息化部正式列为"国家安全产业示范园区创建单位"。

下一步，北方安全（应急）智能装备产业园将以"重点突出、协调兼顾"为原则，着力推动龙头企业的升级发展，重点研发矿山探险、防险、避险、救险安全装备产品及信息系统，同时发展危险化学品、道路交通运输、建筑设施、海上作业平台、职业健康等安全装备产品。近期内，产业园将重点研发大型救援体系，加快矿山安全智能装备产品的延伸与性能提升，快速推动园区的龙头企业和产业规模的发展。具体来说，到2016年，产业园将努力促成若干年产值超10亿元的骨干企业，建立安全装备研发机构，安全装备产业的产能破百亿元；到2020年，园区内完成入驻100家安全产业企业，30家研发机构，促成具有行业影响力的龙头企业出现，初步形成以贸易集散和物流仓储为代表的服务链条，实现600亿元的安全装备产业年产值。

第二节　园区特色

一、提前部署，把握安全智能装备产业风向标

作为国家高新区，营口市高新区在发展高科技，实现产业化的进程中，一直在努力寻求和拓展新兴产业的着力点和突破口，通过园区的创新发展，使"高"和"新"的内涵得到充分的拓展。最终选定发展安全智能装备产业，主要是源于营口市委、市政府对创新驱动发展战略的高度重视和超前谋划，也是基于安全装备产业的发展前景作出的一个综合预判和科学的考量。

二、园区内龙头企业各具特色

当前，越来越多的安全装备企业在营口市高新区集聚，近50家安全装备相关企业获政府重点支持，龙头企业发展各具特色。例如，营口瑞华高新科技有限公司专注于提供数字化矿山整体解决方案的研发，其基于802.11n煤矿井下无线多功能信息传输平台与人员定位系统、智能型多功能真空断路器分别获得了国家发明专利与实用新型专利，同时填补了国内外技术空白；作为首家提出以"大救援体系"为设计理念的企业，卓异装备制造有限旨在提供全程式救援服务，已成

为我国救生舱市场的领跑者。

表 15-1 营口市安全装备主要企业

序号	企业名称	主要装备
1	辽宁卓异装备制造有限公司	井下救生舱及救生舱生保系统
2	营口瑞华高新科技有限公司	基于802.11n的煤矿井下无线多功能信息传输平台与人员定位系统
3	营口中润环境科技有限公司	矿用移动救生舱配套
4	营口山鹰报警设备有效公司	智能应急照明和疏散指示系统，电器火灾报警控制系统
5	大方科技（营口）有限责任公司	GJG10J光谱吸收甲烷传感器
6	营口龙辰矿山车辆制造有限公司	矿用窄轨防脱轨行走机构安全人车
7	营口赛福德电子技术有限公司	大空间自动寻的喷水灭火系统、图像型火灾探测器
8	新泰（辽宁）精密设备有限公司	精密铝铸造
9	营口圣泉高科材料有限公司	酚醛树脂产品
10	营口巨成教学科技开发有限公司	突发事件现场伤员应急救援培训系统

三、政府高度重视园区建设

全力打造安全（应急）智能装备产业园是营口市委、市政府从战略布局角度确定的一个发展重点，已经写入营口市委全会报告、2014年营口市政府工作报告及营口高新区"园区建设年"暨"作风建设年"活动方案。同时，营口市成立了以市长为组长的国家安全装备产业示范园领导小组，实施组织有力、有效的工作机制和保障体系。

四、不断加强服务平台建设

一方面，在金融服务体系建设上，营口市高新区被辽宁省金融办确定为科技金融试点单位，基本形成了以企业为主体、商业信用为基础、政府为保障、投融资平台为纽带的市场化投融资服务体系。目前，营口市高新区有2家担保公司、4家小额贷款公司、1家投资公司和3家保险公司，注册资本达到4.25亿元。另一方面，在创新创业平台建设上，营口市高新区形成了涵盖辽宁渤海科技城、卓异创新产业园等一城多园的发展模式，可以为安全装备产业发展提供研发设计、检验检测、质量标准认证、信息服务等支撑和保障。

第三节　存在问题

一、产业趋同化竞争严重

北方安全（应急）智能装备产业园定位于安全（应急）智能装备，产业内容相对单一。在安全产业的发展方向中，根据我国经济发展状况和特点，需要以煤矿、非煤矿山、突发事件、消防安全、交通运输、铁路运输、建筑施工、危险化学品、烟花爆竹、民用爆炸物品、冶金等为重点。但实际上，除西部安全（应急）产业基地的产业综合发展外，其他园区多集中在产品制造方面，尤其是矿山安全产品、应急救援产品，安全服务业和其他行业领域的安全产品十分缺乏。特别是有些安全产业园区为短期内形成大规模产能，基本上延续了"投资驱动"和"规模扩张"的老路，未经深入调研，不顾当地产业集聚的条件，进行盲目建设，致使一些园区名称不同，内容雷同，同质化现象非常严重。

二、研发基础相对薄弱

从产业链的构成来看，营口市的安全（应急）装备产业集中在产品制造环节，相对而言，产业链上游的研发设计和下游的安全服务业比较薄弱。由于安全产品具有很大的公共性，企业研发动力明显不足，政府和市场又缺乏很好的引导，最终企业只会从自身利益考虑，而不愿意投入研发，研发基础较弱。一是从营口市当前的产业发展布局来看，主要围绕现有的冶金、石化、装备制造、镁质材料、纺织服装和新型建材共六大主导产业，安全（应急）装备产业所获得支持有限。二是从现有的研发能力来看，主要集中在新材料领域，国家认定的企业中心只有1家，缺乏国家重点大学、行业内重要研究结构、大型企业研发结构等方面的有力支撑。三是复合型安全产业高端人才缺乏。营口市具有丰富的劳动力资源，全市拥有50多万熟练的产业工人，每年约3万多名大中专技工毕业，但熟悉安全产业市场的管理和营销等高端人才保障不足。

三、招商引资针对性较差

营口市高新区囿于资源、区位等因素，产业跨越式发展动力不足。如产业关联度高、带动性强、市场前景好的大项目招商难度较大，缺乏对大项目所需的资源配置，无法满足企业的要求。特别是部分在谈的重大项目都面临其他地区的激烈竞争，有的项目已经竞争到白热化的地步，有的地区甚至不惜血本来争抢大项目。大项目需要更加优惠的政策支持，甚至需要付出一定的成本。

第十六章　合肥公共安全产业园区

第一节　园区概况

我国目前正处于经济和社会转型期,公共安全形势较为严峻,迫切需要公共安全产业的支持。2009 年,合肥国家科技创新型试点市示范区内迎来了国内首家公共安全产业基地项目的开工建设。同年 6 月,合肥市政府发布了《合肥公共安全产业发展规划(2009—2017 年)》,为保障公共安全产业的顺利发展,合肥市还专门成立了合肥公共安全技术研究院。2011 年,合肥市在其"十二五"规划中,将公共安全产业列为全市重点发展的战略性新兴产业。

近年来,合肥市公共安全产业发展迅猛。从 2008 年至 2011 年,合肥市公共安全产业的总产值从 105 亿元增加到 200 亿元,几乎翻了一番,年均增长率达到 24%,其中 2011 年的增长率超过 30%;从事公共安全领域的企业数量从 100 家增加到 160 家,吸收的就业人员数量从 1.5 万人增加到 2 万人。公共安全产业基地所在的高新区成为全市乃至全省主要的公共安全企业集聚区,2011 年高新区公共安全产业实现总产值 177 亿元,占全市公共安全产业总产值的 88.5%。

在目前国家大力发展安全产业的时期,合肥市高新区紧紧抓住战略机遇,以"领军企业——重大项目——产业链——产业集群——产业基地"为发展思路,加快进度发展公共安全产业园区。到 2013 年底,公共安全产业已迅速发展成为高新区第二大产业,实现营业收入 207.9 亿元,同比增长 14.7%,占高新区总营业收入的 15.1%。到 2014 年底,产业园区汇聚了 200 余家从事公共安全产业的企业,吸收就业人员数量达 2.6 万余人,形成了显著的产业集聚和带动效应。园区内，以中电三十八所、量子通信、美亚光电、科大立安、四创电子等知名机构和企业为代表的产业集群主要从事交通安全、矿山安全、消防安全、电力安全、安全信息化五大类行业，研发生产了大量国内外领先的安全产品。

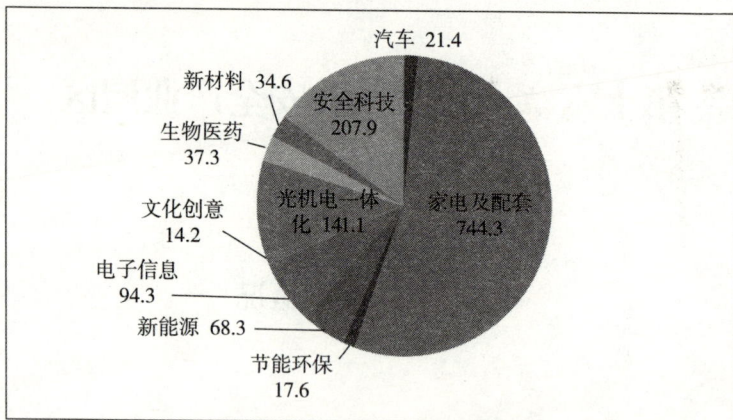

图16-1　合肥高新区十大产业收入（单位：亿元）

第二节　园区特色

一、抢占先机优先发展公共安全产业

安全产业发展既要考虑现阶段经济发展实际，又要兼顾安全产业在我国的快速发展的现状。未来随着我国经济发展，生产安全和社会安全将不断改善，特别是在全面建成小康社会的进程中，安全产业的涵盖范围也会不断调整，不断变化，向社会公共安全和国家安全领域扩展也是必然趋势。而合肥市抢占发展先机，率先建立公共安全产业基地。

公共安全产业既包括自然灾害防减、交通安全、生产安全、食品安全、社会安全、核安全、国境检验检疫等传统安全领域的产业，也包括经济安全、信息安全、生物安全、防恐反恐等现代安全领域相关产业。在防灾减灾领域，针对矿山、电力、石油与化学工程、重点基础设施等方面，重点研究新型防雷过电压保护、安全生产监控、矿井安全生产、灾害监测预警、应急通讯指挥与救援、火灾探测报警应用、建筑物防火等技术。

二、以龙头企业带动为主，政府和中介机构为辅的发展模式

以龙头企业带动为主导。依托科大立安、工大高科、电力继远、安徽江河、

三立自动化、世腾信息为实施主体，以中国科技大学火灾实验室、中国航空集团、中国科学院合肥物质研究院、煤炭工业合肥设计研究院等为研发平台，围绕防灾减灾的产业或产品，带动相关企业实行专业化分工和社会化生产与服务的模式。在此过程中，合肥市为促进我国公共安全产业发展，增强安全保障能力，积极创造良好的政策环境，并在重大项目的落地开工上发挥主要推动作用。中介机构作为政府与安全产业企业之间的桥梁和纽带，定期将各种类型的专业协会、分散经营的经济主体协调组织起来。这三者形成利益结合、互相依赖的社会化生产和服务体系，进而把公共安全产业的各个方面、各个环节连接起来，形成一体化生产服务网络模式。

三、积极拓宽资金来源渠道

创新多元化、多层次的投融资体系。合肥公共安全产业园及其企业融资项目由于具有技术复杂程度高、实施周期长、风险较大等特征，许多民间资本不愿进入或相当谨慎，导致园区融资困难，发展资金不足。因此，合肥市通过对园区上市后备企业进行分阶段奖励的方式，鼓励企业积极上市。如从 2010 年开始，政府对上市后备企业完成组建股份有限公司后，奖励 40 万元；首次公开发行申请文件申报受理后，奖励企业 100 万元。上市成功后，对经营层人员的奖励不得低于上述金额的 50%。这不仅能撬动巨大的民间资本，吸引大量的优势项目入驻高新区，也有助于被投资企业发展壮大，积极拓宽获利渠道。

四、加强综合服务体系建设

形成了完善的公共安全产业发展综合服务体系。合肥公共安全产业园建立在高新区的中央核心区内，并建有公共安全信息技术产业龙头企业的区域总部、产业化基地、产学研合作基地以及公共安全专业加速器等，发挥"创新、孵化、集聚、辐射、示范"五大功能。为了加大对公共安全企业的扶持力度，由合肥市高新区和安徽省创业投资有限公司发起组建安徽国安创业投资有限公司，投资 2.5 亿元，用于扶持公共安全及相关产业的发展。

五、高新技术产业集群已初现雏形

新一代信息技术是合肥市高新区发展的重点之一，为合肥安全产业园提供良好的产业发展基础。云计算、物联网等新一代信息技术在交通安全、矿山安全、消防安全、电力安全、安全信息化等领域广泛应用，将推动生产方式变革，经济增长完全可以建立在信息和知识投入所带来的生产效率提高的基础上。通过把信息技术改造，提升传统产业作为切入点，深化新技术在研发设计、生产制造、经营管理、市场营销等环节的应用，提升数字化、网络化、智能化水平，大力发展工业控制系统、大型管理软件等应用软件和行业解决方案，为提高安全生产水平提供技术和产业支撑。

表 16-1　合肥高新区五大产业集群基本情况

产业集群	典型企业	
	序号	企业名称
交通安全产业集群	1	中国电子科技集团公司第38研究所
	2	安徽四创电子股份有限公司
	3	安徽皖通科技股份有限公司
	4	安徽科力信息产业有限责任公司
	5	安徽三联交通应用技术股份有限公司
	6	安徽联合安全科技有限公司
	7	合肥赛为智能有限公司
	8	合肥文康科技有限公司
	9	合肥中铁百瑞得交通工程科技有限公司
矿山安全产业集群	1	合肥恒大江海泵业股份有限公司
	2	合肥工大高科信息科技股份有限公司
	3	合肥惠州地质安全研究所股份有限公司
	4	合肥金星机电科技发展有限公司
	5	合肥约翰芬雷矿山设备公司
消防安全产业集群	1	合肥科大立安安全技术有限责任公司
	2	安徽中科瀚海光电技术发展有限公司
	3	安徽四创电子股份有限公司
	4	安徽海圣电气有限公司
	5	安徽泽众安全科技有限公司
	6	安徽启路达光电科技有限公司
	7	安徽清新互联信息科技有限公司
电力安全产业集群	1	安徽继远电网技术有限责任公司
	2	合肥华耀电子工业有限公司
	3	合肥联信电源有限公司

（续表）

产业集群	典型企业		
	序号	企业名称
电力安全 产业集群	4	安徽微电科技股份有限公司
	5	阳光电源股份有限公司
安全信息化 产业集群	1	安徽科大讯飞信息科技股份有限公司
	2	安徽量子通信技术有限公司
	3	合肥昊特信息科技公司
	4	安徽久鼎软件科技开发有限公司
	5	龙迅半导体科技（合肥）有限公司
	6	合肥宏晶微电子科技有限公司
	7	合肥硕锋电子技术有限公司

第三节 存在问题

一、龙头企业带动作用缺乏，不利于产业集群发展

龙头企业因其技术含量高、效益好、整合性强、带动效应明显等特征，具有较强的集聚效应。形成产业集群后，将通过多种途径，如降低成本、刺激创新、提高效率、加剧竞争等，提升整个区域的竞争能力，并形成一种集群竞争力，这种新的竞争力是非集群和集群外企业所无法拥有的。目前，合肥安全产业园虽拥有中国电科38所、四创电子等电子行业内翘楚，但其余数百家公共安全产业企业主营业务收入不足家电制造企业的三分之一，而且尚未有国际一流的安全产业巨头入驻园区，产业集聚效应仍未形成。

二、安全科技基础薄弱，科技成果转化仍需加强

合肥安全产业园支撑安全科技研发的检测检验、试验测试、安全科技支撑体系建设相对滞后，整体规划和系统设计不完善。一方面，产学研互动性还不强，"有技术没产业，有产业没技术"，科研院所产业化动力不足，产业科技"两张皮"现象突出，科技研发和产品推广缺乏足够支持；另一方面，已经成立的合肥公共安全技术研究院应当是该产业发展的一个很好平台，但由于其责权尚不明确，运行机制尚不完善，因此各项工作还未步入正轨，平台作用也还未得到有效发挥。

三、高端人才缺乏，不利于自主创新能力提升

安全产业属于跨领域整合型的产业，涵盖范围几乎遍及各个领域。人才是自主创新能力提升的基础，合肥人才"引不来、留不住"的现象较为突出。作为中部地区距离长三角最近的省会城市，是长三角向中部地区产业转移和辐射的最接近区域，合肥与北京、上海、广州等发达地区相比，在吸引人才方面并不存在优势，特别是高级人才资源，相当匮乏。如何创造条件，引进国内外安全产业领域复合型人才是合肥市发展安全产业面临的挑战。

企　业　篇

第十七章　重庆安全产业发展集团有限公司

第一节　总体发展情况

一、发展历程与现状

重庆安全产业发展集团有限公司（简称安产集团），是重庆市政府为促进安全产业作为新兴支柱产业的发展，于 2013 年 1 月，批准成立的国有独资公司，注册资本 6 亿元。以安全产业投资服务为主导，以发展安全产业为主线，集研发、生产、投资、服务为一体的大型国有集团公司。企业立足长远发展，以市场为导向，以人才为根本，以技术为支撑，以资本为纽带，打造一个实力雄厚、核心竞争力强大的国际化企业。

安产集团主要功能是安全产业投资服务。集团主要承担安全产业投资融资服务，安全产业基地开发和建设，安全科技研发以及成果转化，安全教育的培训实训，现场应急救援，安全产品制造、检验检测、交易、物流，安全工程的咨询、评价等业务。集团通过安全科技研发、安全产品制造、配送安全产品、投融资、安全教育培训、企业安全费用和政府安全专项资金分年偿还等手段，在不增加企业负担的同时提升企业安全保障能力、政府监管能力和社会安全保障能力。

安产集团整合安全产业优势资源，立足安全产业科研、制造、投融资、培训实训及经营服务业等领域，打造安全产业"十大专业园区"，力争到 2017 年进入中国企业 500 强，成为全球安全产业发展投资服务的领导者。

二、生产经营情况

2014 年集团累计实现营业收入 64211.92 万元，与 2013 年相比增加 37184.91

万元,同比增长137.58%;利润总额4161.28万元,与2013年相比增加1063.28万元,同比增长34.32%。

第二节　主营业务情况

一、道路"生命工程"防护栏项目

(一)项目公司情况

重庆安轩安全产业发展有限公司(以下简称安轩公司)是由重庆安全产业发展集团有限公司和荣轩控股有限公司共同出资组建的中外合资企业,是一家拥有雄厚资金实力及多样化经营模式的安全产业投资公司,实行现代企业管理,注册资金1亿元整,实收资本5000万。

(二)运作模式

公司自2012年成立以来,秉持"超前投入、主动保障"的理念,创新安全产业投融资模式(融资租赁模式、公共安全服务模式、战略合作模式),致力于道路防护栏"安保工程"建设,形成了以"安保工程"投融资模式为主,公共安全服务为辅的业务经营特色。同时,通过"超前投入,分期偿还"的模式,减少和排除大部分竞争,增强订单的获取能力,奠定企业发展的市场基础。

二、国家安全生产监管监察执法综合实训基地项目

(一)项目背景

为了配合全国监管监察执法综合实训基地建设,促进全社会安全运营水平的提高,根据国家安监总局在全国建立3个区域性执法综合实训基地的规划,其中明确西南片区将依托重庆市安全技术培训考试中心(简称重庆市考试中心)规划建设国家安全生产监管监察执法综合实训基地(以下简称"西南基地")。2013年重庆安产集团组建成立后,安产集团便承接实施该项目,现由集团全资子公司安培瑞培训公司承办。

(二)项目概况

该项目位于重庆市两江新区(江北区)唐家沱片区东部,规划占地面积290亩,建筑面积18万多平方米,总投资约11亿元。其中,国家部分2.5万平方米,重点

建设非煤矿山安全监管、危险化学品安全监管和综合安全监管等3类实训项目。共建设29个实训室（11个非煤矿山安全监管实训室、11个危险化学品安全监管实训室和7个公共安全监管实训室）、相关培训教学用房和相关辅助用房，总投资2亿元。

项目建设完成后，主要承担安监执法人员的培训考核职责；承担全市安全培训管理、考试考核、制证颁证工作；承担重庆市安全生产监管监察人员执法资格培训和专题业务培训、安全培训机构师资、生产经营单位主要负责人、安全管理人员、安全生产从业人员和特种作业人员等安全培训工作。

（三）项目优势

该项目作为国家发改委《安全生产监管部门和煤矿安全监察机构监管监察能力建设规划（2011—2015年）》（发改投资〔2012〕611号）确定的11项重点工程之一，由国家安监总局统一申报并组织实施，依托重庆市考试中心（现交由安产集团）建设。以有效预防和坚决遏制重特大事故为目标，旨在为实现《安全生产"十二五"规划》确定的安全生产形势持续稳定好转的奋斗目标提供有力保障。

三、中国西部安全第一城项目

（一）项目情况

中国西部第一城项目地块位于重庆市沙坪坝区马家岩联芳花园，在高九路口与天马路之间，整个地块呈不规则的人字形。东临石小路，与得意家具城仅隔一条路；南毗邻高九路立交，与规划中的自然山体公园相连；西邻马家岩山崖，俯瞰马家岩建材市场；北靠天马路立交，毗邻临江装饰城。项目占地面积为77650㎡，总建筑面积25.9万㎡，容积率≤2.0，绿化率≥25%，其中，地上15.53万㎡，地下10.37万㎡，办公及公寓建筑面积8.87万㎡，地面商业面积6.66万㎡，地下商业面积4.1万㎡，停车位个数1985个（其中地上400个，地下1585个）。

（二）项目优势

区位优越，交通便捷。项目地处沙坪坝中心，四周道路环绕，且有轨道1号线通达，发展潜力大。

市场成熟，招商有保障，商业价值较高。项目周边均为成熟的建材家具市场，商业氛围浓郁，利于物业出售和招商出租。重庆光能集团和覃家岗公司经营建材市场多年，资金充足，且有现成客户资源，建设及后期招商经营有保障。

土地手续齐备，施工条件好。已完成拆迁、平场，各项建设手续审批完毕，正处于建设施工期。

合作伙伴实力较强。合作伙伴重庆光能集团和覃家岗公司经营建材市场多年，资金充足。并且光能集团与安产集团原则达成深度开发建设二期项目的合作意向。

政府积极支持。沙坪坝区委、区政府多次召集规划、建委、交通等部门审议，市、区规划、消防等参与方案讨论，均积极表态支持。

四、中国西部安全（应急）产业机械制造基地项目

按照安产集团产业发展战略布局，重庆安源金属制造有限公司（简称安源公司）负责推进实施"中国西部安全（应急）产业机械制造基地"项目。重庆安源公司是重庆安全产业发展集团全资子公司，位于綦江区三江镇，总占地面积570亩，建成厂房面积11万余平方米，注册资本5000万元，资产规模达2.9亿元，该企业系国有资产重组获得。

（一）企业优势

安源公司前身为重庆四钢钢业有限责任公司（钢业部分），该公司是西南地区较完善的薄钢板产品、带材产品、交通安全产品和镀层产品生产企业，拥有成熟的生产、技术、管理力量。

现有成熟的5条生产线：镀铅板生产线、镀锌板生产线、不锈钢冷轧钢生产线、彩涂钢生产线、安全防护栏产品生产线，是重庆市唯一获交通部颁发《交通工程产品批量生产安装准用证》的企业，也是已建成的我国西部地区交通安全防护栏产品生产规模最大、品种最齐全的生产基地；交通便利，拥有近4公里的厂区铁路专用线，与渝黔铁路三江站直接接驳。

（二）三大产业基地

西部道路交通安全防护栏生产基地。引导企业产品升级换代转型，利用现有全套交通安全产品生产工艺装备和配套完善的环保处理设施，突出发展镀铅板和公路防护栏产品的生产。对安源公司现有波形梁成型机组、镀锌机组及辅助设施的整改、维修，并新上一条波形梁成型机组、两条镀锌生产线和一条喷塑生产线，形成年生产安全防护栏6.5万吨（不含立柱）的能力。利用科技创新，建设以交通智能防护栏为主的科技研发基地，研发多种具有自主专利的新型防护栏，不断

丰富产品线，逐步发展形成年生产安全防护栏 11 万吨的能力，可安装道路交通安保工程公路 6000 公里，满足重庆乃至西南和周边各省区对交通安全防护栏产品的需求。

安全应急产业机械制造基地。结合集团主导"新兴安全产业"的先发优势和"传统钢铁产业"的生产管理优势，启动生产热镀铅锡合金薄钢板及钢制管杆（安全标志杆、灯杆等）产品、不锈钢冷轧产品生产，引进阻隔防爆撬装加油装置、安全智能立体停车设备、新安标脚手架等一批具有科技含量、实现本质安全的新项目落地生产，促进中国西部安全（应急）产业机械制造基地发展壮大。

现代物流基地。利用完善的铁路专用线、站台、机车、土地等，依托渝黔铁路和三（江）万（盛）南（川）铁路、渝黔高速公路、重庆三环高速、省道渝黔渝湘公路、綦江沿江道路等交通网络，延伸贵州，辐射西南，打造现代物流基地。

第三节　企业发展战略

现阶段，我国处于工业化、信息化、城镇化和农业现代化快速发展时期，安全发展、科学发展成为转变经济发展方式的必然要求。近期，企业安全生产基础薄弱导致安全生产事故频发，国务院常务会议要求在预防和治本上下大力气，防患于未然，将重特大事故扼杀在摇篮中。要充分认识到安全产业的重要性，它是提供安全技术和产品及安全服务的主体，是安全生产领域事前预防、过程控制和事故应急救援的基础。如何使安全产业持续、健康发展已迫在眉睫，安产集团要尽快形成完善的安全产业体系，提高安全技术、装备和服务水平，提升安全生产能力，满足全社会对安全健康与稳定的新需要。

第十八章　杭州海康威视数字技术股份有限公司

第一节　总体发展情况

一、发展历程与现状

杭州海康威视数字技术股份有限公司（以下简称海康威视）成立于 2001 年 11 月，致力于监控产品研发，通过十几年来对视频处理技术和视频分析技术的深入探索及技术创新，已经成长为中国首屈一指的安防产品龙头供应商。2010 年，海康威视在深圳证券交易所正式挂牌上市（股票代码：002415）。海康威视不仅提供安防产品，而且面向全球行业提供专业的安防解决方案和高品质的服务，使客户得到价值最大化的体验。无论是金融、电讯、电力、水利、教育行业还是公安、交通、司法、军队等领域都能得到海康威视量身定做的专业产品和系统化解决方案。在全球安防产业和重大活动中都可看到海康威视产品的身影，其 DVR/DVS/板卡、摄像机 / 智能球机、光端机等产品在国内常年保持市场占有率第一的优势，更是凭借其可持续的研发能力将网络存储、视频综合平台和中心管理软件等产品投入安防市场。

作为研发型供应商，海康威视一直将技术发展作为立业之本。在成立初期，中国安防产业正经历从效仿到自主研发转型的重要阶段，而海康威视正是利用了这一时机，通过自主创新而在业内占据了领导地位。海康威视拥有一支成熟的研发团队，以技术为杀手锏，把每一款产品做细做精，成长为全球第一大硬盘录像机供应商。同时，海康威视的摄像机具有领先的技术优势，在国内厂商中处于绝对领先地位。不仅注重单个产品的研发，海康威视还开发出了视频综合平台产品，该产品高效的将视频编码、解码、矩阵切换、画面分割显示控制集于一体，有效解决了大系统的实施问题。

海康威视经过高速的持续发展，营销及服务已经形成了国际化的网络，其产品和方案在世界 100 多个国家及地区投入使用，在国内 35 个城市拥有分公司，并且在 15 个国家及地设立了全资或控股子公司。在国内重大项目如 60 年国庆大阅兵、青藏铁路、上海世博会及国际赛事如北京奥运会、亚运会、大运会中，海康威视都在安防领域成为了活动顺利举办及项目高效竣工的强有力后盾。2014年财富中文网公布的"中国 500 强企业"名单中，海康威视占据 408 位。同时，受到行业内外的一致好评，海康威视也位居 2014 年中国十大视频监控设备公司的榜首。海康威视如今已代表了行业内的最高水准。截至目前，海康威视凭借其强大的研发能力及不懈钻研的精神，坚持每一年都推出一代新产品，保持其在业界的领导地位。海康威视现拥有 700 多人的研发团队，凭借其自主研发的核心算法、全面的监控产品系列、完善的供应链管理体系及三级垂直服务体系，形成了覆盖全球的营销网络，成为了世界视频监控领域的佼佼者。

以"专业、厚实、诚信、持续创新"为座右铭的海康威视，将秉承为人民打造安全型社会的理念，立志成为全球安防产业中的佼佼者。

二、生产经营情况

海康威视在安防产业发展迅速，2014 年公司营业收入达到 172.33 亿元，比 2013 年同比增长 60.37%。自 2010 年至 2014 年，海康威视的营业额一直呈现大幅上升趋势，从 2010 年净利润 10.52 亿元增长至 2014 年的 52.06 亿元，2014 年净利润较 2013 年同比增长 53.76%。同时，2014 年海康威视于与乐视网签署了相关合作框架协议。

表 18-1　海康威视 2010—2014 年财年利润情况

财年	营业收入情况		净利润情况	
	营业收入（亿元）	增长率（%）	净利润（亿元）	增长率（%）
2010	36.05	71.57%	10.52	49.07%
2011	52.32	45.13%	14.82	40.87%
2012	72.14	37.89%	21.37	44.28%
2013	107.46	48.96%	30.67	43.51%
2014	172.33	60.37%	52.06	53.76%

资料来源：《海康威视年报》2015 年 3 月。

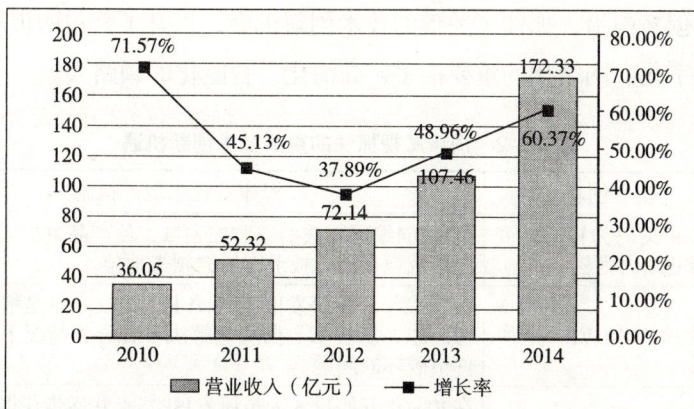

图18-1 海康威视2010—2014财年营业收入增长情况

资料来源：《海康威视年报》2015年3月。

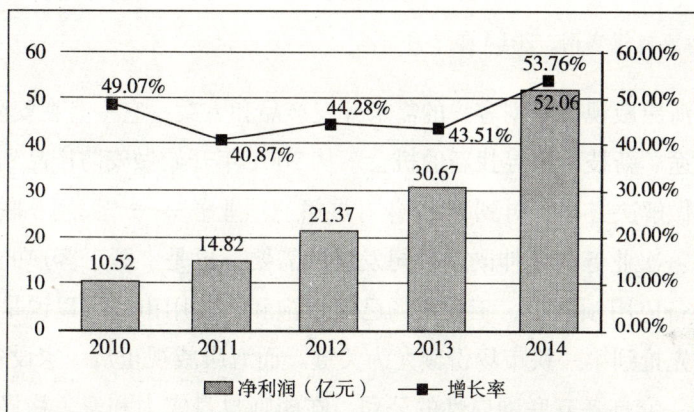

图18-2 海康威视2010—2014财年净利润增长情况

资料来源：《海康威视年报》2015年3月。

第二节　主营业务情况

海康威视在成立之初，由于项目数量和经费有限，被迫从市场中寻找项目。在为银行客户提供技术服务的过程中，他们意识到安防市场正在发生从模拟监控系统到数字监控系统的转型。海康威视便抓住这一契机，进入了安防产业。通过设立专门的市场研究机构，海康威视及时、准确地把握住了安防市场需求的变化趋势和技术创新前沿，抓住了关键的技术创新机会，提升了公司的市场地位，被誉为监控数字化、网络化的重要推手，高清化、智能化的领路人。

表 18-2　海康威视抓住的重要技术创新机遇

序号	技术创新	海康威视采取的措施
1	由SOC编码为核心转变为DSP编码为核心	把H.264编码算法引进监控领域，使产品更加成熟，奠定了海康威视在国内板卡市场的领先地位。
2	研发嵌入式DVR	在2002年开始研发嵌入式DVR，最核心点是解决了硬盘录像问题，从技术上彻底地解决了在异常情况下硬盘索引文件被破坏的问题。
3	研发摄像机的核心技术ISP环节	在2004年开始投入人员研发ISP技术并逐步获得突破。从此海康威视在高清摄像机方面获得了一定的技术优势，技术底蕴更深厚。
4	开发视频综合平台产品	开发了集视频编码、解码、矩阵切换、画面分割、显示控制于一体的系统级产品，解决了大数据量交换的难题，其总线带宽达到了40Gb/s，对于大系统的实施非常方便。

资料来源：海康威视官网，2014年3月。

同时，海康威视也依据客户的需求开发产品和方案。它一直在安防产品的新领域、新用途、新技术中寻找新的机会。从2001年开始做安防产品到2009年开辟独立部门做解决方案，再到2012年开展第三项业务——"民用互联网"业务，海康威视每一次业务的延伸既是公司发展的需要，也是"源于客户的需求"。如当前安防装备应用领域中，工业市场已接近饱和，民用市场可以说是一块蓝海，是否能够最先抢到第一块市场份额尤为关键。而海康威视正从一家设备制造厂商尝试转型成一家具备互联网属性的公司，在明晰自身实力和竞争格局的情形下，选择民用安防产品作为互联网应用的切入点。

海康威视积极布局"萤石"互联网业务品牌，构建统一的互联网视频软件平台，为个人、家庭和小微企业"终端＋云平台"软硬件一体化提供整体解决方案。公司发挥原有综合资源优势，将摄像头、存储、无线传感等各种智能硬件与穿戴式设备产品相结合作为数据采集端，通过"萤石"云平台运营，分析和分享相关内容，并与移动互联网相结合，实现从视频监控延伸至视频应用的跨界融合服务，服务"家庭安全"与"企业安全"。

第三节　企业发展战略

一、技术创新

目前，海康威视的研发团队已超过 2600 人，拥有专利 344 项，登记软件著作权 115 项，强大的技术实力在我国安防装备领域首屈一指，在全球安防企业中也名列前茅。但海康威视的技术研发团队并不是简单地以规模取胜，而在于它的研发效率。一是保持较高的研发投入。近几年来，海康威视研发费用约占销售额的 7%，这种规模是业内及业外企业中少有的，也是推动技术不断领先和超越的物质基础。二是架构了规范的研发流程系统。从底层编解码算法到各分支硬件设备，再到基础平台系统架构，再到行业应用系统解决方案，海康威视对该多维度研发体系进行了细分，每个板块由研发经验丰富的人员带队，从而形成了坚实的核心竞争力。三是建立了垂直扁平化的技术支持队伍。作为当前安防业界覆盖面最广最深的支持体系，海康威视的技术支持队伍可就近及时响应各类合作伙伴及用户的项目保障和建设需求，也支撑了前端的销售工作，还可以为研发部门反馈一线的技术功能需求信息。

二、市场策略

产品的质量是企业的生命。在海康威视看来，安防企业应该将致力于为广大客户提供优质的安防产品和服务，持续为客户创造最大价值这一宗旨放在重中之重的位置，通过高品质过得硬的产品和专业周到的服务来赢得广大客户的认可和信任。因此，海康威视遵行"可靠性优先"的原则，建立了一套严格的质量控制体系，并在实践中不断加以改进和完善。海康威视全面执行 ISO9001:2000 质量管理体系，海康威视所有的产品都要经过严格的科学可靠性测试，保证公司产品的高品质。公司产品通过了 UL、FCC、CE、CCC、C-tick 等认证。公司始终致力于研发绿色安防产品，所有产品均符合 RoHS 和 WEEE 环保指令。这一系列举措的实施都有力地保障了海康威视产品的品质。

海康威视始终坚持"以市场为导向"的原则，在狠抓产品质量的同时，不断强化服务体系建设。通过建立三级垂直服务体系，基本实现了本地化服务。为了更好地服务于全球客户，公司还建立了客户服务的电子化流程，通过在公司notes平台建立从市场到研发、制造、服务和其他职能部门的全电子化流程，任何地区的客户需求、问题、反馈等，都可以在这个平台上流转得到及时处理。

表18-3　海康威视三级垂直服务体系

级别	名称	特点
第一级	杭州全球客户服务中心	拥有雄厚的资源优势，能够面向全球提供全面服务。
第二级	分公司客户服务部	由总部垂直服务，分布全球30多家分公司，与各主要市场平行对接，是海康威视本地化深度服务的关键所在。
第三级	授权客户服务站	遍布海康威视全球分支机构，各重要合作伙伴的授权客户服务站是本地化深入服务的有效补充。

资料来源：海康威视官网，2014年3月。

三、运营管理

在安防行业，能保持持续稳定成长的优秀安防企业都有一个共同的规律，那就是它们能够在不同历史时期根据产业发展规律来推动企业管理体系的建设与变革。海康威视在十余年的历程中，不断创新现代管理体系，无论是内部的组织架构整合与布局，还是外部业务的并购，都显示出海康威视基于产业发展趋势在战略上的准确把握。

一是在内部的组织架构上，实现治理结构的整合与布局。随着规模不断扩大，企业架构必须随之调整和变革。海康威视是国有控股企业，但从公司管理架构来看，从成立之初，股东和经营层有明晰的权责分工、各司其职，经营层全面负责公司的经营管理。特别是2010年公司完成上市，意味着从一个以内部治理约束为主的企业转型为以公众监督为主的公众企业，企业向着更透明、更符合资本市场管理规范的方向转变。

二是外部业务实施有效并购。近几年来，安防与IT技术集成、行业系统应用、业务模式创新、项目建设模式创新等趋势给安防企业带来了挑战与机遇。针对这一趋势，海康威视设立了杭州海康威视系统技术有限公司、杭州海康威视软件有限公司、杭州海康威视安防设备租赁服务有限公司、重庆海康威视系统技术有限公司，从而有效地跟紧了产业在技术与应用创新、业务模式和项目建设模式创新的需求。与此同时，海康威视还从产业资本角度并购了上海高德威智能交通系统有限公司、北京邦诺存储科技有限公司、北京节点迅捷技术发展有限公司及其关联公司等。这一系列并购，实现了海康威视在交通行业市场的快速拓展，加强 IP 监控前后端产品链的整合，以及实现从安防监控到安防报警的横向业务扩张。

四、全球化发展战略

一般说来，安防装备企业发展历程可分为四个阶段（如图 18—3 所示）。目前，我国大企业处于第二、第三发展阶段，而海康威视超前发展，积极拓展海外市场，目标是成为全球安防产业的领跑者。

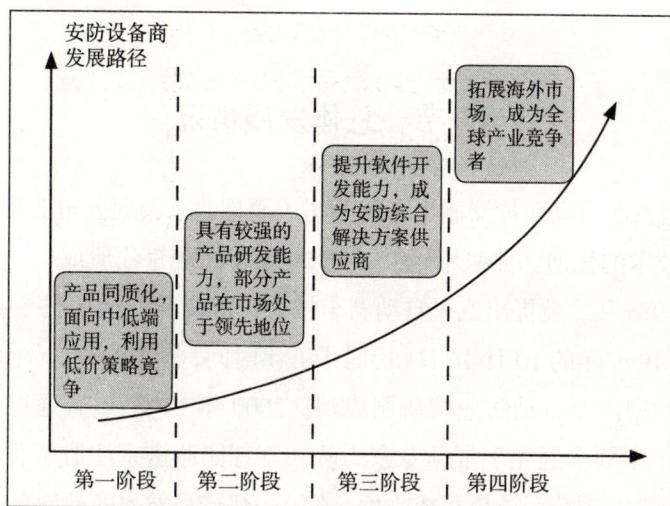

图18-3 安防装备企业发展的四个阶段

资料来源：根据公开资料整理，2014 年 3 月。

在早期国内大部分安防公司包括海康威视都是从事 OEM 加工，贴牌生产，较少营销经营。2007 年，海康威视开始修正海外市场策略，大胆开创自主品牌，逐步建立自己的海外营销体系。目前海康威视在洛杉矶、香港、阿姆斯特丹、孟买、圣彼得堡和迪拜都已设立了全资或控股子公司，拟将在南非、巴西等地设立分支机构。公司一方面继续扩张布局海外市场，另一方面加强组织力量研发高端产品、完善供应链与海外业务的衔接，增强对海外市场的投入力度。

从 2010 年起，海康威视自有品牌的出货比重已经超过 60%。同时，海康威视连年参加台北、伯明翰、拉斯维加斯、俄罗斯、中东等国际安防展，海外影响力不断提升。目前，海康威视在全球监控制造企业中的排名已经达到第 4 位。

第十九章　北京泰远汽车自动防撞器制造有限公司

第一节　总体发展情况

北京泰远汽车自动防撞器制造有限公司（简称北京泰远公司）开创了人类汽车自动刹车技术的先河。北京泰远公司于 2001 年在北京注册成立。董事长刘泰远先生，在 1985 年，就提出汽车自动刹车技术，1987 年开始组织专家小组攻关。从 1985 年至 1999 年的 10 月 16 日，历时十五年时间，将人类第一台由声、光、电、机组成的智能型汽车自动防撞器研制成功。2000 年 12 月 30 日通过省部级新产品鉴定；2011 年刘泰远先生带领专家团队和管理团队进京注册了北京泰远汽车自动防撞器制造有限公司。公司成立后，在第一代产品技术的基础上，不断攻关，不断创新，创造了一代又一代新技术。北京泰远公司在没有花国家一分钱，没有接受国际一分钱赠款的基础上，历经三十年时间，投入三亿元，近两百人的队伍，前赴后继，使公司形成了轿车、客车、危化品车、大货车四大系列产品。引领了全世界汽车安全技术的革命，推动了汽车安全技术由被动的安全带、安全气囊转向自动刹车、自动防撞、主动避免撞车的转变。北京泰远公司为交通安全技术的发展做出应有的贡献。

经过三十年的发展，北京泰远汽车自动防撞器制造有限公司形成了技术研发、产品制造的完善体系。拥有声、光、电、机各领域专家技术人员 100 余人，其中博士生导师、研究员级高级工程师、博士、高级工程师 30 余人；拥有科研基地 6 处，光学科研基地 2 处；拥有年产 200 万只汽车防撞雷达和 400 万只倒车雷达的制造基地；并拥有一支百余人的熟练专业技术员工队伍和管理队伍；拥有十多家专业化配套企业联合生产的完整的产业链条。

第二节　主营业务情况

　　北京泰远公司研制的各车系的产品有：QFZ—01X、QFZ—02X、QFZ—03X、QFZ—03X 1.QFZ—03X 2.QFZ—03X3 型轿车智能防撞系列；QFZ—03K 型大客车智能防撞系列；QFZ—03G 型罐车智能防撞系列；QFZ—03H 型大货车智能防撞系列；QFZJ—AX 军用车辆智能防撞系列；QFZD—02X 型汽车倒智能防撞系列。并且，对特殊车辆（超大型罐车、超大型客车、超大型货车）的自动防撞功能进行量身定制，实现了"精确避撞，瞬间免灾"的高水平技术标准。

　　北京泰远公司生产的泰远牌汽车自动防撞器（汽车自动刹车系统），装备在车上，当汽车行驶前方遇到障碍物，对本车安全构成危险时能够自动报警，自动减速；当驾驶人员因疲劳或其他原因采取措施滞后，撞车事故即将发生时，汽车自动防撞器能够提前自动将车刹死，自动避免撞车事故的发生或最大限度的减少减轻事故带来的灾害程度；高速刹车时不调头、不甩尾、不侧翻，安全平稳；汽车自动防撞器正常工作时不发生误动作，不干涉驾驶人员正常驾驶。

　　泰远汽车自动防撞系统是由多学科结合研制而成，包括光学、电子信息、声学、电子机械、计算机、生理学、心理学等技术领域，高度的实现人车合一。集汽车、人、防撞系统于一体，弥补了人与车的弱点，变被动为主动，变人动为自动，给汽车赋予了灵魂，全程保护驾乘人员安全。

　　汽车自动防撞器由信息采集系统、信息传输系统、信息处理系统、报警显示系统、指令执行系统组成。具有防撞器自检、智能制动、自动报警、对后车发出危险预警信号、自动解除与自动恢复、自动屏蔽、超速警示、自动关闭、黑夜如白昼、精确测距十大功能。

第三节　企业发展战略

一、企业荣誉

　　2000 年 12 月 26 日，"泰远"牌汽车自动防撞器，在武汉汽车质量监督检验试验所进行了技术检验，证明了"泰远"牌汽车自动防撞器达到了设计要求，并在中国研制成功。

2000年12月30日,"泰远"牌汽车自动防撞器通过省部级新产品(新技术)产品鉴定验收。这次鉴定,专家鉴定委员会一致认为:汽车自动防撞器对预防撞车和追尾撞车有重要作用,填补国内国际空白,可以试生产。

2002年5月18日,中国汽车产品认证中心委托中国汽车质量监督检验中心对汽车自动防撞器进行了定型产品检验,其结论为:经检验,"泰远"牌汽车自动防撞器的设计外观及装配质量、探测距离和准确度,自动防撞前方障碍物,预防后车追尾和加速及超车均达到企业标准要求。

2004年7月,中国科技部、商务部、国家技术监督总局、国家环保总局联合颁发证书,批准QFZ型"泰远"牌汽车自动防撞器为国家重点新产品。

2005年,"泰远"牌汽车自动防撞器被列入"国家火炬计划"。

2005—2012年,泰远公司连续被中国中轻产品质量保障中心授予"质量、信誉双保障示范单位"。

2010年由国家汽车质量监督检验中心对安排"泰远"牌汽车自动防撞器的轿车、大客车、油罐车进行检测,其结论是:(一)样品触发制动后,样车的冷态制动性能符合GB7258-2004《机动车运行安全技术条件》的要求、O型制动性能符合GB 12676-1999《汽车制动系统结构、性能和试验方法》的要求;(二)样品能在障碍物前触发制动,使样车以大于0.5m的距离在障碍物前停止,其预防碰撞障碍物功能正常。并且,安装了"泰远"牌汽车自动防撞器之后,奥迪轿车在时速80km/h时,制动距离比国家标准缩短了20.9m;大客车在时速60km/h时,制动距离比国家标准缩短了16.1m;油罐车在满载时速60km/h时,制动距离比国家标准缩短了14.9m,提高了汽车的本质安全。

2011年QFZ型"泰远"牌汽车自动防撞器通过了中国人民解放军权威部门认证。

2012年12月13日,泰远公司又被授予"高新技术企业"称号。

2014年通过了国际ISO/TS16949:2009质量体系认证。

"泰远"牌汽车自动防撞器,拥有八项国家专利(其中发明专利三项),属于完全独立的知识产权。

二、科研创新

中国是一个人口大国，也是一个汽车大国。同时，也是一个交通事故频发的大国。近六年交通事故数据显示，中国每年因道路交通撞车、追尾撞车导致死亡的人数约在 10 万人左右，伤残人数在 70 万人左右。给人民的生命财产带来巨大的灾难，给社会公共安全带来了巨大的危害。尤其是危化品车辆、大型客车、校车、大货车发生的重大交通事故，后果更为严重。北京泰远公司在第一代汽车自动防撞器产品研制成功，并顺利通过省部级产品鉴定之后，没有把目光盯在赚钱上，而是沉静下来，认真思考如何进行技术再提高，如何把电子产品的缺陷解决的更彻底，保障人在汽车交通安全技术领域的真正需要。北京泰远公司组成了百名专家团队，进行产品核心技术攻关，使产品换代升级。使产品在遇到车辆碰撞时把时间、速度、距离控制在更精确范围。公司的产品在满足轿车自动避免撞车，实现了对人车安全保护之后，重点攻克解决了危化品车、大客车、大货车、校车的安全问题。以避免群死群伤事故的发生和危化品车辆因碰撞翻车、爆炸及大货车因撞车给自身及他方造成特别重大伤害为目标，进行十年刻苦攻关，取得了重大成果。

数千个日日夜夜的不懈努力，北京泰远公司打造了国际一流的先进技术与产品。这些技术产品若大面积装备在中国的汽车上，足可以开启中国汽车安全交通的新纪元。北京泰远公司已确定用三到五年时间，使中国的危化品车、大客车、大货车、校车，足量化的装备汽车自动防撞器，遏制群死群伤事故的发生，使交通安全现状得到明显性的好转。并能够使产品走出国门，造福世界各国人民。

第二十章　中防通用电信技术有限公司

第一节　总体发展情况

中防通用电信技术有限公司（简称中防电信），是国内专业从事安防、消防、安全生产等领域的远程智能监控系统的运营服务、研发制造的高新技术企业。公司正在形成"大安全"产业布局，是国内唯一一家集系统平台开发、硬件研发、硬件制造、运营服务一体化的"大安全"综合服务企业。

中防电信是"中国安全产业协会"常务理事单位。中防电信依托"中国安全产业协会"与"中安安产控股集团"的战略合作关系，全面推进物联网技术在大安全产业中的应用。

中防电信以"总体国家安全观"为企业战略方向，以国务院办公厅《关于加快应急产业发展的意见》为企业中短期工作重点，正在全面推进安全产业在社会中的研究与应用。

中防电信强大的研发团队以物联网技术为企业技术创新之本，所研发的产品通过多项国家专利认证及公安部消防局3C认证。同时联合产学研，与清华大学、北京邮电大学等机构建立了良好的战略合作关系，着眼于行业尖端技术与标准，与时俱进开发新技术和新产品。

中防电信已经建立北京"安全物联网监控管理平台"研发中心、河北张家口"硬件研发、试验、展示、制造"基地、武汉市"硬件（智能通信终端、智能摄像机）"研发中心、西安市"光学（紫外、红外、激光）应用"研发中心。

第二节　主营业务情况

中防通用电信技术有限公司，在新时代物联网云浪潮的推动下，凭借高度的集成能力和兼容理念，灵活运用各种物联网和云计算技术，整合各种类型传感设备和应用系统。

软件平台服务遵从严谨成熟的四层平台设计体系，集成统一指挥、统一建设、统一设计、统一管理和统一服务的优秀特质。拥有安全防范服务子系统、消防安全子系统、安全生产安全运输子系统、智能配电监控子系统、电气火灾预警子系统、综合管理分析子系统等十几个子系统，系统平台涵盖安防、消防、民爆、危化品监管、矿产、电力、石油化工等众多行业领域，为各行业提供全方位的整体解决方案和运营报警服务。

目前，业务方向包括周界防范、出入口管理、离岗检测、人数统计、会议信息管理、巡更管理、重点区域入侵检测、火灾安全监测、智能配电九个方面。

平台系统具有很好的扩展性，随着业务的不断拓展，平台业务也将纳入新的开拓方向，构建安全、高效、统一的综合物联网管理平台。

一、中国安全产业物联网监控平台

（一）平台简介

中国安全产业物联网监控平台建成后功能将覆盖平安城市、智慧城市、智慧交通、国家公共安全、森林防火、智能社区、智能楼宇、安全生产、远程医疗等领域，为个人家庭、商业店铺、行政企事业单位、大型国有企业等提供全方位远程监管服务。

中国安全产业物联网监控平台同时采用短波、微波、互联网、卫星通讯四种通信技术手段，实现全国多网络覆盖，达到四网互通、互联、互助，确保任意时间、任意地点、任意手段均能实时畅通。短波网——用于应急或战时的语音、传真、数据传输。微波网——用于局部小范围内无任何网络的情况下进行视频、图片等大数据传播和网络组网。互联网——用于视频、图片、语音、传感器等数据的实时传输通讯。卫星通讯——用于 GPS 定位、水平高度测量以及少量数据传输。同时，系统支持 WiFi、电力载波、3G、GPRS 等通信技术，可在小范围内进行数据传播和通信组网。

（二）总体研发规划

平台内容主要包含以下几个方面：

平台应用基础设施——采用先进技术实现对网络互联互通整合，实现信息的整合与共享；利用各种感知手段和采集技术实现各区域实时感知、监测的全覆盖。

平台云计算系统——对信息中心数据处理设备进行增配和扩容，引入云计算技术，构建集云基础设施、云数据中心、云服务平台为一体的应用支撑云平台，进一步提高信息中心运算处理能力、存储能力、管理能力和资源使用率，实现数据的深度整合和智能分析。

建设智能化安全综合管理信息云平台应用服务平台——打造集安防、消防、智能配电监控、日常工作等为一体的综合管理应用服务，应用服务平台包括周界防护系统、智能视频防护、电子巡更、出入口控制、入侵报警、智能配电监控等系统、值班管理系统等其他应用系统，全面提高信息共享力度，工作效率。

建设智能化安全综合管理信息云平台支撑保障体系——基础网络保障体系、新兴技术保障体系、标准规范支撑体系等。

建设智能化安全综合管理信息云平台信息安全保障体系——平台安全保障体系、服务安全保障体系、终端安全保障体系、管理安全保障体系。

二、硬件产品

中防通用的硬件产品秉持低功耗、高性能、高可靠性和安全性的设计理念，摄像机有效像素支持300万或500万，支持电子防抖，适合各种行业需求。高清球型网络摄像机可达到四路码流同时输出，图像在任何速度下无抖动，支持背光补偿、硬件一体恢复，为全工业级设计。

表20-1　中防通用硬件设备功能

名称	功能
智能终端设备（N2800）	运行前置软件系统、中小企业通信系统、智能视频监控算法，并完成对传感器、摄像机的数据采集和控制等功能。
摄像机（NXP IPC）	高清网络数字摄像机，用于对监控区域的视频采集和图像采集。
I/O扩展模块	用于远程接入温湿度、烟雾浓度、有毒有害气体、红外、震动、漏水漏雨等传感器设备。
撤防布防智能终端	为用户提供撤防或布防操作终端，同时用户亦可通过智能终端实现远程和楼宇间语音对讲。

资料来源：中防通用网站。

三、软件系统

（一）系统结构

中国安全产业物联网监控平台系统按照最先进的分布式云模式搭建，能承载千万级甚至更高的数据量，能适用于各种用户环境，满足不同的用户需求。强大的系统数据及通信保障分析功能，能实时监测用户停电事故的发生，并迅速以短信或电话的方式告知用户。系统整体上分中控系统和前置系统两大部分，中控系统包括：数据存储系统、通信系统、业务逻辑系统以及人机交互系统四大子系统；前置系统包括：主通信系统、辅助系统、文件系统、存储系统以及外围设备通信系统。

（二）系统功能

前置系统：对各种传感器、摄像机、外界设备、第三方系统的数据采集、计算、存储和数据上传；采用心跳机制实时监测各个设备的工作状态；响应中控系统下发的控制指令，如：摄像机转动、各种数据上传、系统更新、系统修复、设备重启等；实时进行告警判断，上传告警数据。

中控系统：实时接收前置端系统上传的各种数据；实时处理大数据的并发；实现千万级甚至更高的数据存储；对前置系统、外接设备进行远程控制；获取任意监控点的实时监控视频画面；根据用户需求建立不同大小的云端服务平台；实现分行业管理、分业务管理、分功能管理、分需求管理，根据实际项目需求对其进行配置和划分，将其划分成不同子系统，如：可将所有环保监测数据进行划分，构建成环保监测系统，和环保部门做数据对接；可将所有消防监测数据进行划分，构建成消防监测系统，和消防局做数据对接。

四、外接传感设备

外接传感设备集群是平台感知层建设的重要基础。根据实际系统需求新增的智能感知设备组成的智能感知网络，实现整个平台运行动态实时监测和信息采集，做到"无盲区、无死角"的全方位监控。

根据平台的实际功能需求及系统建设条件，感知层的设备应用主要集中在以下方面：

通过引入RFID技术，实现对重要人员、物资（如车辆、外来车辆、临时人员、工作人员等）的信息化和智能化实时管理；

通过二代身份证闸机、身份核录仪、生物特征识别技术等，实现内部及外部的出入口控制、行为管理等功能，大大加强安全防范；

传感器设备（如烟感、温感、摄像头、报警主机等等）实时反映被监测物体的参数，高灵敏度特性利于及早发现安全隐患，及时排除，将损失降到最低，保障人员及设施的安全；

引入物联网传感技术，通过电子围栏、电子腕带、语音围栏、红外探测等技术，实现对周界、重要场所等的非法入侵警报的智能防范；

视频监控摄像头覆盖整个区域范围，通过对其增加传感和智能分析功能，形成安全的神经末梢，实时提供周边及内部的动态监测；

通过引入传感器技术，在供水系统、管道等各系统中嵌入传感器，传输各种感知和报警信息，打造集监控、图像分析、智能处理、主动报警等多功能于一体的物联网预警监控体系；

通过引入或使用现有的消防报警联动主机，实现对各类消防传感器的信号采集，并及时触发报警，将火灾扑灭在萌芽期；

通过使用电气火灾监测仪表，及时发现并排除电气火灾隐患，保障发射中心电气设备及人员的安全；

通过使用智能配电监控仪表，实现实时电能质量参数采集及分析，保证电气设备的用电安全，防止带来不必要的损失。

第三节　企业发展战略

一、引用先进技术

（一）云计算技术

云计算是基于网络的相关服务的增加、使用和分流模式，通过网络来提供动态易扩展且虚拟化的资源。云计算甚至能达到每秒 10 万亿次的运算能力，强大精确的计算能力可以模拟核爆炸、预测气候变化和市场发展趋势，用户也可以通过电脑、笔记本、手机等方式接入数据中心，按自己的需求进行运算。

（二）现代通信技术

通信工程专业主要是研究信号的产生，信息的传输、交换和处理，以及计算机通信、数字通信、卫星通信、光纤通信、蜂窝通信、个人通信、平流层通信、多媒体技术、信息高速公路、数字程控交换等方面的理论和工程应用问题。现代通信技术起始于十九世纪，随着现代技术水平的不断提高而得到迅速发展。

（三）传感器技术

传感器技术是智能防范管理系统感知层核心技术，是感知事件的主要手段。各种传感器的引入，将使平台安防、消防管理变得更加智能，是平台应用智能化、信息化建设的重要举措。

（四）RFID 技术

RFID 技术作为物联网感知层核心技术，通过射频信号实现无接触信息传递并通过所传递的信息达到识别目的，在实现智能主动式监控、重点人员、车辆定位管理上有独特的优势。

（五）智能视频监控技术

智能视频监控技术是计算机视觉和模式识别技术在视频监控的应用。它主要是对视频图像中的目标进行自动检测、跟踪和分析，从而使计算机自动过滤掉用户不关心的信息，通过诸如火焰检测、通道占用检测、离岗检测、开关门状态检测、疲劳度检测、入侵检测、震动检测、物体遗留检测、打架斗殴检测、骚动、奔跑检测、可疑人员徘徊检测、范围聚众检测、车牌检测、目标跟踪检测、车辆逆行检测、物体分类检测、亮度检测、颜色检测等丰富的智能解析技术分析理解视频画面中的内容，提供对监控和预警有用的关键信息。

（六）周界防范技术集群

在科技还没有足够发达之前，大多数场所为了防止非法入侵和各种破坏活动，都只是在外墙周围设置屏障（如铁栅栏、篱笆网、围墙等）或阻挡物，安排人员加强巡逻。目前，犯罪分子利用先进的科学技术，犯罪手段更加复杂化、智能化。传统意义上的防范手段已难以适应要害部门、重点单位安全保卫工作的需要。因此，随着科学技术的发展推动，各种周界探测技术不断出现，各种入侵探测报警系统融入到安防领域，成为安防领域的重要组成部分——"周界防范"。周界防范即在防护区域的边界利用周界防范技术集群如微波墙技术、红外对射技术、电子脉冲技术、张力网设计、震动电缆技术、电子巡更技术等形成一道可见或不可见的"防护墙"，若当有人通过或欲通过时，相应的探测器立刻会发出报警信号送达安保值班室或控制中心的报警控制主机，同时发出声光报警、显示报警位置的范围。

二、采用合理生产模式

公司根据信息电子产品的生产特点以及市场响应速度要求，合理进行资源配置和利用，在"基线产品＋定制产品"的基础上形成了"自主生产＋外协加工"的生产模式。视频监控产品生产的核心环节包括两部分，一是以公司自行研发的以编解码技术、视频采集技术等各类技术为基础的价值实现过程，包括产品的系统（整机）设计、产品的机械结构设计、电子电路的设计开发、嵌入式软件的设计开发以及生产工艺的设计；二是产品的高技术含量工序，即软件嵌入、PCBA件检测、部件电装、联机调试、成品调试检验等环节。

三、针对全国范围进行市场推广

针对中国安全产业物联网监控平台建设的需要，建设以县级区划为基本单位，大区域为核心，覆盖全国的办事处。初步设计以北京为中心，下设五大区域：东北大区、华北大区、西北大区、华东大区和华南大区；大区域下辖县级地区办事处，由大区域总监负责管理。

县级办事处的主要职能是提供产品的售后服务、开拓当地市场以及维护与重点客户的关系。

大区主要负责所辖办事处的管理，以及制定所在区域的发展规划并上报北京总部，在获得批准之后，负责贯彻落实。

第二十一章　北京奥朗德应急环保装备科技有限公司

第一节　总体发展情况

北京奥朗德应急环保装备科技有限公司（以下简称：奥朗德）成立于 2009 年，注册资本为人民币 3880 万元。总部位于北京中关村高新科技园区内。是一家从事应急以及环保装备研发、制造、销售、租赁、服务于一体的高科技企业。

2011 年 5 月奥朗德在重庆成立了分公司，2014 年在分公司的基础上成立了重庆奥朗德应急环保装备科技有限公司。2015 年 2 月经北京市政府批准，由北京奥朗德应急环保装备科技有限公司及其若干子公司组建了北京奥朗德应急环保装备科技集团成立。

迄今为止公司已在北京建立了由 13 家高等院校、科研机构及相关企业共同参与的"多功能移动式固废处理系统科研生产联合体"。

第二节　主营业务情况

如何在极端的情况下零距离地对可能造成疫情或污染环境的物质高效快速全面的进行就地处理？如何满足适合我国国情的多元化固废处理方式？如何对长期以来甚至现在仍在继续形成的占地极大、污染严重、隐患无穷的不计其数的垃圾填埋场进行有效的处理？面对以上国际上积存已久的难题，特别是在 2008 年四川汶川发生地震后，奥朗德主要负责人奉命急赴灾区执行任务，极强烈震撼式地体会到并发现了灾难或事故发生后的情势对应急环保装备的急迫需求。回到北京后，奥朗德有效启用长期人力资源和科技资源的积累，契合时机迅速组建公司并组织了研发团队，成功地研发出"多功能移动式固废处理系统"系列产品。

奥朗德的产品"发端于应急，着力于平时，兼及于遗存"。在完成应急所需方面具有极强的前瞻性、典型性和实用性；在克服应急类装备普遍存在的闲置率过高及使用率过低等方面作出了极富成效的探索；在多功能和通用性方面实现了较为科学的配比。在处理固废方面，应急时凸显其无可替代的强大作用，平时作为固废处理的方式之一，同样有其他方式难以企及的独特功能。

"系统"同传统的固定式固废处理方式（如固定的垃圾焚烧厂及垃圾填埋场）相比，犹如通讯领域的手机与座机相比一样，虽然并存并互为补充，但其诸多不可比拟的特性，在固废处理方面具有了强烈的革命性意义。可在应急中或平时的全状态下，实现城乡水陆多种固废处理的主动全覆盖。同传统的固定式固废处理方式相比，该系统具有投资少、处理成本低、组合性、机动性强等优势。

表 21-1　奥朗德主要产品表

型　号	尺　寸（M）	处理对象	处理能力（连续）	备　注
AR-300（高温焚烧）	12×2.5×2.9 标准40英尺集装箱	遇难者遗体、大中型动物尸体、危险废物、医疗垃圾、生活垃圾	≥7.2吨/日，可满足0.8万人/日产生的生活垃圾	基础型，应急、平时兼用，目前为我司最为成熟的产品
AR-500（高温焚烧）	12×2.5×2.9 标准40英尺集装箱	遇难者遗体、大中型动物尸体、危险废物、医疗垃圾、生活垃圾	≥12吨/日，可满足1万人/日产生的生活垃圾	300升级版，用于应急制式装备
AR-1000（高温焚烧）	7.5×2.5×2.9 6×2.5×2.9两车	遇难者遗体、大中型动物尸体、危险废物、医疗垃圾、生活垃圾	生活垃圾1000Kg/h医疗垃圾300Kg/h可满足2万人/日产生的生活垃圾	应急、平时兼用，着重于平时，已投入生产制造
AR-10000（高温焚烧）	（12×2.5×2.9）×10	垃圾填埋场	≥300吨/日	研发完成，正在评审中
AR-001（高温裂解）	6×2.5×2.9 标准20英尺集装箱	农村及旅游景区生活垃圾	5吨/日，处理5000人每天生活垃圾，处理5000张病床每天医疗废物	制造完成，正在升级中

（续表）

型　号	尺　寸（M）	处理对象	处理能力（连续）	备　注
多功能固废处理船		江、河、湖、海、舰队、岛屿等垃圾的不靠岸迅即处理	≥60吨/日	设计完成，已同中船重工签署合作协议，适时投产
综合辅助与保障系统	6×2.5×2.9	综合辅助与保障系统		能源供应、消毒、DNA提取、粉碎、筛选、消防、法定摄像照相等系统
核废料处理及物质重生系统				保密

资料来源：奥朗德官网，2015年3月。

一、系统基本功能介绍

从我国生态与环境安全的本质需求出发，奥朗德运用多年研制成功的多功能移动式固废处理系统，在应急与平时的全状态下，全面实现城乡水陆多种固废处理的无死角与主动全覆盖，从而彻底解决我国目前因固废处理方式及设施建设而引发的日益尖锐突出的各种冲突与矛盾。

奥朗德所研发的系统可以在应急时，以各种方式手段运输，就地、定点或在行进途中快速高效零距离地对污染物或污染源进行无害化处理，以达到控制疫情发生蔓延、消除滋生病菌隐患及排除险情的目的；在平时，车载舰载、主动移动、免清运，定时定点上门对城市居民集居处、特别是对农村乡镇产生的生活垃圾就地进行处理；以同样的方式对医疗垃圾等类型的危险废物就地进行处理；对江河湖海水面垃圾实施不靠岸就地处理；对大型集会、体育活动、文艺活动后产生的垃圾以及需及时销毁的物品实施就地处理。以零距离就地处理的方式解决陈旧垃圾，对长期以来日积月累，甚至现在仍在继续形成的占地极大、污染严重、隐患无穷的不计其数的垃圾进行处理，使已废弃的土地再生或填埋场循环使用；同时可用于旧城改造、灾后重建、土地污染等大批量固废的处理。

2010年底，奥朗德携装备应邀参加了在深圳举办的第十二届高交会，引起强烈的轰动及广泛的关注。2013年4月22日—6月9日的40余天里，奥朗德组建抗震救灾突击队参与了四川雅安芦山大地震的抗震救灾工作，是参加救援的队伍中唯一的固废处理队伍。公司首次运用多功能移动式固废处理系统，转场于芦山县城乡，主动移动地对灾区的医疗垃圾、动物尸体、生活垃圾等可能造成疫情发生蔓延及污染环境的固废实施了排放完全达标的就地零距离的无害化处理，创造了"使灾区疫情零发生、零蔓延、环境零污染"的奇迹，使得有史以来人类对于"大灾之后防大疫"的惊恐开始成为过去。芦山县委县政府及全县人民对公司在抗震救灾中的突出表现给予高度认可与赞扬。充分肯定了多功能移动式固废处理系统在抗震救灾全过程中对固废处理无可替代的强大作用。认定该系统将是日后该县生活垃圾及其他固废处理设施的不二选择。

2013年至今，奥朗德对多个省份及直辖市的固废处理情况进行了多轮调研，通过大量详实的数据，形成能够因地制宜、适用的多套《装备原则、装备规划及运行方案》，并与各地政府达成广泛共识。2013年12月，公司和中船重工签署合作文本，为了实现三峡库区垃圾处理无死角与实现三峡库区的垃圾处理主动全覆盖，继而将水陆垃圾不交叉处理原则即"水上垃圾不上岸、岸上垃圾不下水"的水面固废垃圾处理原则推广到全国水域提供强有力地装备支撑，双方将联合打造"固废处理船"。

2014年针对即将出台的《全国农村生态环境保护行动计划》，公司倡导"鼓励农村生态环境治理与保护方式的多元化，倡导农村生态环境整治与保护方式的创新。在目前固定环保设施的基础上大力发挥移动式环保设施在农村生态环境治理与保护全领域中的重要作用。努力做到农村生态环境治理与保护无死角，实现农村生态环境整治与保护的主动全覆盖"。并为此专门设计并经过多次优化完成了适合农村固废处理的移动式与可移动式固废处理系统农村专用型（农村一号）的设计工作，产品样机的试制工作已完毕。2014年应邓小平故里管理局专订，为邓小平同志诞辰110周年特制了命名为"感恩号"的轻型热裂解装备，用于了小平故居所产生的垃圾的处理。2014年8月5日—8月27日的20余天里，公司与重庆望江公司再次共同组建抗震救灾突击队参与了云南鲁甸大地震的抗震救灾，更进一步验证了装备在参与四川芦山地震救灾后总结改进的卓越成果。

二、系统特点及优势

多功能移动式固废处理系统以排放达标、移动可靠、快速高效、节省能耗、环境友好为研发原则及理念，已形成了不同处理方式、不同处理能力、不同能源需求、不同运载方式的系列化产品。截至2014年底，奥朗德已完成高温焚烧、高温裂解气化、低温裂解碳化、裂解气碳组合、焚烧裂解组合、等离子等多种处理方式多个系列多个型号产品的研制，并且完成了装备的车载（轮式及履带式）、舰（艇）载、专业固废处理船、机载、水陆两栖等多种移动方式的研发与试验和保障装备正常工作的多功能实施与保障系统的研发与制造。

该系统采用模块化的集装箱外形设计，不同型号装备外形尺寸等同于标准集装箱的外形尺寸，根据处理量的不同对装备进行模块化的组合。使日处理量从 3 吨到上百吨不等，依型号不同可分别满足数千人、数万人、数十万人每天所产生的生活垃圾处理需求。装备可分别满足对生活垃圾、医疗垃圾、危险废物、工业废物、动物尸体、染疫动物活体、遇难者遗体（极为人性化）的处理要求。可根据需求及对于处理成本的接受能力分别选择油、电、煤、燃气、农林废弃物及太阳能作为能源。经国际权威的 SGS 机构检测，系统环保排放的检测结果达到国标要求，部分指标优于欧盟标准。

经过奥朗德不懈的钻研与创新，多功能移动式固废处理系统现已具备在恶劣路况、恶劣环境及恶劣天气下行进、启动、运行、转移的能力。可在应急与平时的全状态下，实现城乡水陆固废处理的无死角与主动全覆盖。

三、系统目标市场

由于系统具备在平时与战时、常态与非常态的状态下以机动的方式抵达目的地，以定点或在行进途中的方式对遇难者遗体、动物尸体、危险废弃物、医疗废弃物、生活垃圾进行无害化处理的特点，决定了其应用范围广泛、市场需求巨大。

装备的基本应用范围包括自然灾害、战争等非常态所产生之固体废弃物的及时就地处理；各类疫情发生地污染源及污染物的及时就地处理；大型集会、体育活动、文艺活动、军事演习后产生的固废的及时就地处理；有害物品泄露或局部污染的及时就地处理；城市或农村生活垃圾、医疗垃圾、危险废弃物及工业废物的及时就地处理；走私物品、有害物品、需及时销毁的涉密文件或物品的及时就地处理；各级政府、部队、武警所属各级专业应急救援队伍以及相关专业环境应急及环境服务单位列装；对垃圾填埋场的固废、已弃工厂矿山的留存的固废、灾后重建、旧城改造等多种情况下产生的固废，进行及时就地的处理。

表21-2　奥朗德目标市场需求量表

目标市场分类	需求量（单位：万套）	备注
应急市场	2	
平时市场	20	（一）预计到2025年的市场需求量。
专业市场	3（含专业船3000艘）	（二）单位套为车或船。
国际市场	15	
总　计	40	

资料来源：奥朗德官网，2015年3月。

装备的目标市场可分为应急之需、平时之需、专业之需和国际之需。预计奥朗德多功能移动式固废处理系统在应急市场全国总需求在20000套以上，包含34个省（市、自治区）、省会城市30个、地级市333个、县级市及县2862个，中央部委、部队、武警、应急专业队伍列装。在平时市场总需求在200000套以上，农村每乡镇或人口超过8000人以上的村配装一套，城市居民平均每15000人配装一套，医院平均每10000门诊量或3000床位配装一套，在大型集会、文化、体育场所以及重点旅游景区各配装一套，减除现已建成、在建、规划的垃圾处理设施的处理能力。专业市场总需求在30000套以上，包含制药、石化、化工、等特种行业、专业环境服务单位、专业处置已封场的垃圾填埋场垃圾固废的单位、水上垃圾处理等单位。在专门针对出口并满足国际市场的需求保守估计为150000套。以平均每套500万元计，市场潜质为2万亿元。

第三节　企业发展战略

一、市场研发计划

奥朗德计划在未来五年的发展中，在现有技术的基础上继续开发出具有自主知识产权的一系列核心产品，始终保持以最前沿的技术进行全国市场以及海外市场的开拓，将致力于把潜力巨大的市场以及优质资本资源相结合，打造世界一流的环保装备制造供应、专业环境服务与装备租赁结合的全面推进的极具发展能力也极具抗风险能力的优质企业。

（一）项目建设及生产

2015年奥朗德计划生产以委托加工为主，开始建立完整的研发、生产、销售、培训、售后、融资、人力资源等管理及执行体系；建立完善的自有知识产权、工业产权体系。2016 年生产以委托加工为主，开始建造多功能固废处理船，开始进行第一生产基地的规划、论证、报批、开工。2017 年实现生产以委托加工方式逐渐向自有生产基地转移，关键零部件逐渐以自我生产为主，第一生产基地建成投产，着手规划第二生产基地。2018 年以自有基地生产为主，更新换代产品投入小批量生产及销售，第二生产基地开工，着手规划第三生产基地。2019 年以自有基地生产为主，更新换代产品增大生产及销售比例。第二生产基地建成，第三生产基地开工。

（二）产品市场及资本市场

表 21-3　奥朗德重庆生产版块销售计划表

年度	预计销售量（台）	预计销售额（亿）
2015	10	0.6
2016	50	3
2017	500	30
2018	1000	60
2019	3000	180

资料来源：奥朗德官网，2015 年 3 月。

奥朗德计划于 2015 年完成国务院及有关部门领导及专业人士对产品的认定，完成产品鉴定，扩大产品宣传；启动对国内市场，以黔、川、渝、晋、皖为主，积极争取国务院应急部门、有关部委、部队、武警的认可及可能的采购。2016 年巩固发展黔、川、渝、晋、皖市场，开辟京、沪、津、华东、华南重点省份市场，开拓海外市场，开展装备租赁及环境服务，开始进军资本市场的谋划及筹备。2017 年开始全面进军国内市场，包括部队及武警；使外销比例增加到年产量的 20%；开始实施填埋场垃圾无害化处理及土地再生工程，以此获取原填埋场土地的或所有、或使用、或开发的权利；实质性的进入公司上市以及进入资本市场的筹备工作。2018 年巩固和发展国内市场；使外销比例增加到年产量的 40%；扩大实施填埋场垃圾无害化处理及土地再生工程，获取更多原填埋场土地的或所有、或使用、或开发的权利；初步完成上市以及进入资本市场的筹备工作。2019 年进一步巩固和发展国内市场，扩大占据整个国内市场的份额；外销比例维持在年产量的 30%；进一步扩大实施填埋场垃圾无害化处理及土地再生工程，以获取更多原填埋场土地的或所有、或使用、或开发的权利；启动农业用地污染处理设施的小批量生产，完成核废料处理系统的研发；公司正式进入上市或待上市状态。

（三）深度研发

奥朗德今后将会在已有技术的基础上陆续研发并生产更小处理量的小型多功能产品，使其可以应用于一个社区、一个村庄、一栋大厦、一栋别墅、一个诊所、一个办公室、一个实验室的废弃物就地处理；亦可根据实际需要在此技术基础上研发生产处理量更大型的多功能、移动式、可拆卸、可组装的装备，用于特大自然灾害、特大突发事件、大型垃圾填埋场、战后或大型军事演习之后所产生的固废的处理，乃至市场极为广大的农业用地污染的整治。还将拓宽对应急与平时相结合的核废料处理、电子垃圾处理等领域的所需装备的研发与制造。

（四）建设基地与社会化合作相结合

奥朗德将在全国乃至国外建立若干个区域性的生产与服务基地，这些基地将具备小批量全型号生产、关键零部件生产、全线产品总装及检验、培训、售后服务、环境服务方面的功能。同时在现有基础上，开展更为广泛的社会化合作。

（五）营销模式

装备的销售将采取装备销售、装备融资租赁、环境服务三种模式进行。奥朗德将组建拥有数量达 1500 套以上全型号装备的专业性融资租赁公司，以装备租赁的方式解决当地政府财政资金不足的问题提供装备使用服务。同时组建拥有数量达 1500 套以上全型号装备的专业性环境服务公司，将采用从垃圾收集到垃圾清运直至最后的垃圾处理形成一个闭环的固废处理链条。公司还将组建专门处理

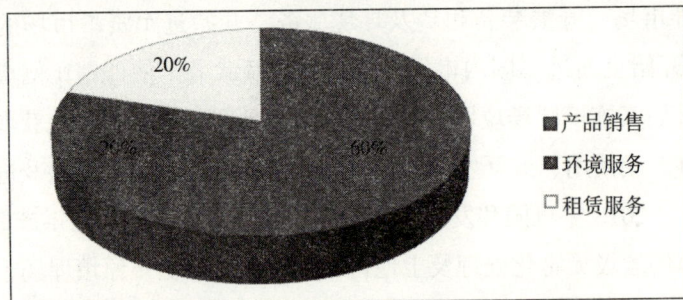

图21-1　奥朗德2015—2017年公司市场业务版块图

资料来源：奥朗德官网，2015 年 3 月。

水面垃圾的环境服务公司，专业承接日常江河湖海水面垃圾的清飘和处置及水面上发生的突发事件中产生的水面污染物的处置。

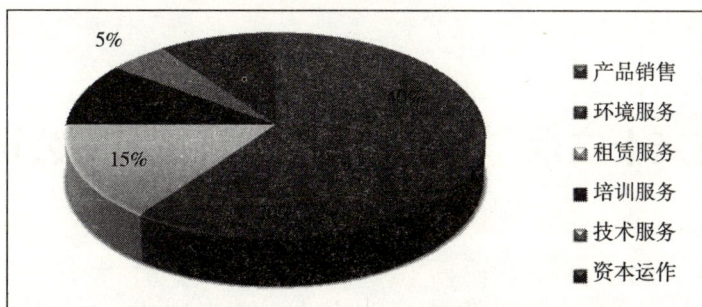

图21-2　奥朗德2017—2020年公司市场业务版块图

资料来源：奥朗德官网，2015年3月。

二、公司荣誉

截至目前，奥朗德已获得及获受理国家专利计26项（其中发明专利20项）。已列入了工信部、科技部、环保部联合发布的《国家鼓励发展的重大环保技术装备目录（2011年版）》；列入了工信部、财政部联合发布的《环保装备"十二五"发展规划》；列入了国家发改委发布的《产业结构调整指导目录（2011）》中鼓励类项目和2013年国家发改委发布的《战略性新兴产业重点产品和服务指导目录》中重点产品类。并被收录进2014年国家发改委、工信部、科技部、财政部、环保部五部委联合下发的《重大环保装备与产品产业化工程实施方案》中。同时奥朗德入选工信部编著的《国家重大技术装备三十年》一书，并被收录进工信部、科技部、环保部《国家鼓励发展的重大环保技术装备目录（2014年版）》。

第二十二章　上海华篷防爆科技有限公司

第一节　总体发展情况

一、发展历程与现状

上海华篷防爆科技有限公司（简称：上海华篷）是专门从事阻隔防爆技术和产品的研发、设计、生产、销售和施工为一体的安全科技公司。自公司创立以来，依托自主创新、以知识产权起家，在阻隔防爆技术和安全防爆产品中，一直处于引领行业发展的地位。截至 2013 年 5 月，在突出显示企业实力的知识产权创造力方面，上海华篷取得了 3 个百的突破：即申请专利 180 件，其中 141 件获得授权；国际专利申请指定国达到 102 个，其中 78 个国家已获得专利权；申请商标注册的国家和地区已有 111 个。在国内，已有 29 件商标注册。

公司发展的每一重要阶段，无不倾注着国家相关部门、地方各级政府以及社会各界的支持、关心与帮助。从 2001 年 9 月 28 日，原国家安全生产监督管理局（以下简称原国家安监局）在汕头组织召开 HAN 阻隔防爆技术现场演示会议上通过专家对该项技术的鉴定，到国家安全监管总局、建设部、交通部、国家质检总局四部委联合下发《关于推广应用 HAN 阻隔防爆技术的通知》推广应用 HAN 阻隔防爆技术，再到 AQ3001-200 5. AQ3002-2005 两项安全生产标准的起草、制定、鉴定、推广及应用现场会、鉴定会、专家论证会，特别是国务院和国家相关部门领导多次亲临展示会现场观看和指导我们的工作。

为了回报社会，公司在四川汶川和青海玉树地震灾区捐赠了三台撬装加油装置。因地震灾区抢险救灾的需要，中石油、中石化紧急采购了公司十余台 HAN 阻隔防爆撬装式加油装置投入到灾区运营，有力保障了汶川、玉树、云南昭通地震灾区施工基建、抢险救灾及灾后重建所需要的成品油供应，受到了灾区领导和用户的一致好评。在国家重大政治活动中，特别是建国60周年大庆、北京奥运会、济南全运会、广州亚运会、上海世博会等活动中，公司提供的 HAN 阻隔防爆加油装置，有效保证了活动的安全、有效进行。

二、生产经营情况

自 2010 年至 2014 年，上海华篷的营业收入呈现稳步增长态势。2014 年公司营业收入达到 6.07 亿元，比 2013 年同比增长 18%。公司净利润连续四年上升，从 2010 年净利润 10404 万元增长至 2014 年的 16785 万元。

表 22-1　上海华篷 2010—2014 年财年利润情况

财年	营业收入情况		净利润情况	
	营业收入（亿元）	增长率（%）	净利润（万元）	增长率（%）
2010	3.36		10404	
2011	3.89	16%	11826	13%
2012	4.36	12%	13027	10%
2013	5.15	17%	14850	14%
2014	6.07	18%	16785	13%

资料来源：上海华篷财务报表，2015 年 3 月。

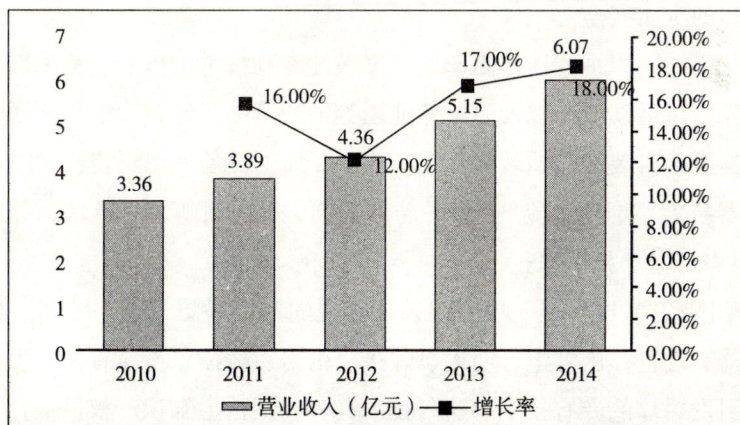

图22-1　上海华篷2010—2014财年营业收入增长情况

资料来源：上海华篷财务报表，2015 年 3 月。

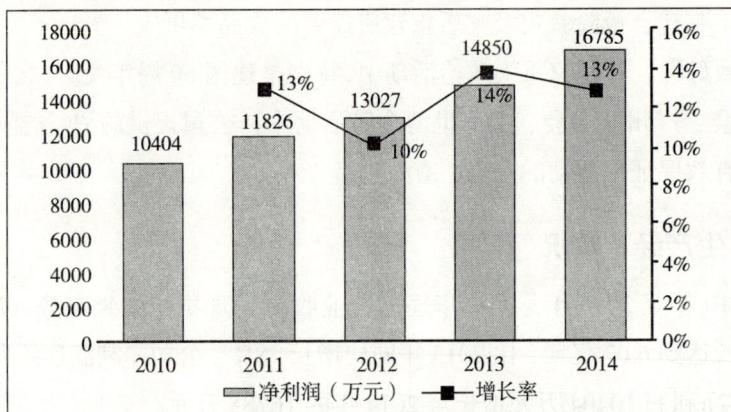

图22-2　上海华篷2010—2014财年净利润增长情况

资料来源：上海华篷财务报表，2015年3月。

第二节　主营业务情况

上海华篷公司成功研发出具有自主知识产权的HAN阻隔防爆技术，可有效防止易燃易爆气态和液态危险化学品在储运中因意外事故（静电、焊接、枪击、碰撞、错误操作等）引发的爆炸，从根本上实现了易燃易爆气态、液态危险化学品储运过程的本质安全。

上海华篷公司以油罐防爆阻燃这一突破性专利技术为核心，从阻隔防爆加油装置、阻隔防爆运油槽车以及防爆储油罐等最初产品，经过十余年不懈努力，产品线已经拓展至自装卸加油装置、汽车油箱、加工设备—切割装置、LNG加气装置、裂解器装置、烟气脱硫剂/锅炉防熔渣剂、消污机等多种领域，并且均加入了HAN阻隔防爆专利技术。

HAN阻隔防爆技术是一项有效预防相关的易燃易爆气态、液态、危险化学品储运容器和装置，因静电、明火、焊接、枪击、碰撞、操作有误、恐怖袭击等意外事故引发爆炸的专有技术。这一技术具有我国自主知识产权。该技术从根本上解决了成品油、液化石油气等相关的气态、液态危险化学品的生产、运输、储存过程中的本质安全。

随着国民经济的快速发展，我国进入"重化工时代"。相当多的重化工产业集中于人群聚居区和水资源供给的要害地区，化工"围城"成普遍现象。危险化学品燃烧爆炸和污染事故的频发，亟须解决快速发展带来的安全、环保问题。重化工时代如何做到"清洁、安全和可持续发展"？如何"确保危险化学品生产、运输和储存过程的本质安全"？解决这一具有重大现实意义的问题迫在眉睫。确保危化品储运容器设备重点部位的本质安全、防止火灾爆炸事故的发生，必将成为危险化学品安全生产的关键。

2000 年底，肩负这样的社会责任和历史重任，专事阻隔防爆技术研发的汕头华安防爆科技有限公司（上海华篷的前身，以下简称汕头华安）在汕头保税区成立。汕头华安成立伊始便投入大量资金和技术力量，成功开发出了具有我国自主知识产权的 HAN 阻隔防爆技术及系列产品，如：HAN 阻隔防爆撬装式加油装置、HAN 阻隔防爆储油罐、HAN 阻隔防爆液化气球罐、HAN 阻隔防爆运油槽车，并将这些技术和产品成功应用于加油站地埋储油罐、运油槽车储油罐及大型液化气球罐（1000m^3）。2001 年 7 月 2 日，新华社新闻信息中心、新华财经专家委员会和中国消防协会，在北京举行了应用推广会，国内各大媒体应邀参加并纷纷进行了报道。

此后，汕头华安集中技术力量，积极着手新材料及新材料的理化和型式检测检验；加工工艺及材料加工设备和检测设备等相关配套技术、工艺、产品的研发，进行创造性的设计与革新。其次，根据不同化学介质的不同特性，展示了对非金属及其他金属等新材料的研究探索。汕头华安在短期内开发出了多规格、多型号、多功能、多用途的阻隔防爆系列产品。这些成果通过及时提交申请，先后获得相关新技术产品多项国家专利。同时，以"华安""HAN"申请的中国商标获准注册。至此，我国具有自主知识产权的"HAN 阻隔防爆技术"初步形成。国家安监总局在总结 HAN 阻隔防爆技术试点实施、实际应用的基础上，组织起草制定颁发了 AQ3001–2005 和 AQ3002–2005 两项国家安全生产行业标准。为加速 HAN 阻隔防爆技术及产品市场化和工业化的快速推进，公司在完成了技术市场和产业化的整合后，于 2004 年 4 月，在上海成立了上海华篷防爆科技有限公司，并将汕头华安公司名下的所有资产，包括无形资产（所有技术成果和全部知识产权）、固定资产等，全部转入上海华篷公司。

HAN 阻隔防爆技术的实际应用可有效解决相关的易燃易爆气、液态危险化学品安全生产领域有史以来一直未能解决的安全防爆问题。有报道称，"以 HAN

阻隔防爆技术的研发成功为重要标志，引发了安全生产领域保障危险化学品储运安全的一场技术革命，为实现相关的易燃易爆气、液态危险化学品领域的本质安全提供了可能。"

第三节　企业发展战略

一、企业荣誉

公司获得各类荣誉证书几十件。荣获中国城市公共交通协会《节能、环保、安全》证书，国家安监总局《安全生产科技》二等奖、《第五届安全生产科技成果奖》，中国消防协会"企业信用等级 AAA"证书；上海市工商局《上海市著名商标》证书，上海市科学技术委员会《高新技术企业》《上海市自主创新产品》证书，被誉为上海市高新技术成果转化项目"百佳"企业；荣获河北省《高新技术企业》《河北省中小企业质量信得过产品称号》，河北省科学技术厅颁发的《高新技术企业认定证书》，唐山市《二〇〇六年度重点建设工作先进单位》《二〇一〇年度最守信用贷款企业》，遵化市《二〇〇七年度民营科技创新企业》《科技进步先进单位》；荣获《吉林市科学技术进步奖》，吉林市科学技术局颁发的《吉林市战略性新兴产业企业证书》等。

二、政府政策支持

HAN 阻隔防爆技术先后得到国家安监总局（包括原国家安监局）等多部委的发文推广和支持：

2001 年 9 月 18 日，原国家安监局办公室下发《关于召开 HAN 阻隔防爆材料应用现场演示会议纪要的函》。

2001 年 12 月 30 日，原国家安监局办公室下发《关于试点应用 HAN 阻隔防爆材料的批复》。

2002 年 10 月 15 日，原国家安监局办公室下发《关于印发 HAN 阻隔防爆技术试点工作会议纪要的通知》。

2003 年 4 月，科技部将 HAN 阻隔防爆技术列入 2003 年国家重点科技推广项目。

2004 年 8 月，国家安监总局、国家煤矿安全监察局联合下发《关于印发

2004 年度安全生产重点推广技术目录的通知》。

2004 年 9 月 29 日，国家质检总局办公厅、交通部办公厅联合下发《关于对〈关于开展危险化学品罐车专项检查整治工作的通知〉中的有关问题说明的通知》。

2004 年 12 月 30 日，国家安监总局将 HAN 阻隔防爆技术列为 2005 年国家安全生产科技推广重点项目。

2005 年 3 月 2 日，HAN 阻隔防爆技术通过国家安监总局组织的第三次专家鉴定。

2005 年 4 月 13 日，国家安全监管总局下发《汽车加油（气）站、轻质燃油和液化石油气汽车罐用阻隔防爆储罐技术要求》和《阻隔防爆撬装式汽车加油(气)装置技术要求》为安全生产行业标准。这两项标准是国家安全监管总局自成立以来首次发布的安全生产行业标准。

2005 年 6 月 7 日，国家安监总局办公厅下发《关于召开危险化学品和烟花爆竹安全生产许可证座谈会暨 HAN 阻隔防爆技术推广演示会的通知》。

2005 年 7 月，国家安监总局科学技术研究院下发《关于举办 HAN 阻隔防爆技术暨安全生产研讨会的通知》。

2005 年 8 月 24 日，国家安监总局、建设部、交通部、国家质检总局下发《关于推广应用 HAN 阻隔防爆技术的通知》。

2005 年 9 月 9 日，国家安监总局办公厅下发《关于开展阻隔防爆技术标准宣传贯彻活动的通知》。

2006 年 2 月 23 日，国家安监总局办公厅下发《关于推广应用 HAN 阻隔防爆技术有关问题的通知》。

2006 年 3 月 3 日，国家安监总局办公厅下发《关于授权制作阻隔防爆技术储罐标记的通知》。

2006 年 11 月 20 日，建设部下发《关于加强城市加油加气站安全管理的通知》。

2008 年 4 月 15 日，国家知识产权局协调管理司下发《关于将有关群体侵权案件加入"雷雨"行动督办案件的函》。

2008 年 6 月，科技部将 HAN 阻隔防爆技术编入《抗震救灾实用知识、技术与产品手册》。中央电视台、新华社、人民日报首都各大媒体及近 30 个省、市、自治区的主要媒体对该技术作了报道。

2009年8月19日，国家安监总局办公厅下发《关于推广应用阻隔防爆技术有关问题的通知》。

2010年12月13日，国家知识产权局专利管理司下发《关于专项行动案件督办的函》。

上海华篷始终以为安全生产提供优质服务为宗旨，以创建安全产业为目标，积极开发本质安全技术及其延伸工程、产品，努力为我国国民经济清洁发展、安全发展和可持续发展做贡献。经过十多年的不懈努力，目前中石化、中石油、中海油和公交公司等用户，已在全国31个省、市、自治区采用HAN阻隔防爆技术对3000余座加油（气）站的储油（气）罐、200余辆运油槽车的油罐进行了改造。在全国31个省、市、自治区采用HAN阻隔防爆撬装式加油装置新建加油设施约2000座。同时，HAN阻隔防爆技术在解放军和武警部队的后勤油料供应物流装备中开始广泛应用。

三、建立科学发展战略

为不断完善与创新阻隔防爆技术，促进新设备、新材料、新工艺和新技术继续开发，上海华篷进行了大量深入细致的调查研究，制定了一系列科学发展战略和具体措施。

2006年3月，HAN阻隔防爆技术华北生产基地——河北华安天泰防爆科技有限公司在河北遵化市高新技术开发区奠基。2007年，HAN阻隔防爆撬装式加油装置华北生产基地正式投产，开始在北京、天津、河北部分地区安装使用。4月，HAN阻隔防爆撬装式加油装置成为中国城市公共交通协会及其科技分会2007年度"节能、环保、安全推荐产品"。2007年5月，HAN阻隔防爆技术东北生产基地——吉林鼎新安全科技有限公司在吉林省吉林市奠基。2008年6月，为进一步落实"迎奥运、反恐怖、保安全"要求，上海市安监局受国家安监总局委托，在上海组织有关专家召开HAN阻隔防爆技术应用现状专家评估会，HAN阻隔防爆技术又一次通过专家鉴定。7月，HAN阻隔防爆撬装式汽车加油装置顺利通过了中国石油和化学工业协会组织的科技成果鉴定。8月，上海华篷通过质量、环境和职业健康安全三标体系认证。

2009年，"HAN"荣获上海市著名商标。同时，上海华篷成为上海市专利工作培育企业。为推动阻隔防爆技术市场健康发展，促进 HAN 阻隔防爆技术进一步普及应用，上海华篷本着服务国家、回馈社会、安全发展、惠及百姓的宗旨，做出重大战略性决策。2009 年，在全国范围物色、筛选出一些技术实力和施工力量强以及具有建筑业企业相关工程承包资质并承诺严格执行相关国家现行标准的企业，给予实施阻隔防爆技术相关专利的许可授权，使其成为实施阻隔防爆技术的正规军，以有效遏制假冒伪劣、恶意侵权和不正当竞争等违法行为、维护阻隔防爆技术市场正常秩序，培育和引导阻隔防爆技术市场健康发展，促进安全生产产业化进程。

公司集中优势力量，成立技术攻关小组，加快研发力度，经过十多年的不懈努力，新型撬装、新型阻隔防爆储罐等一批新产品陆续诞生，形成了阻隔防爆技术体系。伴随着新产品的研制成功，HAN 阻隔防爆技术的应用领域也成功拓展。HAN 阻隔防爆技术和产品不仅适用于汽车加油站，还广泛应用于国防、航空、舰船、铁路、公路运输等领域，工厂、车站、机场、码头等环境；适用于相关的易燃易爆气、液态危险化学品的生产、存储、销售、使用等环节。所涉及的面非常宽，用户众多，市场广阔。2010 年 2 月天津某化工企业 200 号溶剂油储罐阻隔防爆技术改造工程顺利完成。4 月宜宾某航天机械制造企业的航空燃油储罐开始实施 HAN 阻隔防爆技术。一系列专项的顺利实施，预示着 HAN 阻隔防爆技术既面临着一个又一个的机遇，也接受着一个又一个的考验；攻克了一个又一个新的难题，同时经受住了一次又一次新的考验。

近年来，公司在开发危化品本质安全技术和产品的同时，又积极探索和开发非传统能源领域里的装备技术，其中安全新型燃烧装备技术，安全制氢、储氢等装备技术已获得国家专利，并已开始试点应用，这将为我国治理雾霾和节能减排工作的推进起到积极重要的作用。

四、积极开拓国际市场

HAN 阻隔防爆技术在我国的应用推广获巨大成功，在国际上也引起强烈反响。2006 年 11 月，HAN 阻隔防爆技术产品参加了在广西南宁举办的"中国——东盟国际博览会"，备受关注。

2007 年 3 月，HAN 阻隔防爆技术参加了俄罗斯"中国年"国家展。作为国家交流签约项目，HAN 阻隔防爆技术成为活动的亮点，列入了由吴仪副总理出席的"第十一届圣彼得堡国际经济论坛""中俄贸易与投资合作圆桌会议"等活动议程，并于 6 月在圣彼得堡完成签约。

2010 年 6 月，HAN 阻隔防爆技术参加了在福州海峡国际会展中心举办的"第六届 APEC 中小企业技术交流暨展览会"。这是目前亚太经合组织在中国举办的规模最大、层次最高的经贸盛会。

目前，HAN 阻隔防爆技术已完成 111 个国外商标的注册申请（已获准注册 109 个国家或地区），通过《专利合作条约》PCT 申请 6 件，提交的国际专利申请指定国或地区达到 102 个，其中在 78 个国家和地区获得专利权，为 HAN 阻隔防爆技术产品走出国门，奠定了知识产权法律保障基础。

上海华篷正积极开拓国际市场，努力打造国际品牌。初步确定的海外发展路线，首先是将 HAN 阻隔防爆技术推向东南亚国家，再向中亚、西亚过渡，实现进军非洲、欧美的目标。HAN 阻隔防爆撬装式加油装置，已通过代理方式实现向巴布亚新几内亚和阿富汗等国的产品出口。

第二十三章　重庆市荣冠科技有限公司

第一节　总体发展情况

一、发展历程与现状

重庆市荣冠科技有限公司（简称：荣冠科技）成立于 2005 年，是万基泰国际集团旗下全资高新技术企业，注册资金 2200 万元。企业位于国家科技孵化器——重庆市留学生创业园内，有办公场所 2000 余平方米，生产基地位于重庆市九龙坡区金凤电子信息产业园区内。企业目前有正式职工 185 人，其中有各专业高中级职称 38 人、初级职称 23 人，研究生以上学历 35 人，聘请了 4 位享受国务院特殊津贴专家作为企业的研究顾问。规划到 2017 年，实现销售收入 1 亿元，社会效益达到 2 个亿，建成全球最大国家气体分析技术研究中心。

荣冠科技建有重庆市污水管网气体监测与控制装备企业工程技术中心，属于重庆市高新技术企业，该中心有效促进了科技成果转化。公司针对气体红外探测技术，主编行业标准 CJ/T 360-2010、国家标准《下水道及化粪池气体监测技术要求》GB/T 28888-2012，填补了国内此类标准的空白。公司承担国家"十二五"科技支撑计划项目，为油气泄漏应急监测及防控技术项目做出了突出贡献。近两年来，申请知识产权 32 项，获得授权的知识产权 6 项，开发出具有自主知识产权的高新产品两项。企业目前建立了重庆市企业工程研究中心，同工程研究中心配套建设了两个实验室及两个气体检定室，专业研究地下管网及密闭空间易燃易爆、有毒有害气体的监测与处置方法。

荣冠科技于 2012 年 10 月组建了智慧市政项目中心，根据国家对于国家智慧城市的整体设计开始着手于智慧市政方面的课题的研究，智慧市政项目中心下设地下管线综合普查专项组与城市地下油气管线防范专项组。地下管线综合普查专项组从试制无线远程探地雷达着手研究地下综合管线探测技术,最后形成地下管线三维成像系统;城市地下油气管线防范专项着手研究城市地下石油、燃气管线阴极保护在线监测与防第三方破坏及油气管线密闭空间防泄露等技术。企业申报主编国家标准《市政地下管线远程探测设备技术要求》于2014年9月成功立项。

2014年,荣冠科技取得了较好的成绩:完成一项国家标准立项,申报并获得数十项国家专利,获得国家安监总局第六届安全生产成果奖、第七届安全生产科技创新奖、重庆市建设创新奖、重庆市永川区科技成果转化奖等。公司不仅获批并实施了国家第一批安全科技"四个一批"项目、国家住建部科技项目计划市政公用科技示范工程、重庆市科技惠民集成示范计划项目、"十三五"科技支撑计划等一系列科技项目,还完成了重庆市污水管网气体监测及控制装置企业工程研究中心验收工作。在市场推广方面,荣冠科技完成了永川区全面的售后维护工作,启动了渝中区、巴南区、南川区等新项目的实施及验收工作。

二、生产经营情况

荣冠科技2014年营业收入达到0.38亿元,同比2013年增长124%。荣冠科技2013年净利润显著增长,达到259.59万元,同比2012年增长3690%。2014年净利润为400.85万元,较2013年同比增长54%。

表23-1　荣冠科技2010—2014年财年利润情况

财务指标 财年	营业收入情况		净利润情况	
	营业收入(亿元)	增长率(%)	净利润(万元)	增长率(%)
2010	0.02	–	–	–
2011	0.11	450	5.55	–
2012	0.12	9	6.85	23
2013	0.17	42	259.59	3690
2014	0.38	124	400.85	54

资料来源:荣冠科技财务报表,2015年3月。

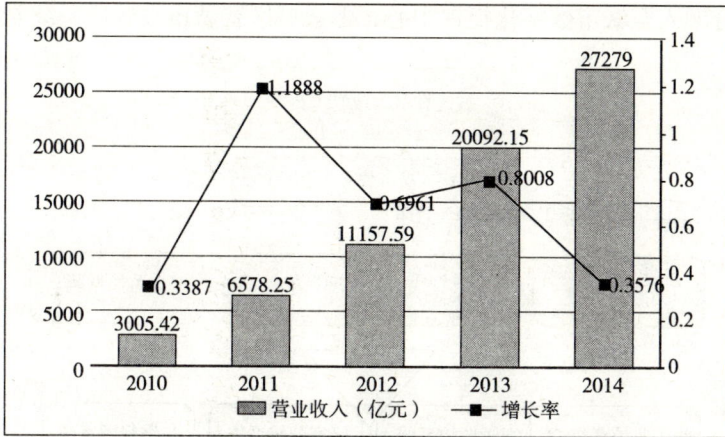

图23-1　荣冠科技2010—2014财年营业收入增长情况

资料来源：荣冠科技财务报表，2015年3月。

第二节　主营业务情况

企业主要从事污水管网及化粪池气体安全智能监控方面的产品研发及生产，开发出具有自主知识产权的高新产品多项。自主研发的地下管网安全监控智能处置系统多次荣获国家与省部级奖励，已成为当前国内市政环卫、水务系统防范污水管网及化粪池气体中毒与爆炸事故发生的最主要科技手段，是目前国内最大地下管网安全监控设备独家供应商。

在地下管网监测方面，重庆市荣冠科技有限公司有着强大的科技攻关能力，是同行业的排头兵。重庆市荣冠科技有限公司是万基泰金融国际集团下属全资高新技术企业，集团总部位于首都北京，业务涵盖金融管理、高科技研发生产和服务，涵盖国内外证券、债券、基金等金融业务，现有资金规模26亿，为荣冠科技提供了强力的资金保障。

企业自主研发的城镇地下管网安全智能综合系统以及相关产品应用于市政行业环卫管理、数字城管、及地下管线管理方面，集实时监测下水道化粪池甲烷硫化氢气体浓度、对超标气体自动处理、排水管道化粪池防堵塞、地面视频监控及地下管线三维立体成像为一体的综合系统。已成为全局性的综合"城市智慧管网"。荣威科技将重庆市市政设施管理局（简称市政局）现有的车载gps系统与路灯监控系统整合融入至城市数字化指挥中心，形成城区智慧市政管理系统雏形。

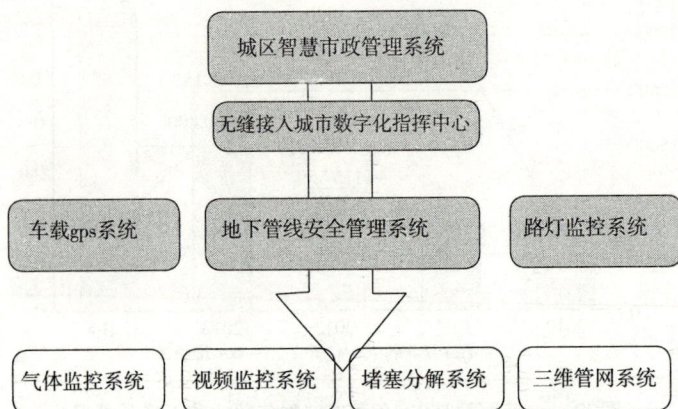

```
                    ┌─────────────────────┐
                    │  城区智慧市政管理系统  │
                    └─────────────────────┘
                              │
                    ┌─────────────────────┐
                    │ 无缝接入城市数字化指挥中心 │
                    └─────────────────────┘
                              │
    ┌──────────────┐  ┌─────────────────────┐  ┌──────────────┐
    │  车载gps系统   │  │  地下管线安全管理系统   │  │  路灯监控系统  │
    └──────────────┘  └─────────────────────┘  └──────────────┘
                              │
  ┌──────────┐  ┌──────────┐  ┌──────────┐  ┌──────────┐
  │ 气体监控系统 │  │ 视频监控系统 │  │ 堵塞分解系统 │  │ 三维管网系统 │
  └──────────┘  └──────────┘  └──────────┘  └──────────┘
```

图23-2　城市智慧市场系统模型

第三节　企业发展战略

面向城镇建设高速发展和城市地下管线形势日益严峻的背景和国家重大需求，以保护人民生命财产安全为核心目标，针对城市燃气、排水、给水专业管线等，以解决毒害爆炸性气体造成的安全事故及地下管线的管理、维护、处置为目的，开展地下管线气体监测、控制处理、泄漏监控、三维成像、应急支撑、调度管理等关键技术及装备的研究，建立城镇地下管线智能监控平台，达到实时监测管线危害气体同时自动控制处置、地下管线三维成像、管道运行数据监测及应急支撑为一体的目的，成为跨行业、跨部门的综合"城市智慧管网"。

企业通过创新经营，从"为社会服务"的宗旨出发，在市场推广领域捷足先得，与企业对手拉开差距。依托公司与各当地市政局联合承建的国家建设部科技示范工程、国家安监总局安全生产科技"四个一批"示范工程及国家智慧城市专项试点工程等科技示范工程的资源配置，以解决实施区地下管线安全、地理信息及城市管理综合管理为最终目的，不仅具有高度的政治意义，同时也是为全国建立一个"智慧市政、智能管网"的科技示范平台。

一、创建智慧市政

伴随城市建设的扩张和人口的增加，城市管理的工作量大大增加，基础数据和信息成倍增长，通过数字化管理手段可以极大的提高管理效率。通过政府、企业和社区在网络互联和信息共享的基础上不断地进行科技、应用创新，从而促进城市间关键系统和参与者和谐高效的互动协作。将环卫车辆监控系统、垃圾分拣系统、户外广告管理系统、智能路灯系统、地下管网管理系统等实现互融互汇，形成智慧市政综合管理平台。

二、服务能力

荣冠科技的产品可在线监测地下管网及化粪池里甲烷、硫化氢气体浓度，当气体浓度达到一级报警时，在系统平台界面上显示浓度报警同时向管理人员发送短信报警，当气体浓度达到二级报警时，系统会立即启动自动控制处理系统，使其地下管网及化粪池的甲烷、硫化氢气体浓度在 2 分钟之内下降至安全浓度以下，达到实时监测与自动控制处理的功能。

该系统的实施可有效提升管理水平，将地下管线及化粪池的管理，从原始的人工处理提升到数字化管理，更利于现代化城市的精细化管理、智能化管理。大力提高城市安全运行的保障能力与城市综合管理的承载能力。增强民生安全的保障能力，加快示范区城镇化建设、推进城乡一体化。

三、市场效益

根据化粪池清掏数据显示，一个化粪池的平均清掏费用为 0.5 万元一次，按重庆市政府要求，每个化粪池每年至少要清掏两次以上，所需的费用为 1 万元，以 10 年来计算，每个化粪池的清掏费用需要 10 万元。根据该系统在永川区安装 5 年来的数据显示，已经安装监控系统的化粪池 5 年内只清掏了 3 次，如果在化粪池安装上气体监控预警系统，则 10 年内只需进行清掏作业 6 次左右，6 次清淘费用为 3 万元，节约 7 万元。

表 23-2　安装监控设备的市场效益

	不安装监控系统		安装监控系统	
清淘费用	每次	0.5万元	每次	0.5万元
	每年清掏两次	1万元	十年清淘次数	6次
	十年清淘费用	10万元	十年清淘费用	3万元
节约费用				7万元

资料来源：荣冠科技网站。

　　尤其系统工程的实施采用政府自建方式，建成后移交政府指定部门进行运行维护管理。企业提供有偿服务，逐年回收投资，企业盈利主要通过收取设备销售费用和售后运行维护费用等方式。不仅在市场经济效益上面具有显著的成果，在社会效益方面也能得到长足发展。系统可纳入当地城市数字化管理平台统一监控，为政府高效解决突发安全事件和保障人民生命、财产安全，维护工业生产安全及社会稳定起到积极作用。示范项目的实施，切实地开展了城镇地下管网安全防范研究工作，形成完整的地上地下空间城镇安全智能监控系统，不仅能够促进市政行业的发展，也能带动相关产业的发展。示范项目的科技条件资源和科技成果对行业标准起到直接的影响，规范行业发展作用巨大。实现用户、管理部门、政府资源共享。项目实施过程中鼓励各实施单位开展相对独立的研究，研究成果在当地媒体上宣传和发表，条件成熟的可由当地政府部门向社会公开，可在专利之外向社会各界提供课题成果。充分体现出社会公益性的特点，成果与权益不得独享和保密。

　　公司希望继续得到国家和地方政府在技术创新方面的政策支持，希望再经过几年的积累，完成与技术研发配套的城区管网智能化建设，以研发为驱动，以高附加值产品生产销售利润为支撑，继续坚持"以人为本"为宗旨，秉承"科技发展、安全发展"的理念，以"技术先导者、标准制定者"为目标不懈努力，勇攀科技高峰。忠实服务于城市安全领域、生产安全领域、物联网安全领域。

第二十四章　威特龙消防安全集团股份公司

第一节　总体发展情况

一、发展历程与现状

威特龙消防安全集团股份公司（简称：威特龙）的前身四川威特龙消防设备有限公司成立于 2009 年，2014 年 12 月 20 日整体变更为股份公司。公司现有员工 500 余名，集团公司下设 6 个子公司及 10 个分公司。威特龙公司是中国领先的消防安全整体解决方案服务商和主动防护本质安全技术引领者，是国家"火炬计划"重点高新企业和中国十大民族消防企业之一，拥有住建部颁发的消防设施工程设计与施工一级资质，秉承"服务消防、尽责社会"的企业宗旨，面向全球提供项目规划设计、咨询评估、消防产品、工程技术与实施、检测与维护服务等全方位消防安全整体解决方案，致力于用最优的项目实践为客户消防安全持续创造最大价值。

消防安全、科技为本。公司作为消防行业主动防护技术的引领者，始终坚持以市场需求为导向、以技术创新为核心，以"主动防护，本质安全"为主要研究方向，以"省级企业技术中心"和"四川省工业消防技术研究中心"、"油气消防安全四川省重点实验室"为科研平台，先后承担了"白酒厂防火防爆技术研究"、"大型石油储罐主动安全防护系统"、"公共交通车辆消防安全防护系统"、"西藏文物古建筑灭火及装备研究"等省部级项目的研究，形成了油气防爆抑爆技术、白酒防火防爆技术、煤粉仓惰化灭火技术、细水雾和惰性气体灭火等成套前沿技术，获得国家专利百余项，其中发明专利 17 项，并获得多项社会荣誉，获国家科技进步二等奖 1 项、全军科技进步一等奖 1 项、中国标准创新贡献二等奖 1 项、省部级科技进步奖 5 项；三次获得国家创新基金的无偿资助，参与制修订国家标准、行业标准及地方标准 20 余部，多项研究成果填补了国内消防安全领域的空白并获得市场推广与应用。

标准夯实底蕴，目标引领卓越。公司凭借本质安全的创新技术、优良的品质、专业的项目管理团队和丰富的项目实践经验，为民用市政建设、工业生产、军队等众多行业提供产品、项目实施、运营管理、专业培训等全面的消防安全服务，赢得了国内、外客户的赞誉。

二、生产经营情况

威特龙 2014 年公司营业收入达到 25561.63 万元，比 2013 年同比增长45.58%。2011 年公司营业收入增长率最为显著，同比 2010 年增长 115.65%。公司净利润在 2014 年为 4705.49 万元，同比 2013 年增长 89.04%。

表 24-1 威特龙 2010—2014 年财年利润情况

财年	营业收入情况		净利润情况	
	营业收入（万元）	增长率（%）	净利润（万元）	增长率（%）
2010	4243	−28.17%	1079	11%
2011	9150.05	115.65%	1796.05	87.42%
2012	15144.42	65.51%	2742.46	52.69%
2013	17557.90	15.94%	2489.16	−9.24%
2014	25561.63	45.58%	4705.49	89.04%

资料来源：威特龙财务报表，2015 年 3 月。

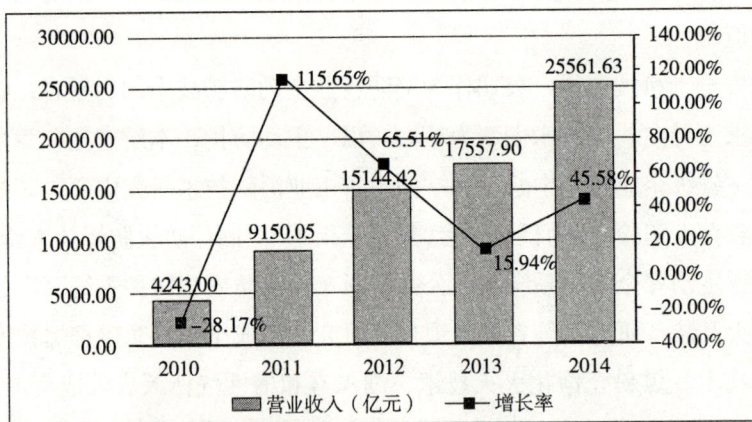

图24-1 威特龙2010—2014财年营业收入增长情况

资料来源：威特龙财务报表，2015 年 3 月。

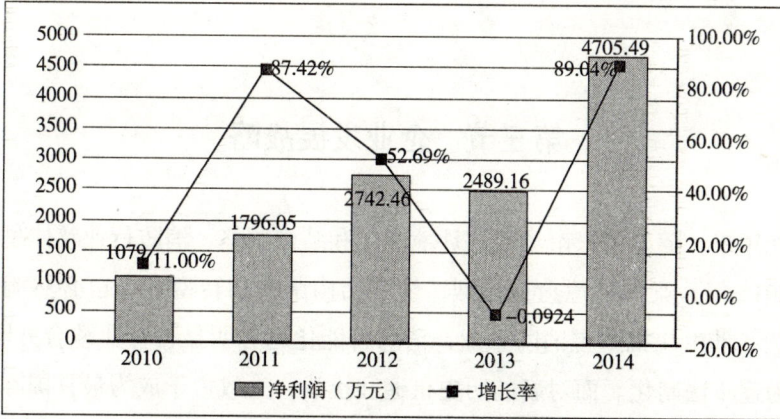

图24-2　威特龙2010—2014财年净利润增长情况

资料来源：威特龙财务报表，2015年3月。

第二节　主营业务情况

威特龙经过十余年的锐意发展，从成立之初的单一业务和产品发展到现在的六大核心业务及60多个产品。

表24-2　威特龙核心业务内容

业务名称	服务内容
行业解决方案及装备	主要包括大型石油储罐、天然气输配气场站，文物古建筑、风电等，主要应用于石油化工、文物古建筑、风电、火电、水电等领域
灭火设备	主要包括气体灭火设备、泡沫灭火设备、干粉灭火设备、水系灭火设备等，主要应用于风电、火电、水电、建材、民用建筑、公共设施等领域
消防工程总承包	主要包括总包工程、施工、主要应用于风电、火电、水电、建材、民用建筑、公共设施等领域
消防技术服务	主要包括售后维保，咨询、评估、检测等，主要应用于风电、火电、水电、建材、民用建筑、公共设施等领域
消防电子产品	主要为电气火灾监控设备，主要应用于风电、火电、水电、建材、民用建筑、公共设施等领域
防火保温材料	主要应用于风电、火电、水电、建材、民用建筑、公共设施等领域

资料来源：威特龙网站，2015年3月。

第三节　企业发展战略

近几年来，随着国家市场经济环境变化和结构调整，消防行业整体呈现竞争态势。2015年，竞争环境愈加激烈，经济结构调整和转型升级也必然淘汰一批落后产能，催生一批明星消防企业，消防智能化趋势明显，行业整合并购加剧，政府行为逐步法制化。面对新的历史机遇和挑战，为致力于成为最具国际影响力的民族消防企业，威特龙制定了清晰的发展战略和经营方针。以实现威特龙整体价值持续最大化的目标。

一、企业发展定位

威特龙是资源整合的平台，是资本聚集的平台，是人才发展的平台。企业以强化集团运作、持续技术创新、完善产品系列、强化行业市场、拓展国际业务、全面信息管理、完善内控体系、人才队伍建设、敬业廉洁和谐、推进企业上市为经营方针。

未来3—5年，威特龙将不断适应经济发展"新常态"，围绕公司集团化、产业化、行业化、国际化的"四化"发展战略，依托加入中国安全产业协会平台带来的发展机遇，加强同行、跨界、跨业、跨地的一批渠道资源整合。

"集团化"主要是：集团运作、创新引领、专业经营、人才兴企、精益管理、上市推进、抱团发展。

"产业化"主要是：主要指常规产品规模化、新产品（行业产品）全面产业化。

"国际化"主要是：推进国际化业务，随着中资央企走出去。

"行业化"主要是：拓展更多的行业业务，如文物古建筑行业、清洁能源行业、公共交通行业。

二、运营计划

（一）总体思路

持续开展国内外行业动态、竞争形势、国家政策、法律法规、标准规范、知识产权等一系列信息的收集整理分析使用，为公司战略委员会提供准确的动态信息，确保公司在战略发展方向上不犯错误。逐步开展北京运营中心的建设，确保2015年5月1日前动工兴建。

（二）体系建设

产品体系建设：拳头产品的价值最大化，扩大核心产品边界效益；行业产品的系列产业化，确保行业市场利润水平；常规产品的结构合理化，推出系列常规消防产品；产品推广工具的丰富化，提升销售队伍业务水平。

技术研发体系建设：形成以油气消防（四川省）重点实验室为主体的技术研发体系，依托四川省企业技术中心、四川省工业消防安全工程技术研究中心科研平台，确保公司新技术研发处于国内及行业领先水平。油气消防（四川省）重点实验室是我国首个以油气消防为主要研究方向的省级重点实验室。在大型石油储罐主动安全防护系统（原油）的基础上，开展成品油罐油气检测、主动防护、智能灭火等方面的研究，形成具有核心自主知识产权的系列研发成果。

营销体系建设：为了更好地拓展产品的营销市场，真正实现产品大批量化生产，公司已逐步成立了多个分、子公司与事业部纵横交错的营销及管理模式。公司营销系统采用行业事业部即行业子公司（纵向）和区域分、子公司（横向）构成的纵横交错、条块结合、优势互补的营销体系进行产品营销。行业事业部由公司总部直接管理，代表公司进行行业管理、产品生产、市场开拓、安装调试和售后服务。区域分、子公司则是公司在当地设立的负责市场开拓、营销管理、工程施工和售后服务的分支机构。

合同交付体系建设：充分运用ERP、PDM、CRM等现代信息化管理手段，理顺合同交付过程中合同技术交底、特殊技术要求、生产计划、采购计划、施工组织、现场管理、物资供应、质安管理、物流运输等各个环节各个节点的流程和管理制度，确保合同交付顺利进行。

质安环体系建设：进一步完善质量管理体系、环境管理体系、职业健康安全管理体系、测量管理体系和售后服务五大管理体系建设，加强产品质量监督和工程质量监督，杜绝重大安全事故的发生。

人力资源建设：建立起培养骨干为主的人力资源管理体系，加强内培为主、外引为辅的人才梯队建设；重点提升管理团队在策略、预见、组织和责任能力方面的综合能力素质。

财务核算体系建设：实施预算管理，利用预算对威特龙内部各部门、各单位的各种财务及非财务资源进行分配、考核、控制，有效地组织和协调威特龙的生产经营活动。强化利润管理，逐个项目全面分析客户、产品和订单的利润率，逐步建立威特龙利润管理流程，努力创造出更多的利润。

（三）企业文化

以公司的核心价值观为依托，积极开展党群工作，宣传、推广威特龙企业文化，增强威特龙企业文化的感染力和辐射力。

党群工作体系建设，一方面要积极对公司内部员工进行文化培训，提高员工思想认识，增强威特龙员工的凝聚力，进一步发挥公司党员的模范带头作用，激发公司的工作活力；另一方面要积极参加企业外部党群建设活动，将威特龙党群建设打造成一面旗帜，全面提高威特龙的企业形象。

威特龙是一个目标清晰，激情创造，务实创新，具有强烈责任感和使命感，具有独特企业文化的公司。经过三至五年的发展威特龙消防将成为国内消防行业的领军企业，成为行业高端人才的汇聚地。也将成为企业家的摇篮，成为实现个人梦想的舞台。

第二十五章 北京千方科技股份有限公司

第一节 总体发展情况

一、发展历程与现状

北京千方科技股份有限公司（以下简称：千方科技）初创立于 2000 年，是植根于中关村的自主创业企业，于 2014 年成功登陆深圳证券交易所（股票代码：002373）。经过十余载的发展，千方科技业务已涵盖公路、民航、水运、轨道交通信息化等领域，现有子分公司 80 余家，员工 2000 余人，成为中国智能交通行业领军企业。

千方科技已在智能交通领域形成完整的产业链并拥有成熟的运营管理、服务经验，现已形成"城市智能交通"、"高速公路智能交通"与"综合交通信息服务"三大智能交通业务板块有机结合、齐头并进、稳步上升的发展格局。在此基础上，公司积极开展"大交通"产业战略的布局，不断推动公司业务向民航、水运、轨道交通等领域拓展，并已在民航信息化领域取得初步成绩，成为了国内唯一一家综合型交通运输信息化企业。

千方科技长期注重高端人才的培养和引进，以及先进技术的集成和创新。公司积极推动校企合作，与多所大学或学院签署协议或达成意向，在人才培养、项目合作、技术研发等方面展开合作，探讨人才培养长效机制。公司已与 INRIX、IBM、Intel、华为、中交集团等多家企业签订战略合作协议，共同推动业务和技术的协同创新。截至目前，千方科技拥有自主知识产权 200 余项，其中专利近100 项，公司连续承担了多项"十五"、"十一五"、"十二五"国家科技支撑计划项目，主持参与了多项国家"863"计划专项，多项自主研发的系统（产品），已成功应用于全国多个省、市、自治区以及北京奥运会、国庆六十周年庆典、上海世博会、深圳大运会等大型社会活动。公司获得了多个国家级、省部级奖项，被评为中关村国家自主创新示范区首批"十百千工程"重点培育企业，交通运输部"智能交通技术和设备"行业研发中心，是中关村智能交通产业联盟理事长单位，更荣获"2011中关村高成长企业TOP100"评委会突出贡献奖、"2012中关村十大新锐品牌"、"2013国家高新区先锋榜百快企业"、2014中国智能交通行业"年度领军企业"等荣誉。

未来，千方科技将进一步完善人才引进、培养、激励的机制，加强国内外高端行业人才的引进，培育务实、开放、创新的企业文化。持续提高产品质量和服务水平，加强全国性服务网络的建设，加快"大交通"产业布局。千方科技愿以海纳百川的胸怀和心态，与行业创新企业、科研院所、行业机构真诚合作，以不断完善的产品质量和服务，不断健全的全国性服务网络，不断优化的创新体系以及科研成果转化和产业化环境，努力促进政府、企业、科研院校等多方合作，共同打造面向全行业的协同创新平台，构建业态繁荣的"大交通"产业生态，共同引领我国综合型交通运输信息化产业。

二、生产经营情况

千方科技2014年公司营业收入达到13.62亿元，比2013年同比增长21.07%。自2010年至2014年，千方科技净利润连续五年呈现上升趋势，从2010年净利润3005.42万元增长至2014年的27279万元，其中2011年增幅最为显著，净利润增长率达到118.88%，2014年净利润较2013年同比增长35.76%。

表25-1　千方科技2010—2014年财年利润情况

财年	营业收入情况		净利润情况	
	营业收入（亿元）	增长率（%）	净利润（万元）	增长率（%）
2010	4.83	66.61%	3005.42	33.87%
2011	6.94	43.69%	6578.25	118.88%
2012	9.17	32.16%	11157.59	69.61%
2013	11.25	22.63%	20092.15	80.08%
2014	13.62	21.07%	27279	35.76%

资料来源：千方科技财务报表，2015年3月。

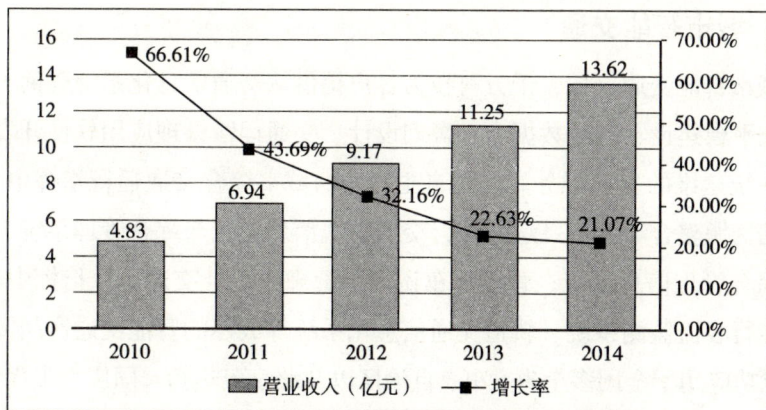

图25-1 千方科技2010—2014财年营业收入增长情况

资料来源：千方科技财务报表，2015年3月。

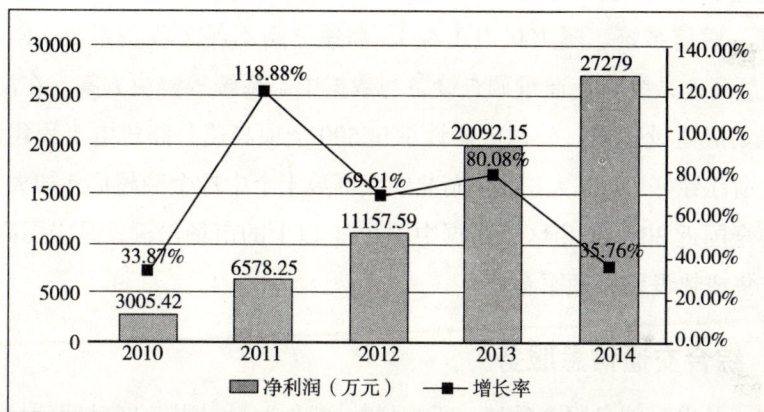

图25-2 千方科技2010—2014财年净利润增长情况

资料来源：千方科技财务报表，2015年3月。

第二节 主营业务情况

千方科技凭借在智能交通领域多年的经验积累，在智能交通领域形成完整的产业链并拥有成熟的运营管理、服务经验，形成了"城市智能交通"、"高速公路智能交通"、"综合交通信息服务"与"智慧城市"四大主营业务。

一、城市智能交通

在城市智能交通领域，千方科技为客户提供从交通信息化系统咨询、交通信息化基础平台建设、交通数据中心咨询设计、交通运输管理应用软件开发、系统集成到系统运维的全面服务。公司自主研发的城市综合交通运行指挥中心系统、交通数据资源整合与服务系统、综合交通枢纽信息服务与综合管理系统、交通运输行业综合管理信息系统、智能停车诱导与管理系统、交通应急指挥中心系统、大密度步行客流监测系统、轨道交通信息化系统等成熟的智能交通产品及解决方案，已成功应用于全国多个省、市、自治区以及北京奥运会、国庆六十周年庆典、世博会、深圳大运会等大型社会活动。

二、高速公路智能交通

在高速公路智能交通领域，公司拥有高速公路机电系统集成（监控系统、收费系统、通信系统、隧道机电工程）、高速公路不停车收费系统（ETC）、Joy Traffic 智慧高速系统、交通量调查设备与数据中心系统等解决方案。在高速公路机电系统集成建设领域，公司已累计承建 500 余项高速公路机电工程建设项目，其中包括浙江穿好、河北大广南、湖北麻武等数十个中标金额超亿元的大型项目，业务遍布全国近 30 个省市区，占据中国 25% 以上的市场份额，是中国高速公路机电系统集成建设领域领军企业。

三、综合交通信息服务

在交通及出行信息服务领域，千方科技通过"掌城网"、"掌城路况通"、"掌行通行人导航"等自有产品和自主创新的交通信息服务平台，向公众提供精准、高覆盖率的交通信息服务，同时提供路况看板、路况语音云、环保路径规划（ECO Route）和环保驾驶提醒（EMS）等创新的增值应用服务。合作方向涵盖汽车、汽车电子 / 导航、互联网 / 移动互联网、电信增值、消费电子等行业领域。

同时，公司以建设城市出租车综合管理服务平台为基础，通过投资安装车载终端设备，获取出租车内外广告资源经营权；并利用出租车数量多、流动性大、行驶范围广、运营时间长的特点，进行出租车数据的采集、分析和处理，深度挖掘数据资源，开发交通信息服务和出行服务产品，全面满足管理部门、运输企业、驾乘人员及市民出行的服务需求。

四、智慧城市

为顺应全球城市化和中国新型城镇化的大潮,千方科技着眼于智能交通向"智慧城市"的产业升级,对"智慧城市"业务进行战略性布局。公司基于对"智慧城市"现状和挑战的深刻理解,凭借十多年积累的丰富的解决方案和成功案例,领先的咨询、建设和运营能力,以及产业生态圈的整合能力,努力成为国内先进的"智慧城市"一站式服务提供商。形成开放共赢的"智慧城市"产业生态,为未来"智慧城市"可持续发展打下坚实的基础。

随着千方科技发展壮大,千方科技主营业务规模快速增长,目前产品年销售总额超过十亿,同时,千方科技业务还不断向新领域拓展,新产品的研发和老产品维护数量不断增加。智能交通与现代物流协调创新产品不断研发出来,不断推动公司业务向民航、水运、轨道交通等更多的领域拓展,充分满足客户的需求及市场的要求。

第三节　企业发展战略

作为国内唯——家综合型交通运输信息化企业,千方科技制定了着眼于当下国家发展政策、行业发展形势和客户主体需要的企业发展战略。为适应上市后新的要求,公司确立了"业务板块拓展与重构"、"管理架构及内控体系梳理与完善"两条工作主线。针对实现公司发展目标的要求和智能交通市场的变化,确立由项目型向"产品＋服务"的运营型综合交通服务转变的业务发展思路,对内实施业务重组,对外积极进行业务板块拓展,"大交通"的业务布局已见雏形。

一、具体发展目标

一是推动智能交通业务向民航、水运、铁路等领域的延伸,构建完备的综合交通业务体系。在现有"城市智能交通"、"高速公路智能交通"与"综合交通信息服务"三大智能交通业务板块基础上,加快向民航、水运、铁路等领域的延伸,成为中国业务覆盖范围最广、业务体系最完备的综合交通产品和服务提供商。同时推动智能交通业务向"智慧城市"升级。

二是完善综合交通信息服务,实现从 2G 向 2B、2C 市场的跨越。整合公路、铁路、水运、民航交通数据,充分利用云计算、移动互联网,特别是大数据技术,打造城市、城际，针对打车、公交、自驾等各类交通出行方式的一体化交通信息服务体系，满足企业交通信息服务应用和开发，公众出行信息服务需求，加快实现公司业务从2G向2B、2C市场跨越。

三是充分利用投融资平台加大产业合作和并购，提升公司综合实力。在自主发展的基础上，通过收购、兼并、合资等多种资本手段，向产业链横向和纵向扩张，迅速做大公司规模，提升公司综合实力，促进公司快速发展。

四是加强技术与人才储备，不断开拓新型业务。围绕公司业务方向，加强与行业创新企业、科研院所、行业机构真诚合作，通过联合创新不断引进和研发新兴技术，加快新技术在现有业务中的应用。完善人才引进、培养、激励的机制，加快人才引进和储备，为公司长远发展和新兴业务的拓展奠定坚实的基础。

二、发展计划

（一）技术方面

研发和技术创新是公司赖以生存和发展的基础，是公司核心竞争力的集中体现。公司将在现有自主核心技术的基础上，紧紧围绕主业发展目标及行业发展方向，加快研究开发关键性、前瞻性技术，提升和完善具有核心技术的行业应用解决方案，促进公司业务增长和市场扩大。具体计划包括：

1. 加快公司现有研发项目的产业化进程，并积极储备研究项目，以保证公司技术领先优势，增强持续创新动力。

2. 加强与科研院所之间的交流与合作，加强国际合作，建立先进、成熟的产品研发体系，制定具有前瞻性的研发规划，打造有效的研发组织平台及团队。

3. 密切掌握行业技术发展新动态，加大对新产品、新技术的研发经费投入，鼓励技术创新，支持具有潜在市场、具有前瞻性的研发工作；加强与相关科研院所的合作，提高研究的深度和广度。

4. 加强行业研发中心、工程技术中心、联合实验室的建设和研发投入，积极承接政府重大课题及项目的研究工作，引进和吸收国外先进技术，提升自我创新能力。

（二）产品方面

千方科技现有智能交通产品有交通信息化解决方案、高精密度客流检测产品、公交电子站牌。车联网系列产品有"全国道路货运车辆公共监管与服务平台"、"车旺95155云服务平台"等。这些产品发展现状及前景均呈良好趋势。未来千方科技仍专注于"大交通"范畴的智慧交通行业，同时在已有"城市智能交通"、"高速公路智能交通"与"综合交通信息服务"布局完善的基础上，向民航、水运、轨道（包含地铁及铁路）等领域延伸。

千方科技还将加大产品业务线投入，业务涵盖行业全产业链并形成协同优势，打造多个行业领先的核心产品、整体解决方案。进一步加强运营类业务拓展，提高运营类业务在全公司业绩中的比重。

（三）服务方面

千方科技始终致力于中国交通运输信息化领域，完善综合交通信息服务，促进传统交通业务与互联网应用相融合。整合公路、铁路、水运、民航交通数据，充分利用云计算、移动互联网，特别是大数据技术，打造各类交通出行方式的一体化交通信息服务体系。我们始终以满足客户需求为己任，引领行业发展方向，努力成为中国交通运输信息化行业的领军企业，为客户提供最便捷的智能交通服务，带给客户最佳的用户体验。

（四）市场方面

1. 通过兼并收购等方式拓展市场

在自主发展的基础上，公司将通过兼并、收购、合资等多种资本手段，获得快速进入其他城市、民航水运其他"智慧城市"和智能交通领域的机会，通过向产业链横向和纵向扩张，迅速做大公司规模，提升公司综合实力，促进公司快速平稳发展。

2. 依托品牌和技术研发优势，积极开拓新的市场领域

公司将充分发挥自身已拥有的技术、经验、人才、管理、品牌等优势，致力于发展目前已经进入的城市、城际智能交通、轨道交通等领域，同时积极寻求和把握进入民航、水运、铁路等其他领域的机会，以此扩大经营规模和业务量，不断形成新的经营增长点。

另外，公司拟通过参加各种展览培训，举办形式多样的展会研讨，在全国范围内宣传自己，扩大知名度，提升市场影响力，拓宽市场规模。

3. 以营销网络体系建设为依托积极开拓新市场

公司将以分布全国的分、子公司以及办事处为依托，逐步建立起覆盖全国主

要城市和地区的市场营销网络体系。通过该体系进一步保有公司在部分地区的市场优势，加大对其他地区的辐射力度，因地制宜充分吸纳当地的人才资源，弥补改善原有营销服务网络的薄弱环节，节省成本，提高公司经济效益，保有提高市场占有率。

（五）管理方面

公司属于智力密集型行业，人力资源是企业最重要的战略资源，有效的人才战略是保证公司长远发展的根本举措。千方科技始终把人才作为企业发展的创业之本、竞争之本、发展之本。公司将根据产品技术及创新计划、营销和服务体系建设计划的要求重点扩充中高级研发类岗位和管理岗位的人才，建立和完善科学的考评体系和激励机制，同时加强公司培训体系建设，进一步增强公司的技术人才优势和管理优势，提升公司的技术创新能力、市场营销能力和售后服务能力。具体包括：

1. 行业优秀人才和海外人才引进计划

公司将主要通过内部培养、外部引进和外聘兼职等三种方式，培养和引进企业发展需要的优秀人才。尤其要把高层次技术人才、复合型人才、海外国际型人才的引进工作作为公司发展的重要战略任务。同时加强对行业专家的引进和外聘工作，使公司的技术实力和业务经验稳居行业领先地位。

2. 优秀后备梯队引进计划

拓展校企合作模式，通过毕业生培养、校企联合开发项目、企业人才进入学校再深造，形成产、学、研一体的创新成果转化和创新人才发现机制；建设推广企业品牌，深入宣传行业发展，吸引优秀毕业生投身智能交通和"智慧城市"事业；建立对口专业研究生及本科毕业生实训基地。

3. 建立有利于各类人才发展的文化和机制

要加强企业文化建设，营造"以人为本、科技为尚"的企业文化氛围。引进先进的人力资源管理方法，优化人力资源配置，建立以绩效为导向的薪酬制度，不断完善有利于激发人才主动性和创造性的激励机制，从而实现公司各类人才创造价值最大化、精神享受最大化，逐步形成凝聚人才、激励人才、鼓励人才的企业文化和良好机制。

4. 建立并强化多层次的全员培训体系

高度重视对技术人员的培训工作，使其不断提升掌握本领域最新技术发展动态，提高自身的理论水平和专业水平；对普通员工定期进行技术、岗位责任和职业素质培训，不断提升岗位绩效；对中层管理人员进行管理培训，提升管理人员的自身素质，提高公司整体管理水平；为高级管理人员创造更多参加综合管理技能专业培训的机会，提高其战略管理能力，全面提升管理艺术。

此外，千方科技按照国内上市企业的要求，进一步完善法人治理结构，规范和优化经营管理业务流程，完善内控制度体系建设，推动管理升级。公司上市后，陆续修订和颁布了 40 多项管理制度，组织高级管理人员及相关业务部门进行业务和管理培训，这将有效促进公司合法经营、高效规范运作、管理人员忠实勤勉地履行职责、维护公司及全体股东的整体利益。

第二十六章　江苏八达重工机械有限公司

第一节　总体发展情况

一、发展历程与现状

江苏八达重工机械股份有限公司（简称：八达重工）是一家科技研发型企业，始建于1986年，改制于2006年。企业最早从事物流运输业务，1993年转型物流装备制造业，1995年以自主知识产权与徐工集团合作，研制生产特种工程机械产品。2006年公司重组，成立了江苏八达重工机械有限公司，2012年完成股份公司改制，注册资本5573.3333万元，并于当年10月在天津股权交易所挂牌交易。

八达重工为国家"火炬计划"高新技术企业，与十余家高校、科研机构及大型企业集团签订了产、学、研合作协议，并牵头承担了国家"十二五"科技支撑计划—大型系列化救援机器人研制项目。企业建有院士工作站、国家级博士后科研工作站、应急救援装备公安部重点试验室试验基地，以及江苏省机、电双动力工程机械技术研究中心、省研究生工作站等科研平台。经过多年的积累和沉淀，公司研制的具有自主知识的油、电双动力物流装卸机械、抢险救援机械等主机产品共有八大系列，近一百个规格型号。公司共有专利发明57项，已授权专利28件，其中发明专利12件。

作为中国起重装卸和物流机械行业的一支骨干力量，"八达重工"每一件产品都融入了思想和创造，每一块市场都是开拓和引导的结果，"八达重工"以顽强的生命力走出了自己的一片天地。

二、生产经营情况

自2011年至2014年，八达重工的营业收入一直呈现稳步增长态势。2014

年公司营业收入达到 1.94 亿元，比 2013 年同比增长 2.65%。公司净利润从 2010 年的 1355 万元增长到 2014 年的 1600 万元。

表 26-1　八达重工 2010—2014 年财年利润情况

财年	营业收入情况		净利润情况	
	营业收入（亿元）	增长率（%）	净利润（万元）	增长率（%）
2010	1.44		1355	
2011	1.53	6.46%	1524	12.47%
2012	1.72	12.20%	1539	1%
2013	1.89	9.88%	1655	8.19%
2014	1.94	2.65%	1600	−3.9%

资料来源：八达重工财务报表，2015 年 3 月。

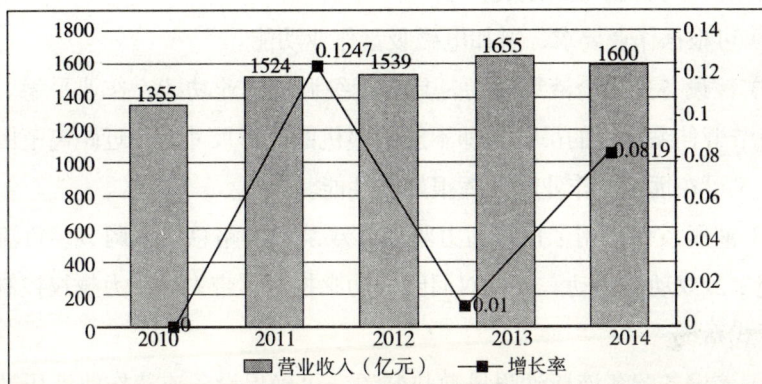

图26-1　八达重工2010—2014财年营业收入增长情况

资料来源：八达重工财务报表，2015 年 3 月。

第二节　主营业务情况

一、抢险救援机器人

BDJY38SLL 型双臂手轮履复合智能型抢险救援机器人是国家"十二五"科技支撑计划项目重点攻关、研制的产品，在各种自然灾害和重大事故现场，机器人可以轮履复合切换行驶，快捷、及时地到达现场，可以油、电双动力切换驱动双臂、双手协调作业，可以在坍塌废墟实现剪切、破碎、切割、扩张、抓取等

10 项作业，并可以进行生命探测、图像传输、故障自诊等。实施快速救援，"进得去、稳得住，拿得起、分得开"，最大效率地抢救人民生命财产，已获得国家多项发明专利。

二、履带式抓料机

WYS 系列"双动力"液压履带式抓料机是在挖掘机基础上开发的具有"双动力"驱动功能的货场装卸、堆垛和拆垛专用设备，采用多项自主知识产权。被认定为 2009 年江苏省重点新产品，该产品是移动式抓料设备，可以满足对各种类型废钢等散杂货物的装卸、堆垛、喂料等抓放作业，具有以下优越性：

（一）机、电混合动力驱动，既可采用内燃机驱动作业，又可采用电动机驱动作业，机动灵活。采用电动机驱动，维护成本低、无污染、故障率低。电动机作业是内燃机作业成本的三分之一。

（二）可根据作业要求，增加电磁吸盘作业功能。

（三）该设备采用全液压驱动，具有无级调速作业功能，作业平稳。可选配具有第三节臂伸缩功能的吊臂，即不影响整机的外形尺寸，在近距离范围内灵活地作业，又可在远距离作业时发挥很好的性能。

（四）液压系列采用：1. 双动力驱动、双泵双回路总功率调节、负流量控制开式系统；2. 双动力驱动、双泵双回路分功率控制、带先导压力越权控制、正流量控制开式系统。

（五）该设备配备液压油强风散热装置，可确保设备连续作业液压油温升不超过 80℃，有效地延长了液压密封件的使用寿命。

（六）该系列抓料机除了可以配备废钢抓斗对废钢进行抓取作业外，还可方便地更换其他抓具，对各种原料进行抓放作业；去掉抓具后又可以作为一台普通吊车使用，一机多用。

（七）该设备具有变幅、回转等安全限位装置，作业安全可靠。

（八）驾驶室可选配升降功能，其驾驶室内操作人员的平视高度可达 5.6 米，视野开阔，便于抓取箱底等纵深作业，并且在操纵室内安装可调式座椅，配备车用冷暖空调，有效地改善了司机工作环境。

（九）电机防护等级 IP54，电气系统有过流、过载、过热、漏电等保护功能；采用 Y/△降压启动。

（十）有相序识别，防止电机反转功能；采用 24V 低压照明和启、闭控制。

1. 可选配安装称重仪。

2. 可选配抓具旋转头，使抓具具有 360° 旋转功能，尤其是对有方向性的原料，拥有更出色的抓取效果。

3. 该设备配有德国进口的自动集中润滑系统。

三、轮胎式抓料机

QLYS 系列"双动力"液压轮胎式折叠臂抓斗起重机是结合汽车起重机功能而改型生产的新式液压抓斗起重机。该机的作业和行使均在一个操纵室内完成，并可在前后两侧吊载 30%（主臂作业时）的重量行使、移动。

该抓斗堆垛起重机的移动、回转、卷扬、变幅及抓斗作业等全部采用液压驱动，作业平稳、并可无级调速；防爆电机和全封闭电器、电路在重点消防单位作业时安全防火；配装不同的液压抓具后可对各种煤、矿石、废钢、草、木、废纸等原料进行装卸、堆垛和喂料作业，是车站、港口码头、废钢处理中心、造纸、人造板、生物发电、木材处理行业实行原料装卸、储备机械化作业的最佳设备。

四、固定式抓料机

QLYD-G 系列电动液压固定式折叠臂抓斗起重机的回转、卷扬、变幅及抓斗开闭作业等全部采用电动液压驱动，先导控制。作业平稳、各动作可无级调速；同等作业效率下可比内燃机驱动节省 60% 能耗；司机室安装冷暖两用空调、多向调节座椅，作业环境舒适；配装不同的液压抓斗后均有自重小、抓取力大，对沙石、煤等散装原料进行抓取作业。该固定式抓料机是港口、车站、码头等固定作业场所进行散货装卸的最佳设备。

五、液压轨道式抓斗卸车机

八达重工有着数十年的装卸设备设计和制造经验，以把可靠稳定的设备交给用户为理念。液压轨道式摆臂抓斗卸车机技术，是采用八达成熟产品 WYS50 卸车机的上车部分，下车部分采用了链斗门式卸车机的行走部分，行走电机部分为成熟技术液压马达驱动，实际上就是给轮胎式卸车机更换了行走底盘，该行走底盘适应于铁道线上的换装作业。其可靠性非常稳定，液压系统泵、阀、密封件等采用了国内外知名产品；操纵阀采用了原装国际知名品牌，为方便检查液压系统中的压力还设有液压检测点；高压油管连接可靠、布置合理、方便更换、严控渗油；液压油管与电缆分别走线，对外露易碰撞管路部位加装了保护装置。

该设备在联合作业上有着良好的平稳性和安全性，70吨的煤、沙、石子，卸车只需6—10分钟，余料只需简单清扫即可，装卸其他物料时只需要更换抓具即可。以钢轨面为基点作业最大幅度为8米，最低作业高度为–1米，最高作业高度为8米，动力为电力拖动，采用4台电机拖动。一台主动力，两台供行走，一台风冷散热。

六、双动力矿山、高原型液压挖掘机

双动力矿山、高原型液压挖掘机采用了八达"双动力"技术，是"徐工"主机产品和世界一流品牌的配套件。具有节约能源、保护环境、噪声小等优点。可用于大型矿山、露天煤矿、发电厂等场所。该产品既可用电、又可用油。石油资源正在逐渐减少，油价也在不断上升。该产品可以做到启动电力驱动系统作业，节能60%以上，无排废、不污染环境，三年时间即可省回一台产品投资。

油电混合"双动力"全液压驱动技术，是八达重工获国家发明专利保护的技术（专利号ZL03150958.4）。该项技术是通过内燃机和电动机分别驱动的两套液压动力系统和一套执行系统所组成。油电转换之间设计有互通、互锁、降压启动及过流、过载、过热和漏电保护系统，并设计有流动式（车载）变电站及电缆跟踪自动收放装置。

采用该"双动力"专利技术具有如下优点：

1.同比作业效率情况下，用电作业综合成本只是用油的30%—40%；

2.电动作业噪声小，无排废，不污染环境，尤其适应在高原氧气稀薄地区施工作业；

3.电动作业可选用防爆电机、全封闭电器，安全防火，可在重点消防单位作业；

4.可根据用户需要，配置作业计时器、计量器、多功能抓斗、跟踪变电、供电装置和司机室升降装置等功能和配置，实现节能、环保和一机多用。

七、铁路救援起重机

八达重工拥有三种40吨型铁路救援起重机，分别为QYJ40型、QYJ40A型和折叠臂型。此三种产品均适用于铁路及大型企业进行线路维护和装卸货物及救援工作，尤其适用于不打支腿铺设12.5米长灰枕和木枕轨排、相邻线装卸轨排等作业情况。

第三节　企业发展战略

八达重工近期将着力打造三个国家级高新技术产业化项目，致力于企业创新的同时为安全生产、应急救援做出贡献。2015 年，企业的目标是年产 2000 台"双动力"抓料机、300 台大型救援机器人和推行高速公路电气化。

一、国家级高新技术产品"双动力"抓料机项目

八达重工预计在 2015 年总投资 12 亿元，达到年产 2000 台 WYS 系列化油电"双动力"大型矿山挖掘机的水平，完成 WLYS 系列"双动力"轮胎式抓料机产业化项目，达产后计划实现年销售额 30 亿—40 亿元，利税 4 亿—5 亿元。目前已实现小批量销售，计划达产期为 3—5 年。

二、大型系列救援机器人产业化项目

得到国家"十二五"科技计划支撑，八达重工计划年产 300 台大型系列救援机器人，该项目将研制 40 吨级、50 吨级及 60 吨级三种不同型号的产品，总投资 4 亿元。项目完成后可实现年销售收入 12 亿—15 亿元，创利税 2 亿—3 亿元，项目建设及达产周期为 3—5 年。

三、高速公路电气化项目

为适应国家政策对节能环保产品的鼓励和支持，八达重工近期将大力推行高速公路电气化项目，首先重点开发和研制的接触网式混合动力重载专用卡车就是在普通重载卡车上加装电动机系统和接触受电系统，是电动技术和内燃技术的组合。卡车通过与其宽度一致的智能受电弓与架空接触网保持连接获取电源，驱动车辆高速行驶。在卡车高速行驶途中，智能受电弓可以实现自动搭接或脱离架空接触网进行超车。卡车行驶在没有架空接触网的普通道路上，将启动另一个驱动系统，利用柴油或天然气作为能源。专用卡车特别适合应用于点对点的常规运输线路，例如煤矿和铁路货场之间、钢厂和港口码头之间、邮政快递的主干线、城市绿色配送线等，特别适应电气化高速公路发展方向。

政 策 篇

第二十七章　2014年中国安全产业政策环境分析

2015 年，中国经济进入"新常态"，经济增速从高速增长转为中高速增长，经济结构不断优化升级。工业发展也面临较大下行压力，投资增速持续放缓，产业结构不断调整，新的经济形态和工业发展形势对安全产业提出了新的发展要求。

第一节　中国安全生产形势要求加快安全产业发展

党的十八大以来，以习近平为总书记的新一届中央领导集体贯彻落实以人为本的科学发展观，坚持立党为公、执政为民的崇高执政理念，把安全生产纳入全面建成小康社会和全面深化改革的总体布局，作为推进国家治理体系和治理能力现代化的重要内容，作出一系列决策部署，有力地推动安全生产工作的创新和发展。在新精神的引领下，2014 年，全国持续深入贯彻习总书记关于安全生产一系列重要讲话精神，开展了多种形式的宣传教育和安全检查专项行动。新修订出台了《安全生产法》，全社会安全生产意识进一步加强，安全生产监督管理水平不断提升，安全生产形势进一步好转。

一、深入学习贯彻习总书记关于安全生产一系列重要讲话精神

2014 年，全行业普遍掀起了学习习近平总书记关于安全生产系列重要讲话精神的高潮。年初，中央政治局召开第 28 次常委会，听取国家安监总局安全生产工作情况汇报，习总书记在会上发表了重要讲话。他指出：人命关天，发展决不能以牺牲人的生命为代价，这必须作为一条不可逾越的红线。习总书记要求各行各业都要绷紧安全生产这根弦，准备打持久战。要强化各级党委、政府的安全

监管职责，强化中央企业的安全生产责任，严格事故调查，严肃责任追究，抓好安全生产大检查。2014年6月，习总书记又就青岛市黄岛区"11.22"输油管线泄漏燃爆等重大事故作出重要指示，要求要始终把人民生命安全放在首位，以对党和人民高度负责的精神，完善制度、强化责任、加强管理、严格监管，把安全生产责任制落到实处，切实防范重特大安全生产事故的发生。围绕贯彻落实习总书记关于安全生产的重要讲话精神，全行业红线意识、底线意识逐步增强，各单位都按照最严格的要求强化安全责任的落实；以最严厉的手段深化隐患排查治理，严肃查处事故，并追究责任；以最有效的措施营造安全生产浓厚的氛围；以最大的勇气推进安全生产体制机制的改革和创新。在全国安全生产月期间，各单位、各部门还广泛开展了以宣传贯彻习近平总书记系列重要讲话精神、大力实施安全发展战略为主线，以"强化红线意识、促进安全发展"为主题的系列安全生产宣传教育活动，强化"红线"意识，弘扬安全文化，普及安全知识，提升安全素养，曝光非法违法生产经营建设行为，为坚决遏制重特大事故，加快实现全国安全生产形势根本好转提供有力的思想保证、精神动力、文化条件和舆论支持。

二、适应安全生产新形势，修订《安全生产法》

为适应新时期安全生产发展形势，把以人为本、安全发展作为依法开展安全生产工作的重要理念，我国启动了《安全生产法》的修订工作。当前，我国市场经济体制改革进入了攻坚期和深水区，党和国家的发展观发生了巨大变化，确立了以人为本的科学发展观，人们对安全生产的认识实现了从安全生产到安全发展、再到实施安全发展战略的飞跃。经过十多年的实践，安全生产领域的诸多关系逐渐理顺，安全生产监管监察体制基本建立，安全生产法制建设不断加快，安全生产责任体系不断健全，尤其是，党的十八届四中全会将依法治国作为依法执政的基本思路，在安全生产领域，经过多年实践，许多正确、有效的政策措施、工作实践中行之有效的做法，需要通过立法将其规范化、制度化。在2005年5月至6月全国人大常委会组织对全国10个省（市、区）《安全生产法》执法情况进行检查后，"刀不快，腰不硬"的问题成为修改《安全生产法》的发端。2011年7月27日，国务院第165次常务会议决定，加快修改《安全生产法》，进一步明确责任，加大对违法行为的惩处力度。2011年12月，国家安监总局向国务院报送修正案（送审稿）。2012年6月4日，修正案（征求意见稿）在国务院法制工作办公室的政府网站上公开向社会公众征求意见。2013年10月31日，十二届全国人大常委会将修改《安全生产法》列入本届常委会立法规划第一类项目。2014年1月15日，国务院常务会议审议并通过《安全生产法》修正案草案。2014年2月25日，全国人大常委会第一次审议修正案（草案）。8月31日，全国人大常委会第二次审议并表决通过。

第二节　宏观层面：继续加强对安全产业的支持

党的十八大以来，党中央、国务院高度重视安全生产工作，习总书记反复强调要始终把人民生命安全放在首位，发展决不能以牺牲人的生命为代价。这充分体现了中央对保障人民生命安全的高度重视。在继续落实安全责任，全力保障人民群众生命财产安全的同时，狠抓安全措施，特别是大力发展安全产业，促进安全装备生产、制造、流通，成为宏观层面的具体举措。

一、继续深入执行《关于促进安全产业发展的指导意见》

2012年，工信部和国家安监总局联合发布《关于促进安全产业发展的指导意见》，标志着我国安全产业自2012年起进入了新的发展阶段。从2013年到2014年，各地区、各部门围绕指导意见，不断拓宽思路，出台政策，多措并举促进安全产业发展。一是一系列配套政策文件陆续出台，有力推动了指导意见贯彻落地。从2013年开始，《安全生产专用设备企业所得税优惠目录》《部分工业行业淘汰落后生产工艺装备和产品指导目录》《安全技术和产品指导目录》等配套政策文件，有的正在修订，有的即将出台，完善了安全产业政策指导体系。二是各地区相继设立建设了一批安全产业园区(基地)，有的已经初具规模。2014年，重庆组建了重庆安全产业发展集团有限公司，并依托集团公司建设了中国西部安全（应急）产业基地。徐州作为我国传统的煤炭工业基地，借助中国矿业大学等高校科研资源，设立了国家安全科技产业园，有效推动安全产业的"产、学、研"合作。合肥依托科大立安、工大高科、电力继远、安徽江河、三立自动化、世腾信息为实施主体，以中国科技大学火灾实验室、中国航空集团、中国科学院合肥物质研究院、煤炭工业合肥设计研究院等为研发平台，组建了公共安全产业基地，发挥龙头企业带动作用，抢占安全产业发展先机。辽宁营口将安全智能装备产业作为发展方向，大力推进中国北方安全（应急）智能装备产业园建设，带动了一批安全装备生产制造企业的发展，形成了产业集聚。

二、产业转型升级带动安全产业发展壮大

当前，我国经济进入"新常态"，工业发展也处于两化深度融合、转型升级的特殊时期。特别在安全产业方面，过去，由于工业领域的重化工比重大、高危行业增长迅速，普遍存在结构布局不合理、安全专用装备发展相对滞后等问题，严重制约工业安全健康发展。通过发展安全产业，能够给企业安全生产提供有力的技术支撑，增强安全生产自主创新能力，提高企业本质安全水平，改善企业经济发展方式，促进工业转型升级。一方面继续坚持走新型工业化道路，努力转变经济发展方式，快速推进产业结构、工业结构和能源结构的优化升级，加快第三产业发展，提高工业现代化水平，继续从产业结构演进升级角度缓解工业化进程给安全生产带来的巨大压力。另一方面，适应工业化、城镇化快速发展阶段安全生产规律特点，结合我国国情，推动安全生产监管体制机制创新，提高安全监管效率和效能，努力建立安全生产长效机制。

从 2012 年国务院提出将安全产业纳入国家优先支持的战略产业后，安全产业出现良好发展势头，产生了以江苏徐州、辽宁营口、安徽合肥、吉林、重庆为代表的安全产业集聚发展区。根据当年的不完全统计，我国安全产业相关企业1500 多家，2012 年销售收入超过了 2000 亿元，出口额约 25.2 亿美元，实现利润 179.3 亿元。近几年来，我国安全产业快速发展。据初步调查，截至 2014 年，我国从事安全产品生产的企业已达约 2000 家，安全产品年销售收入约 3000 亿元，较 2012 年又有了大幅增长。2014 年，在中国（南京）首届安全产业高峰论坛上，有专家测算，经济发达国家的安全产业产值一般占国家 GDP 的 8%。目前，我国正处在城镇化和新型工业化加速发展阶段，每年因各类安全事故导致的人员伤亡和财产损失占 GDP 的 6%。按此比例，以 2012 年全国规模以上安全产业企业产值 2000 多亿元为基础，可以预见，到"十二五"末，整个安全产业产值可以超过 4000 亿元，到 2020 年可达到超万亿元的目标。安全产业将成为新的经济增长点。

第三节　微观层面：关注产业发展，呼吁行业协会出现

在各类政策措施的推动下，近几年来，一大批安全生产设备、安全防护设备

应运而生，带动发展了一批产业企业。随着各类企业力量的不断壮大，新的问题摆到安全产业面前，如产业发展还处于初级阶段，产业市场培育不足，安全科技基础薄弱等。借鉴发达国家安全产业发展的主要经验，成立全国范围内的行业协会已成为促进安全产业发展的必由之路。

一、成立全国范围内行业协会的必要性

当前，尽管我国安全产业快速发展，全行业实力不断增强，但与经济发达国家相比，我国安全产业的发展情况还存在三个方面的问题：一是产业发展还处于初级阶段。主要表现为我国安全产业正处于成长期，发展较为缓慢，布局分散，产业规模和市场份额较小，技术水平低，竞争力弱，安全保障能力不足，装备和服务水平比较落后，整个行业缺乏在国际市场上有引导作用的龙头企业，尚未形成与国家总体经济发展水平相适应的产业格局。二是产业市场培育不足，主要表现为我国安全产业市场规模较小，同时，由于管理体制原因（行业主管部门为工业和信息化管理部门，业务指导部门为安全监管部门），行业发展缺乏统一的规划指导和有利的政策性引导，因此，各部门应努力做到既不"缺位"又不"错位"，各负其责、形成合力。一些经济欠发达地区对安全产业的概念还不了解，对发展安全产业认识不足，国家财政、金融、税收、保险等政策尚未在安全产业发展中发挥应有的推动作用，有利于安全产业的市场机制尚未建立。三是安全科技基础薄弱。主要表现为我国支撑安全科技研发的检测检验、试验测试、安全科技支撑体系建设相对滞后，安全科技研发高端人才缺乏，安全产业所需大量技能型人才培养有待加强，安全科技基础相对较弱，整体规划和系统设计不完善；我国安全产业技术成果转化体制机制还不成熟，政产学研用的互动性还有待加强。针对这三类问题，成立全国性行业协会，将有助于把从事安全及其相关产业的企业、事业单位、科研学者、政府机关组织起来，共同提高我国安全技术、装备、服务水平，对存在安全隐患时刻保持警惕，定期开展安全生产培训、交流及检查，引导、规范、管理、促进安全产业发展。

二、中国安全产业协会正式成立

2013 年 8 月，由重庆安全产业发展集团有限公司、上海华篷防爆科技有限公司、中房联合集团能源科技有限公司、杭州海康威视数字技术股份有限公司、兵器工业安全技术研究所、中国电子信息产业发展研究院等 6 家单位共同发起，

向工信部、民政部申请筹备成立中国安全产业协会。该协会是由从事安全产业及其相关产业的企、事业法人单位和相关专家自愿结成的专业性、行业性的全国性非营利社会组织。

经工信部、民政部审批同意后，中国安全产业协会开展了一系列筹建工作。一是广泛宣传，吸收会员，壮大协会力量。截至协会正式成立前期，共有251家单位提交了入会申请。二是拟定协会章程，明确业务范围。经广泛讨论和多轮征求意见，协会的业务范围包括12项内容：（1）宣传贯彻国家政策法规，向政府有关主管部门反映会员和本行业愿望和要求。开展行业情况调查，向政府提出有关本行业发展的经济、技术、装备、政策咨询意见和建议。（2）维护会员合法权益，反对不正当竞争，反对侵害他人知识产权，积极组织行业企业做好反倾销、反垄断、反补贴的应诉和申诉等相关工作；开展行业自律工作，促进和制订行规行约，推动市场机制的建立和完善。（3）贯彻落实国务院给安全产业企业的各项优惠政策和发展安全产业的各项举措。（4）订立本行业行规行约，约束行业行为，提高行业自律性，提倡公平竞争，维护行业利益。（5）协助政府部门组织制定、修改本行业的国家标准和专业标准以及本行业的推荐性标准，并推进标准的贯彻实施；参与产品质量认证和社会产品质量监督活动。（6）组织设立中介企业法人、开展各种中介服务，满足安全产业企业在投融资、上市、收购兼并、企业改制、法律、财务等多方面需求；组织、开展安全产业企业无形资产的评估工作，规范安全产业企业资产评估业务，制定相应的评估体系和评估标准，保护安全产业企业研发人员的智力成果和知识产权。（7）经政府有关部门批准，开展安全产业行业的统计，组织本行业优秀安全产品的推荐活动，宣传、推广优秀安全产品；积极开展培训服务、宣传服务、公关服务。（8）经政府有关部门批准或根据市场和行业发展需要，组织本行业全国性安全产业行业的展览（销）会以及与本行业相关的专题论坛或研讨会，组织企业参与国际性大型展览活动，并组织学术交流、技术交流。（9）对企业经营管理进行诊断、咨询和指导；收集反馈本行业产品质量信息；组织本行业的技术情报和经济信息的收集与分析，进行安全产业企业调查、市场调查，交流信息，及时向会员及有关部门提供行业发展情况、市场发展趋势、经济预测等信息，做好政策导向、产业导向、市场导向。（10）协助政府有关部门继续完善和贯彻执行与安全产业知识产权保护相关的法律法规。（11）开展与国外同行业的交流合作，推动安全产品出口与安全服务外包，提升中国安全产业的整体实力。促进我国安全产业参与国际竞争的能力。（12）完成政府或会员交由本协会办理的其他事项。三是成立组织机构，酝酿协会理事会、常务理事会组成方案和理事长、副理事长、秘书长等主要负责同志推荐人选。

经过广泛酝酿和征求意见，经国务院同意，民政部于 2014 年 10 月 11 日正式批复中国安全产业协会成立，并于 12 月 21 日召开成立大会和第一届会员代表大会、第一届理事会。大会宣告了中国安全产业协会成立，表决通过了协会章程及相关制度规定，选举产生了以肖健康为理事长、陈瑛为秘书长的第一届理事会。中国安全产业协会的成立是我国安全产业发展历史上的一件大事。

第二十八章　2014年中国安全产业重点政策解析

第一节　新《中华人民共和国安全生产法》(2014年修订)

2002年《安全生产法》颁布实施后，我国安全生产事故总量和死亡人数逐年下降，对生产安全事故的预防，保障人民群众生命财产安全和经济的平稳运行发挥了重要作用。近年来，我国安全生产事故和死亡人数下降了50%以上，2013年与2005年相比，事故总量和死亡人数年均降幅为10%和7.3%，安全生产工作取得了显著成效，同时工业安全指导体系和标准化体系初步建立，《安全生产法》促进和保障了我国安全生产形势的持续稳定好转。

党的十八大以后，习近平总书记提出，人命关天，发展决不能以牺牲人的生命为代价。这必须作为一条不可逾越的红线。随着我国工业化、信息化、城镇化和农业现代化步伐的加速，对安全生产工作提出了更高要求，面对全面深化改革和加速产业转型升级的新目标，《安全生产法》日益显现出在制定理念和总体设计中的缺陷。2014年8月31日，《全国人民代表大会常务委员会关于修改〈中华人民共和国安全生产法〉的决定》由第十二届全国人民代表大会常务委员会第十次会议审议通过，自2014年12月1日起施行。新《安全生产法》共七章114条，与原《安全生产法》七章97条相比，新增了17条，修改了67条。

一、政策要点

（一）坚持以人为本，推进安全发展。在新《安全生产法》(简称新法)第三条中，明确提出"以人为本"的科学发展理念，强化和落实生产经营单位的主体责任，进一步强调并确立了"预防为主、综合治理"的安全生产方针，同时明确了各方的安全生产责任，要求建立多方协调配合的监督机制。明确了负有安全监管职责部门的执法地位。在其他多条的修改中也体现了"以人为本、生命至上"的理念，进一步说明安全生产工作的本质是保证人民群众生命和财产安全，也体现安全生产法规制定向更加人性化的方向迈进。

（二）强化安全监管部门行政执法地位和措施。新法用"三个必须"体现了监督部门执法的重要性，管行业必须管安全、管业务必须管安全、管生产经营必须管安全。明确要求国务院和县级以上地方人民政府应当建立安全生产协调机制，强调了监督部门的综合监督管理，安全生产的执法部门要依法开展安全生产行政执法工作。安监部门作出停产停业整顿、停止建设等行政处罚决定或者行政强制措施后，施工单位应立即执行，并在三日之内报告整改措施和执行情况。

（三）强调管理机构职责，扩大了安全生产管理主体范围。新法第九条中明确了负有安全生产监督管理职责的部门包括安全生产监督管理部门和对有关行业、领域实施监督管理的部门，扩大了安全生产管理的主体范围。新法六十二条中，安全生产监督管理部门和其他负有安全生产监督管理职责的部门依法开展安全生产行政执法工作，这一条对安全生产管理部门做出明确定义，并强化了职责和权利。另外新法中指出乡、镇人民政府以及街道办事处、开发区管理机构等地方人民政府的派出机关，根据行政处罚法的规定，可被委托参与行政执法工作。

（四）建立预防安全生产事故的制度和应急救援预案。新法把事故预防和隐患排查处理放在重要位置，指出"生产经营单位应建立健全生产安全事故隐患排查治理制度"，对存在重大隐患的生产经营单位，安全生产监管部门可做出停止营业、施工等处罚。新增条目中要求国务院安全生产监督管理部门和其他负有安全生产监督管理职责的部门应当根据各自的职责分工，制定相关行业、领域重大事故隐患的判定标准。新法中要求生产经营单位以及各级政府建立安全生产事故应急救援预案，并协调配合，定期组织演练。

（五）加大对违法行为和事故责任的追究力度。对违法和事故责任单位的罚款起步价由原来的10万元提高至20万元，最高罚款金额则由原来的500万元提高至2000万元。新法中规定，对重大、特别重大事故负有责任的，终身不得担任本行业生产经营单位的负责人，直接负责的主管人员和其他间接责任人员同样承担一定数额的行政罚款责任。建立安全生产违法行为信息库，记录生产经营单位的安全生产违法行为信息；建立严重违法行为公告和通报制度，对严重的违法行为可向社会公示，并通报行业主管部门以及投资、国土、证券监管等部门和有关金融机构。

（六）强调安全生产教育和培训，推行注册安全工程师制度。新法中关于生产经营单位教育培训的规定如下，"组织制定并实施本单位安全生产教育和培训计划"；明确企业主体对劳务派遣用工形式下的被派遣劳动者以及学校实习学生进行安全生产教育培训的责任，劳务派遣单位与学校对此承担协助义务；要求企业应当建立安全生产教育和培训档案，如实记录安全生产教育和培训的时间、内容、参加人员以及考核结果等情况。新法确立了注册安全工程师制度，并两个方面推进，第二十四条中规定，危险物品的生产、储存单位以及矿山、金属冶炼单位应当有注册安全工程师从事安全生产管理工作。鼓励其他生产经营单位聘用注册安全工程师从事安全生产管理工作。注册安全工程师按专业分类管理，管理办法由安监总局等部门制定。

（七）明确单位应按照国家规定提取和使用安全生产费用，推进安全生产责任保险制度。安全生产费用提取、使用办法由国务院财政部门会同国务院安全生产监督管理部门共同制定，安全生产费用的税前扣除按照税法有关规定执行。规定生产经营单位应当保障用于事故隐患排查治理、职业病危害预防、劳动防护用品配备、安全生产教育培训和应急演练等费用，并按照国家有关规定，在生产成本中据实列支，与《职业病防治法》的表述相一致。税前扣除按照税法有关规定执行。新法中规定，国家鼓励生产经营单位投保安全生产责任保险。

（八）加快安全生产标准体系的建立。要求生产经营单位必须遵守有关法律法规，加强安全生产管理工作，建立、健全安全生产责任制和安全生产规章制度，改善安全生产条件，推进安全生产标准化建设，提高安全生产水平。

二、政策解析

（一）新安法，提出安全生产应当以人为本，将坚持安全发展写入了总则，把人的生命安全放在更为重要的位置。这一理念把人的行为因素作为安全生产工作中最基本和最关键的要素，符合习总书记提出的"发展决不能以牺牲人的生命为代价"，体现了安全生产工作在我国全面深化改革、产业转型的关键时期的重要意义。由原来的职工安全提升到全社会安全，按照安全生产工作的基本方针和工作机制，指导、规划实施安全生产各项具体工作，促进经济持续健康发展。

（二）进一步明确安全生产监管部门的执法地位，能够有效的解决长期以来法律制裁不严、企业违法成本低下等"刀不快，腰不硬"的问题，同时赋予了安监执法部门更强有力的执法手段，将有效的遏制屡禁不止的非法违纪行为。按照"三个必须"的原则实现治标的同时，积极探索和实施治本之策，执法部门应当从追究事故责任、查处违法违纪等方面入手，思想认识上高度重视，制度保证上严密有效，监管措施上强而有力，做到安全生产工作的综合监督管理。

（三）首次将乡镇一级的安全监管职责写入《安全生产法》，强调了基层安全生产工作，明确乡镇街道一级是做好安全生产工作的基础和保障，按照新法规定，做好本行政区域内生产经营单位安全生产状况的监督检查，协助上级人民政府有关部门依法履行推进安全生产监督管理工作。明确开发区机构的安全监管职能，有效的解决近年来我国重特大事故在开发区突发的问题，执法过程中，安全生产行政执法领域行政执法人员人数不足、执法覆盖率面不足、执法强度不够等问题通过委托行政执法将有所改观。

（四）预防安全生产事故制度和应急救援预案，遵从安全生产"预防为主、综合治理"的工作方针，使其成为降低安全生产事故、降低事故伤亡人数的有效手段。安全生产事故隐患排查系统是建立预防安全生产事故制度的根本，通过新一代信息技术的应用，解决生产经营单位中隐患排查技术匮乏、滞后、排查手段单一等问题，组织专业人员进行安全隐患的排查，并形成长效机制。应急救援预案应分级分层统筹规划，量身定制，把装备提升作为应急救援的重点工作，并在思想上保持警钟长鸣。

（五）修改后的《安全生产法》，处罚力度在财产罚、资格罚、人身罚方面都是前所未有的，称之为最严厉的法律一点不为过。新法通过加大责任、加重处罚、加强监管等途径落实生产经营单位主体责任，督查和警示生产经营单位严格按照新法规定开展安全生产的各项工作；猛药去疴，重典治安，为人民生命和财产安全提供了最强的司法武器，使得对违法行为和事故责任的追究，有法可依，有法必依，从根本上体现了以人为本的理念。

（六）"安全培训不到位就是重大隐患"。对于安全生产的教育和培训，从政府到生产经营单位，从生产经营单位的决策层到管理层再到操作层，新安法都明确地规定了各自的义务和职责，通过建立的安全生产教育培训网络体系，有力的推动我国未来安全生产形势的持续稳定好转。安全生产教育培训工作对提高职工及全社会安全生产意识作用重大，是保障经济发展这盘大棋的关键，功在当代，立在千秋。注册安全工程师制度的实施，进一步促进我国安全生产工作科学化、规范化发展。

（七）运用金融手段促进安全生产，保险制度的引入有效地解决了事故救援费用和第三人（事故单位从业人员以为的事故受害人）赔付的资金来源，有利于企业事故救援处理和善后工作，有助于减轻各级政府负担，促进经济的健康发展；有利于现行安全生产经济政策的完善和发展；有助于预防安全生产事故制度的建立。

（八）安全生产标准体系的建立应围绕生产经营单位这个主体，以安全生产规范化水平提升为目标，依靠国级顶层策划设计、省级推进实施办法、市级制定实施细则、县级具体实施措施等"四级一体"的联动推进实施，最终实现企业安全生产管理标准化、作业现场标准化和操作过程标准化，使企业本质安全生产水平得到大幅提升。

第二节 《国务院安全生产委员会关于加强企业安全生产诚信体系建设的指导意见》（安委〔2014〕8号）

一、政策要点

（一）《指导意见》出台的背景和总体要求

《指导意见》是为认真贯彻落实党的十八届三中全面深化改革精神、四中全会依法治国精神和《国务院关于印发社会信用体系建设规划纲要（2014—2020年的通知》（简称指导意见）（国发〔2014〕21号）要求出台的加强企业安全生产诚信体系建设相关意见。2014年8月31日，第十二届全国人大常委第十次会议通过《全国人民代表大会关于修改〈安全生产法〉的决定》，自2014年12月1日起施行。新《安全生产法》完善强化了安全生产工作机制和安全生产监督管理体制，强化安全生产法律责任，加大了违法处罚力度，旨在推进安全生产依法治理，促进企业依法守信，切实保障从业人员生命安全和职业健康。《指导意见》紧随新《安全生产法》的通过而制定，是推进安全生产依法治理的重要组成部分。

《指导意见》要求，要以党的十八大和十八届三中、四中全会精神为指导，以煤矿、金属与非金属矿山、交通运输、建筑施工、危险化学品、烟花爆竹、民用爆炸物品、特种设备和冶金等九大工贸行业领域为重点，建立健全安全生产诚信体系，加强制度建设，强化激励约束，促进企业严格落实安全生产主体责任，依法依规、诚实守信加强安全生产工作，实现由"要我安全向我要安全、我保安全"转变，建立完善持续改进的安全生产工作机制，实现科学发展、安全发展。

（二）从五项具体措施加强企业安全生产诚信制度建设

建立安全生产承诺制度。重点对法律法规、标准规范的执行情况、安全生产责任制度的落实情况、职工生命安全和职业健康的保障措施、安全生产标准化建设情况和隐患排查治理制度情况、接受监督检查和执行执法指令等五个方面做出承诺，签订安全生产承诺书并向社会和全体员工公开，接受各方监督。除企业作为整个承诺主体外，企业内部也要制定明确各个层级一直到区队班组岗位的双向安全承诺事项，并签订和公开承诺书。

（三）信息化将在企业安全生产诚信体系建设中发挥重要作用

《指导意见》专门指出，要提升企业安全生产诚信大数据支撑能力。做好以下两方面工作，信息化手段将在企业安全生产诚信体系建设中发挥重要作用：一是加快推进安全生产信用管理信息化建设；二是加快实现互联互通。

建立基础信息平台，实现安全生产诚信信息平台、安全生产监管信息化管理系统、安全生产标准化建设信息系统和隐患排查治理信息系统的整合，并以自然人、法人和其他组织的统一社会信用代码为基础，在此基础上建立健全企业安全生产诚信档案，构建完备的企业安全生产诚信大数据。不仅将企业安全生产诚信数据全部纳入平台，对企业下辖的负责人、车间、班组和职工个人等的安全生产行为信息也实行动态管理，推动加强企业安全生产诚信信息化建设。

为实现企业安全生产诚信建设与社会信用建设的对接，为财政、投资、国土资源、建设、工商、银行、证券、保险、工会等部门和单位的决策提供依据，为上下游企业提供参考，必须加快推进企业安全生产诚信信息平台和相关部门与单位信息系统之间的互联互通，最终实现全社会各行业诚信信息即时检索查询。

（四）重点建设诚信激励和失信惩戒机制

为加强行业自律和社会监督，《指导意见》重点建设诚信激励和失信惩戒机制。在企业主动性方面，激励企业安全生产诚实守信。对安全生产诚实守信企业，在行政审批工作中开辟"绿色通道",给予优先办理,重点在保险、担保、商业保理、履约担保、管理咨询及培训等可以以企业安全生产信用信息作为依据的服务中和项目立项及改扩建、土地使用、贷款、融资和评优表彰及企业负责人年薪确定等可重点参考安全生产诚信结果的工作中体现企业安全生产诚信状况。同时对安全生产失信企业实行纠错激励制度,推动企业自动自觉加强安全生产诚信建设。

在企业被动性方面,严格惩戒安全生产失信企业。对发生重特大责任事故和非法违法生产造成事故的企业实施重点监管监察;对此类企业的法定代表人、主要负责人取消评优评先资格,对其予以诫勉并及时公开曝光其不良行为记录。对安全失信企业或列入安全生产诚信"黑名单"的企业实行联动管制,严格审查相关企业发行股票、债券、再融资等事项的审批;依法限制或禁入土地出让、采矿权出让等事项的公开竞争;参考安全生产信用结果对企业进行评级、信贷准入、管理和退出,并采取风险缓释措施;依法督促已被吊销安全生产许可证或安全生产许可证已过期失效的企业办理变更登记或注销登记,完善市场退出机制。

(五)体系建设的具体要求

《指导意见》明确了企业安全生产诚信体系建设的时间表(见图28—1)及具体要求。

步骤	时间节点	完成任务
1	2014年12月底前	各省(区、市)及新疆生产建设兵团安委会、各有关部门要结合实际制定本地区和本行业领域的企业安全生产诚信体系建设实施方案,报送国务院安委会办公室。
2	2015年底前	地方各级安全监管监察部门和行业主管部门要建立企业安全生产诚信承诺制度、安全生产不良信用记录和"黑名单"制度、安全生产诚信报告和公示制度。
3	2016年底前	依托国家安全生产监管信息化管理平台,实现安全生产不良信用记录和"黑名单"与国家相关部门和单位互联互通。同步推进建立各省级的企业安全生产诚信建设体系及信息化平台,并投入使用。
4	2017年底前	各重点行业领域企业安全生产诚信体系全面建成。
5	2020年底前	所有行业领域建立健全安全生产诚信体系。

图28-1 企业安全生产诚信体系建设时间表

《指导意见》要求各地区、各有关部门重视企业安全生产诚信体系建设,把诚信体系建设纳入履职尽责、抓预防重治本和创新安全监管机制的重要举措当中。一是要推进依法治理,抓好《安全生产法》等法律法规的宣贯工作;二是要建立健全各级各部门的联动工作机制，实现各级各部门之间的信息沟通、资源共享和协调联动；三是要减轻企业负担，运用市场机制逐步开展第三方评价，实行企业安全生产诚信信息共享，防止重复执法和多头评价；四是要形成崇尚践行安全生产诚信的社会风尚，发挥新闻媒体作用，加强安全生产诚信宣传教育，弘扬崇德向善、诚实守信的传统文化和现代市场经济的契约精神。

二、政策解析

《指导意见》是落实《国务院关于印发社会信用体系建设规划纲要（2014—2020年）的通知》（国发〔2014〕21号）要求的具体体现，是依法治国的内在要求，是社会信用体系的重要组成部分。中国社会信用体系建设试点工作于2003年10月底启动，信用需求日益增加，但从全国来看，我国现在处于建立社会信用体系的初级阶段。在社会信用体系建设的初级阶段就提出建设企业安全生产诚信体系，彰显了国家对安全生产工作的高度重视，对推进安全生产依法治理具有重要意义。

《指导意见》是促进企业严格落实安全生产主体责任的重要举措。长期以来，企业的安全生产主体责任弱化，安全生产事故在很大程度上由政府买单，企业应承担其主体责任的社会氛围较弱。但企业作为生产经营主体，是安全生产工作的核心。作为社会中的企业，首先应对全社会生产负有安全主体责任，故应建立起全社会企业的安全生产诚信体系；作为职工的管理单位，企业对个人负有安全管理责任，故应完善企业负责人、各级部门、职工之间的安全生产诚信体系。尤其是企业主要负责人，更要充分认识到安全生产工作的极端重要性，领导企业落实《指导意见》，把人民生命财产安全作为企业对社会的承诺，把人民生命放在首位。

在政务诚信、商务诚信、社会诚信、司法公信四个重点领域的诚信建设中，提高商务诚信水平是社会信用体系建设的重点。生产领域信用建设则被作为了商务诚信建设的首要议题。商务诚信建设第一点就要求"建立安全生产信用公告制度，完善安全生产承诺和安全生产不良信用记录及安全生产失信行为惩戒制度。以煤矿、非煤矿山、危险化学品、烟花爆竹、特种设备生产企业以及民用爆炸物品生产、销售企业和爆破企业或单位为重点，健全安全生产准入和退出信用审核机制，促进企业落实安全生产主体责任"，将安全生产信用作为了商务诚信建设最重要的一部分。良好的商务诚信在维护商务关系、降低商务运行成本、改善营商环境等方面必不可少，是企业实现可持续发展的必要条件。而建设企业安全生产信用体系,是运用市场机制规范企业行为的重要手段。相较于政府直接干预企业生产经营,企业安全生产信用体系作为市场强有力的一只手,能够更有效促进企业自律,信守承诺,进一步做好安全生产工作。

社会信用体系建设离不开积极活跃的社会文化氛围。诚信文化建设将"安全生产月"列为重要的诚信主题活动。通过诚信主题的宣传,希望能营造企业信守安全承诺、职工遵守安全规范、政府严格安全监管的诚信和谐的社会氛围。最终通过进一步弘扬文化、典型教育、主题活动,使安全生产诚实守信成为企业的自觉追求。

其他建设企业安全生产诚信体系的实施支撑措施还有:加快企业安全生产信息系统建设,加强安全生产领域信用记录建设,完善行业信用记录和从业人员信用档案;推动安全生产领域信用信息应用创新示范,试点推行信用报告制度等。

第三节《国务院办公厅关于实施公路安全生命防护工程的意见》
（国办发〔2014〕55号）

2014年11月,国务院办公厅印发了《关于实施公路安全生命防护工程的意见》（国办发〔2014〕55号）,作为实施公路安全生命防护工程的指导性文件,该意见的出台将加速我国危险路段防护工程的建设进程,对于提升我国道路基础设施安全保障能力,减少翻坠等类型的交通安全事故意义重大。

一、政策要点

（一）制定了分阶段实施目标

表28-2 公路安全生命防护工程分阶段工作目标

时间	目标
2015年底前	全面完成公路安全隐患的排查和治理规划工作,健全完善严查车辆超限超载的部门联合协作机制,并率先完成通行客运班线和接送学生车辆集中的农村公路急弯陡坡、临水临崖等重点路段约3万公里的安全隐患治理。
2017年底前	全面完成急弯陡坡、临水临崖等重点路段约6.5万公里农村公路的安全隐患治理。
2020年底前	基本完成乡道及以上行政等级公路安全隐患治理,实现农村公路交通安全基础设施明显改善、安全防护水平显著提高,公路交通安全综合治理能力全面提升。

（二）提出了全面排查治理现有公路安全隐患的五条要求

一是抓紧制定《公路安全生命防护工程实施技术指南》。要求全面总结已有经验和研究成果，制定《公路安全生命防护工程实施技术指南》。并鼓励各地区结合当地实际情况，制修订更高要求的治理标准，并组织实施。二是全面排查公路安全隐患。要求2015年6月底前，各地区公路安全隐患全面排查、摸清底数、建立台账；并坚持动态排查、定期复查。三是制定治理计划。将隐患按照严重程度区分轻重缓急，实行省、市、县三级政府挂牌督办制度，逐一落实责任单位和责任人，落实治理资金，确定治理方案，明确治理时限。四是制定切实可行的改造方案。要求科学判断改造需求，制定切实可行的改造方案，注重整条路线的规模效益，科学有序组织实施。五是加强养护与更新。要求地方各级人民政府将公路安全设施纳入养护工程范畴，定期维护更新。并要求加大部门联合整治力度，严厉打击、惩治偷盗公路安全设施的违法行为。

（三）提出了严格规范公路工程安全设施建设的四条要求

一是修订完善公路安全设施标准，建立公路工程技术标准的动态发展工作机制，提高技术标准的针对性和实用性。二是严格测算并计列新建、改建、扩建公路的安全设施，加强审核和监管，确保投资同步到位。三是严格落实新建、改建、扩建公路建设项目安全生产"三同时"制度。四是严格公路安全设施建设标准，加强验收管理。

（四）提出了切实加大资金投入保障力度的三条要求

一是经营性收费公路的安全设施完善资金由收费企业承担。二是普通国省干线公路安全设施完善资金通过现有资金渠道予以保障。三是各地区、各有关部门要引导和鼓励汽车制造、公路建设和公路运输、保险等相关行业企业积极参与公路安全设施建设，鼓励社会各界捐赠资金，按照相关规定和市场化原则探索引入保险资金，拓宽公路安全设施建设资金来源渠道。

（五）提出了大力推进公路安全综合治理的三条要求

一是推进新技术和信息化手段的应用，加强交通技术监管、监测和执法。二是进一步加强车辆生产、销售、登记、检验、营运准入等环节的监管，严厉打击非法生产、非法改装车辆的行为。三是加快建立客货运驾驶人从业信息、交通违法信息、交通事故信息的共享机制，设立驾驶人"黑名单"制度。

二、政策解析

（一）推广公路安全生命防护工程对我国交通安全意义重大

我国交通安全形势严峻，交通安全事故起数和死亡人数较高。2013 年我国发生各类交通事故 198394 起、死亡 58539 人，分别占全国各类安全生产事故总起数和死亡人数的 65.5% 和 84.8%，交通安全已成为我国安全治理工作的重中之重。其中，大量事故与道路安全防护设施的缺失有关，数据显示，2012 年一次死亡 5 人以上的交通事故中，70 起为单方翻坠事故，占 28.5%；25 起重特大事故中，12 起为单方翻坠事故，占 48%；特别是在西南地区，71% 的重特大事故为单方翻坠车事故。

表 28-3　2009—2013 年全国道路交通事故起数和死亡人数

年份	2009年	2010年	2011年	2012年	2013年
事故起数（起）	238351	219521	210812	204196	198394
死亡人数（人）	67759	65225	62387	59997	58539

在全国范围内推广公路安全生命防护工程，为普通道路危险路段加装防护栏，能够有效避免翻坠事故，降低交通事故的发生。从重庆市的数据看，2003 年重庆市全面启动道路安全生命防护工程建设，在国省道边坡坡度 45 度至 90 度、路堤高度超过 6 米以上的危险路段及通行客运车辆的路段安装波形防撞护栏，十年间，"生命工程"每年递增上千公里，2012 年已达到 1.4 万公里。与实施"生命工程"之前比较，全市普通公路交通量在每年递增 15% 的情况下，年均死亡人数下降 25%，交通事故起数下降 36%，重特大交通事故起数下降 66%。

（二）推广公路安全生命防护工程经济效益可观

一是挽回事故所产生的隐含经济效益巨大。数据显示，2013 年，我国因道路交通事故造成的直接财产损失达到 103897 万元，间接经济损失更是不可估量。通过推广公路安全生命防护工程，能够大幅降低道路交通安全事故，保障人民群众的财产安全。

表 28-4　2009—2013 年全国道路交通事故直接财产损失

年份	2009年	2010年	2011年	2012年	2013年
直接财产损失（万元）	91437	92634	107873	117490	103897

二是带动相关产业发展。数据显示，2013年底，全国各类行政等级公路总里程达到435.62万公里，其中县道54.68万公里、乡道109.05万公里、村道214.74万公里，共计378.48万公里，占总里程的86.9%。虽然全国道路交通建设飞速发展，乡乡通，村村通，但安全投入却没有同步，全国县乡村道路危险路段90%以上没有安装防护栏和警示标志，加之国家财政补贴农用车、面包车、摩托车下乡，县乡道路车辆和事故同步增长，安全投入欠账大，公路安全生命防护栏需求量大。大量的防护栏安装需求将带动防护栏板、立柱、托架等相关安全装备制造行业和防护栏安装、维修、保养等相关行业发展，同时带动上游钢材需求的增长。

（三）《意见》的出台将加速公路安全生命防护工程的建设

首先，工作目标和保障措施的提出有利于建设公路安全生命防护工程工作的有效落实。《意见》出台以前，重庆、四川等地通过开展公路安全生命防护工程已经取得了不错的成绩，但在全国范围内，公路安全生命防护工程进展缓慢，很大一个原因在于缺少全国范围内的指导性文件。此次《意见》的出台将加速全国范围内公路安全生命防护工程的建设。总体工作目标的提出有利于各地区根据道路交通安全实际情况、经济发展现状等制定本地区分目标。保障措施的提出，特别是要求"地方各级人民政府要把公路安全生命防护工程列入重要议事日程，纳入政府绩效考核，考核结果作为领导班子和领导干部综合考核评价的重要内容"以及建立约谈和问责机制，将激发各地建设公路安全生命防护工程的积极性。

其次，全面排查公路隐患有利于公路安全生命防护工程的科学实施。从重庆经验看，所认定的需要加装防护栏的道路标准为：国省道边坡坡度45度至90度、路堤高度超过6米以上的危险路段及通行客运车辆的路段安装波形防撞护栏。而事实上，我国并没有相关的认定标准，坡度小于45度、高度不足6米是否就不存在危险，都无从考证。《意见》提出制定《公路安全生命防护工程实施技术指南》，制定标准，并根据认定标准组织力量对公路安全隐患全面排查、摸清底数，将有利于公路安全生命防护工程的科学实施。

第三，资金是支撑公路安全生命防护工程建设的重要保障。虽然公路安全生命防护工程的安全经济效益很高，但是安全经济效益主要来源于避免事故损失所挽回的费用，其最大的特征就是隐含性，不能直接用于补偿修建防护栏的先期资金投入。如果获取资金，《意见》提出在现有资金投入渠道的基础上，探索建立汽车制造、公路建设和公路运输、保险等相关行业企业积极参与的市场化投入渠道。

第四节《国务院办公厅关于加快应急产业发展的意见》
（国办发〔2014〕63号）

2014年12月8日，国务院办公厅以印发《关于加快应急产业发展的意见》，简称《意见》，国办发〔2014〕63号），成为即2012年工信部和国家安监总局联合发布《关于促进安全产业发展的指导意见》后，安全产业领域的又一重要指导性文件。

一、政策要点

应急产业是为突发事件预防与应急准备、监测与预警、处置与救援提供专用产品和服务的产业。近年来，我国应急产业快速兴起并不断发展，在突发事件应对中发挥了重要作用，但还存在产业体系不健全、市场需求培育不足、关键技术装备发展缓慢等问题。为深入贯彻落实党的十八大、十八届二中、三中、四中全会精神和国务院决策部署，以企业为主体，以市场为导向，以改革创新和科技进步为动力，加强政策引导，激发各类创新主体活力，加快突破关键技术，不断提升应急产业整体水平和核心竞争力，增强防范和处置突发事件的产业支撑能力，为稳增长、促改革、调结构、惠民生、防风险作出贡献，因此，制定了该《意见》。

《意见》共分充分认识发展应急产业的重要意义、总体要求、重点方向、主要任务、政策措施和组织协调六部分内容，明确了应急产业发展的总体要求、主要任务和政策措施，提出到2020年，应急产业规模显著扩大，应急产业体系基本形成，为防范和处置突发事件提供有力支撑，成为推动经济社会发展的重要动力。

《意见》提出，应急产业发展要坚持市场主导、政府引导，创新驱动、需求牵引，统筹推进、协同发展，服务社会、服务经济。《意见》部署了六项主要任务。一是加快关键技术和装备研发，国家科技计划（专项、基金等）对应急产业相关科技工作进行支持。二是优化应急产业结构，采用目录、清单等形式明确应急产品和服务发展方向，支持与生产生活密切相关的应急服务机构发展。三是推动产业集聚发展，形成应急物资和生产能力储备基地，建设国家应急产业示范基地。四是支持企业发展，培育大型企业集团，促进应急特色明显的中小微企业发展。五是推广应急产品和应急服务，激发全社会对应急产品和服务的消费需求，完善重要公共场所应急设施设备的配置标准，推动应急设施设备装备与建设主体工程同时设计、同时施工、同时投入使用。六是加强国际交流合作，支持企业以高端应急产品、技术和服务走出去，引导外资投向应急产业有关领域。

《意见》提出了五条政策措施。一是完善标准体系，加快制（修）订应急产品和应急服务标准。二是加大财政税收政策支持力度，对列入产业结构调整指导目录鼓励类的应急产品和服务，在有关投资、科研等计划中给予支持；建立政府引导应急产业发展投入机制，落实和完善适用于应急产业的税收政策。三是完善投融资政策，鼓励各类资本投向应急产业，支持符合条件的应急产业企业在海内外资本市场直接融资，加大对应急产业重大项目的信贷支持力度。四是加强人才队伍建设，培育核心技术研发人才和科研团队，鼓励海外专业人才回国或来华创业。五是优化发展环境，完善相关法律法规，健全应急产品认证制度，支持应急产业发展重大项目建设用地。

《意见》要求，建立由工业和信息化部、国家发展改革委员会、科技部牵头的应急产业发展协调机制；各地区、各部门要加强组织领导，制定具体措施，确保各项政策措施落实到位。

二、政策解析

近几年来，在党中央、国务院坚强领导下，我国先后成功处置了一系列重大自然灾害、事故灾难、公共卫生事件和社会安全事件，最大限度减少了生命财产损失，维护了经济社会和谐稳定。在上述应对突发事件措施和全社会不断增长的公共安全需求推动下，涌现了一批从事应急产品研发、生产和提供应急服务的企业，催生了应急产业。

应急产业是新兴产业，覆盖面广、产业链长。我国应急产业总体上还处于起步发展阶段。一是应急产业发展环境得到改善。国务院在一系列文件中对发展应急产业提出了要求，同时在关于加强防灾减灾、安全生产、环境保护等文件中也对应急产业相关内容进行了部署。工信部、国家发展改革委员会、科技部、公安部、国家安监总局等出台了与应急产业发展紧密相关的措施。2008年以来推动应急产业发展多次作为落实政府工作报告的重要内容。2011年我国将应急产业作为新增鼓励类产业纳入《产业结构调整指导目录》。我国与德国等发达国家的应急产业国际合作积极推进。二是应急产品、技术和服务呈现蓬勃发展态势。一批高水平食品安全检测、地质灾害监测、煤矿安全避险、高层灭火救援、应急通信和应急指挥等先进装备脱颖而出。航天技术、物联网技术、信息技术等高新技术在应用于应急管理中形成了一批创新成果。道路救援、航空救援、工程救援等应急服务业态发展迅速。三是应急产业发展力量不断壮大。广东、北京、河北、安徽、重庆等地打造区域性应急产业基地。新兴际华集团组建应急技术创新和产业联盟。中国航天科工集团、中国兵器工业集团、中国船舶重工集团等大企业重视发展应急产业。一批服务应急的中小企业不断涌现。应急产业规模呈现快速增长态势。四是应急产业支撑保障能力进一步增强。各种应急技术、产品和服务在我国应对四川芦山地震、云南鲁甸地震、甘肃岷县、漳县地震、黑龙江松花江、嫩江洪涝、青岛东黄输油管道泄漏爆炸、人感染禽流感疫情等突发事件中得到广泛应用，取得了良好的社会效益和经济效益。

特别是与国外系统完整的应急产业体系相比，我国应急产业在发展中还存在一些亟待解决的问题，主要体现在：一是应急产业体系不全。适应我国公共安全需要的应急产品体系还未形成，应急产业布局尚不清晰，大中小微企业协调发展格局还需要努力等。二是市场需求不足。全民公共安全消费需求不强，物资储备、重要设施和应急队伍应急产品配置标准对应急产品拉动不够，保险对应急产业的支撑作用不足等。三是关键技术装备发展缓慢。一些应急产品技术含量还不高，部分关键技术产品依赖进口，支撑产业发展的关键共性核心技术亟待突破等。

为了促进和规范应急产业的发展，国务院颁布出台了《关于加快应急产业发展的意见》，旨在满足国家发展、社会生活和人民群众对应急产品和服务需求的不断增长，达到提升基础设施和生产经营单位本质安全水平、突发事件应急救援能力和全社会抵御风险能力的目的。《意见》是我国首次对应急产业发展作出全面部署，总体来看，体现出四个方面的特点：

一是明确了应急产业的重点发展方向。根据应急产业的定义，按照满足未来处置自然灾害、事故灾难、公共卫生事件和社会安全事件的需要，选择有利于增强自主创新能力和提高应急保障水平且具有前瞻性、基础性、紧迫性的专用产品和服务进行布局。《意见》介绍了应急产业 4 个重点领域，监测预警领域包括自然灾害、事故灾难、公共卫生事件和社会安全事件四个方面需要的 22 类产品，预防防护领域包括个体防护和设施设施防护两方面的 7 类产品，救援处置领域包括现场保障、生命救护和抢险救援三方面的 23 类产品，应急服务领域包括事前预防、社会化救援和其他应急服务三个方面的 15 类服务。

二是提出了发展应急服务业的具体目标。应急服务业是应急产业中最具发展潜力的内容。《意见》提出多种加快应急服务业的措施，推行应急救援、综合应急服务等市场化新型应急服务业态，采用政府购买服务等方式，引导社会力量以多种形式提供应急服务，支持与生产生活密切相关的紧急医疗救援、道路救援、航空救援、工程救援、社区救援等应急服务机构发展，加快实现专业化、市场化和规模化。将保险纳入灾害事故防范救助体系，加快推行巨灾保险。

三是明确了要建设应急产业示范基地。产业集聚发展是现代产业发展的重要规律。《意见》提出要加强产业规划布局和指导，国家将根据区域突发事件特点和产业发展情况，合理布局并培育建设一批国家应急产业示范基地，引领国家应急技术装备研发、应急产品生产制造和应急服务发展，目的是希望在较短时间内将其发展成国家处置突发事件的综合性保障平台。基地的建设和发展要充分发挥市场机制作用和政府引导作用，平衡兼顾好经济效益和社会效益。

四是构建了多元化投入机制。《意见》明确提出，对列入产业结构调整指导目录鼓励类的应急产品和服务，国家将在有关投资、科研等计划中给予支持，为应急产业发展奠定了稳定的支持渠道。探索建立政府引导应急产业发展投入机制，加大应急产业发展基金、公私合作模式（PPP）等引导机制研究，带动金融资本、民间资本及创业与私募股权投资投向应急产业。支持符合条件的企业采取发行股票、债券等多种方式直接融资，鼓励和引导金融机构加大对应急产业重大项目的信贷支持。

热 点 篇

第二十九章 江苏昆山 "8.2" 粉尘爆炸事故

粉尘爆炸指可燃粉尘在爆炸极限范围内，遇到点火源，形成火焰在弥散于空间的可燃粉尘云中传播，引起显著的压力、温度跃升的现象。粉尘爆炸释放的能量大，具有极强的破坏力，二次爆炸和大量有毒有害气体的产生危害更大，易造成群死群伤和较大财产损失。2014 年 8 月 2 日，江苏省昆山市发生了一起特别重大粉尘爆炸事故。

第一节 事件回顾

2014 年 8 月 2 日 7 时 34 分,位于江苏省苏州市昆山市昆山经济技术开发区(以下简称昆山开发区)的昆山中荣金属制品有限公司（以下简称中荣公司）抛光二车间（以下简称事故车间）发生特别重大铝粉尘爆炸事故，当场造成 47 人死亡、当天经送医院抢救无效又死亡 28 人、当天死亡人数达到 75 人、受伤人数 185 人，事故车间和车间内生产设备严重损毁。依照《生产安全事故报告和调查处理条例》（国务院令第 493 号）规定的事故发生后 30 日报告期，共有 97 人死亡、163 人受伤（事故报告期后，经全力抢救医治无效陆续死亡 49 人，尚有 95 名伤员在医院治疗，病情基本稳定），直接经济损失 3.51 亿元。

2014 年 8 月 4 日，经国务院批准，成立了国务院江苏省苏州昆山市中荣金属制品有限公司 "8.2" 特别重大爆炸事故调查组，国家安监总局局长杨栋梁担任组长，国家安监总局、监察部、工业和信息化部、公安部、全国总工会、江苏省人民政府有关负责同志参加，开展事故调查工作。同时，邀请最高人民检察院派员参加，并聘请了国内粉尘爆炸、消防、建筑、机械、材料、电气等方面的院士、专家参与事故调查工作。

2014年12月30日，国家安监总局全文公布了《江苏省苏州昆山市中荣金属制品有限公司'8.2'特别重大爆炸事故调查报告》，查明了事故发生的直接和间接原因、事故发生经过、人员伤亡和直接经济损失等情况，认定了事故性质和责任，提出了对有关责任人员和责任单位的处理建议，并针对事故原因及暴露出的问题，提出了严格落实企业主体责任，加强现场安全管理；加大政府监管力度，强化开发区安全监管；落实部门监管职责，严格行政许可审批；深刻吸取事故教训，强化粉尘防爆专项整治；加强粉尘爆炸机理研究，完善安全标准规范等五条事故防范措施。

第二节　事件分析

一、事故发生看似偶然，实则是一系列违法违规行为导致的必然结果

粉尘发生爆炸的条件较为苛刻，必须同时具备三个条件，即粉尘爆炸"三要素"：可燃性粉尘以一定的浓度悬浮于空气中，形成粉尘云；有充足的空气或氧化剂；有一定能量强度的点火源。因此，现实生产过程中能够产生粉尘的场所发生爆炸事故的可能性并不高。

海因里希"事故金字塔"理论认为：1个死亡重伤事故背后，有29起轻伤事故，29起轻伤事故背后，有300起无伤害虚惊事件，以及大量的不安全行为和不安全状态存在。该理论揭示了事故预防原理，认为应通过加强日常安全管理、细节管理，消除日常不安全行为和不安全状态，才能够预防重大事故的发生。"8.2"特别重大粉尘爆炸事故的发生正是由于大量违法违规生产行为未引起重视，埋下了大量安全隐患，从而量变导致质变的过程。

从事故的直接原因来看：由于较长时间未按规定对除尘系统进行清理，导致铝粉尘大量集聚。除尘系统风机运行后，打磨工序产生的高温粉尘颗粒在集尘桶上方形成粉尘云。同时，1号除尘器集尘桶锈蚀破损，桶内铝粉受潮后与水发生氧化放热反应，温度达到粉尘云的引燃温度，引发除尘系统及车间的系列爆炸。由于没有泄爆装置，粉尘爆炸产生的高温气体和燃烧物瞬间沿除尘管道从各吸尘

口喷出，导致全车间所有工位操作人员直接受到爆炸冲击，造成群死群伤。

从事故的管理原因看：一是事故企业违法违规组织项目建设和生产，包括厂房设计与生产工艺布局违法违规；除尘系统设计、制造、安装、改造违规；车间铝粉尘集聚严重；安全生产管理混乱；安全防护措施不落实等。二是政府有关部门安全生产红线意识不强、对安全生产工作重视不够。三是负有安全生产监督管理责任的有关部门未认真履行职责，审批把关不严，监督检查不到位，专项治理工作不深入、不落实。

二、我国粉尘爆炸危险企业"量大面广"，治理难度大

首先，粉尘爆炸危险企业数量多，中小微企业占比高。企业分布广泛，数量众多。中小微企业占比高，是我国工业企业防范粉尘爆炸难度大的因素之一。据不完全统计，我国共有粉尘爆炸危险企业5.4万家，涉及31个省级行政区和新疆生产建设兵团，其中，规模以下企业达到3.5万家，占比65.4%。从苏州市排查情况看，1053家粉尘爆炸危险企业中，规模以下企业698家，占比66.3%。中小微企业安全生产责任制不完善、安全投入不足、安全管理不到位、安全意识淡薄等现象较为普遍，特别是一些小企业，安全生产条件极差，除尘设备简陋，甚至无除尘设备，安全隐患随处可见，非法违规生产现象屡禁不止，为粉尘防爆治理增加难度。

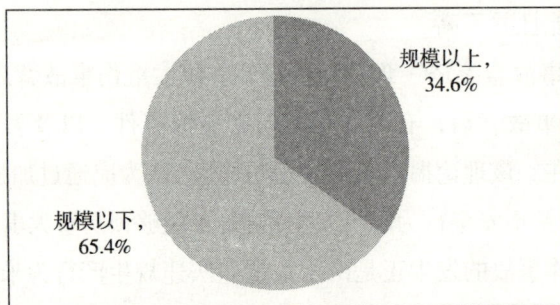

图29-1　全国存在粉尘爆炸危险性企业按规模分布情况

其次，爆炸性粉尘种类多，涉及行业和领域广泛。能够发生爆炸的粉尘种类繁多，大体可分为七大类：（1）金属粉尘，如铝粉、镁粉等；（2）粮食粉尘，如玉米淀粉、面粉等；（3）煤炭类粉尘，如活性炭粉、煤粉等；（4）林木产品粉尘，如木粉、纸粉等；（5）饲料粉尘，如鱼粉、血粉等；（6）农副产品粉尘，如烟草粉尘、棉花粉尘等；（7）合成材料粉尘，如塑料粉尘、染料粉尘等。

　　"差异性"导致粉尘防爆治理难度进一步加大。数十种粉尘涉及轻工、机械、食品、纺织等数十个行业和领域。各行业领域的生产工艺、作业环境等不尽相同，各类粉尘的最小点火能、爆炸极限、爆炸机理等也存在较大差异，导致粉尘爆炸存在较大差异性，因此不同行业领域、不同种类粉尘防爆治理也存在一定差异性。如煤矿生产过程中产生的煤粉，可通过喷水雾、洒水等措施降低其浓度，防止爆炸事故的发生；而抛光工序产生的铝镁粉尘遇湿能够发生放热反应，喷雾、洒水等措施反而会增大其爆炸危险性，"8.2"事故的引火源就是由集尘桶内抛光铝粉与水发生放热反应形成的。

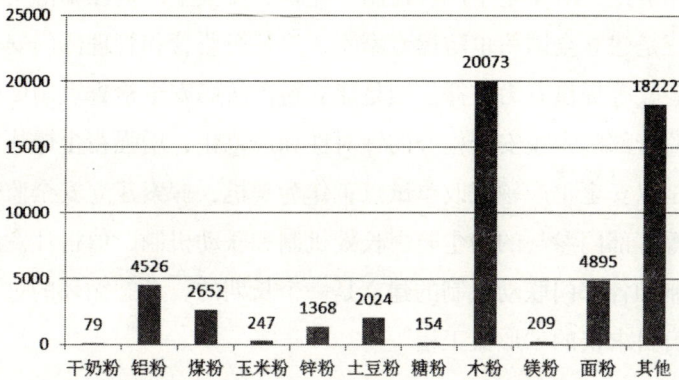

图29-2　全国存在粉尘爆炸危险性企业按粉尘种类分布情况（单位：家）

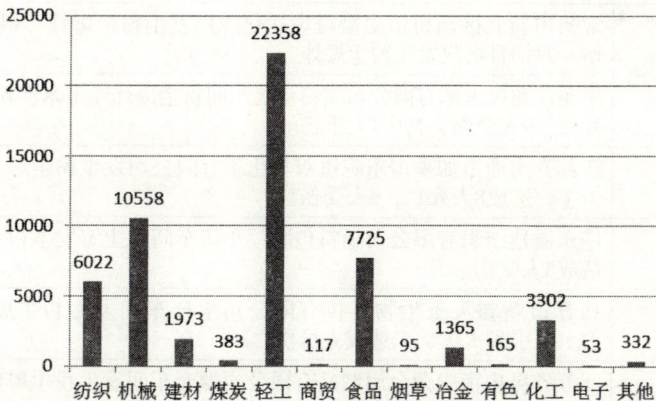

图29-3　全国工业企业粉尘爆炸危险按行业分布情况（单位：家）

三、我国正处于粉尘爆炸事故高发期，应引起高度重视

　　从国际来看，美国、德国、日本等发达国家在工业高速发展时期，都曾出现

过粉尘爆炸事故多发的情况。美国1980—2005年间发生各类粉尘爆炸事故281起，伤亡837人；德国1965—1980年间发生各类粉尘爆炸事故768起；日本1952—1979年间发生各类粉尘爆炸事故209起，伤亡共546人。

当前，我国工业高速发展，正处于粉尘爆炸事故高发期，2014年以来至少发生了7起粉尘爆炸事故，其中1起特别重大事故，2起较大事故。应引起高度重视，加强粉尘防爆安全管理。一是继续强化粉尘防爆专项整治，对厂房设计不合理、除尘系统不达标或缺失、管理制度混乱等存在严重安全隐患的企业应严格查处力度，及时提出整改要求，整改不达标的一律不得恢复生产。二是强化企业安全生产主体责任，对安全生产责任制不完善、安全生产责任不落实等行为加大查处力度。三是建立全国粉尘防爆专家库，为各级监管和管理部门安全监督、检查、整改、验收等提供有力支撑。四是建立粉尘防爆安全检查表制度，提升企业安全自查、监管部门常规安全检查的针对性和规范化，增强粉尘爆炸安全隐患识别能力。五是以安全生产领域改革试点工作为契机，探索建立安全监管部门、行业管理部门等多部门参与的粉尘防爆长效机制和联动机制，值得注意的是，粉尘防爆长效机制和各部门联动机制的建立是一个长期的、动态循环的过程，应注重实效，杜绝盲目求快的"形象工程"。

表 29-1　2014 年以来我国发生的 7 起粉尘爆炸事故

时间	事故概况
2014年1月20日	常州市新北区新桥镇史墅村华达化工厂发生粉尘爆炸（铝粉），1人受伤。2月8日再次发生粉尘爆炸。
2014年2月5日	黑龙江龙凤玉米有限公司淀粉包装车间粉尘爆炸（玉米淀粉），造成1人死亡，9人受伤，其中1人重伤。
2014年4月16日	江苏省南通市如皋市东陈镇双马化工有限公司发生粉尘爆炸（硬脂酸粉尘），造成8人死亡，9人受伤。
2014年5月27日	广东溢达纺织有限公司辅料包装厂车纽车间除尘室发生粉尘爆炸事故，造成5人受伤。
2014年6月21日	乌苏市新疆天玉生物科技有限公司生产车间发生粉尘爆炸（玉米淀粉），引发火灾，未造成人员伤亡。
2014年8月2日	江苏省昆山市中荣金属制品有限公司抛光车间发生粉尘爆炸（铝粉）特别重大事故，造成97人死亡，163人受伤。
2015年1月31日	内蒙古自治区呼伦贝尔市根河市金河兴安人造板有限公司发生粉尘爆炸事故（木纤维粉尘），引发火灾。截至2月4日，已造成6人死亡、3人受伤，生产车间厂房严重损毁。

四、千亿除尘产业蓄势待发，以产业发展推动安全发展

我国除尘产业市场潜力巨大。据不完全统计,我国拥有粉尘爆炸危险企业5.4万家,其中大多数企业存在除尘设备缺失、除尘设备陈旧等问题,除尘设备市场潜力巨大。

表 29-2　全国粉尘爆炸危险企业按省份分布情况

省 份	企业数	占比	省 份	企业数	占比
北 京	821	1.52%	湖 北	1388	2.57%
天 津	691	1.28%	湖 南	1400	2.59%
河 北	2064	3.82%	广 东	6944	12.84%
山 西	617	1.14%	广 西	1414	2.61%
内蒙古	411	0.76%	海 南	203	0.38%
辽 宁	1813	3.35%	重 庆	2001	3.70%
吉 林	766	1.42%	四 川	3217	5.95%
黑龙江	999	1.85%	贵 州	875	1.62%
上 海	1873	3.46%	云 南	834	1.54%
江 苏	5385	9.96%	西 藏	97	0.18%
浙 江	7203	13.32%	陕 西	613	1.13%
安 徽	1476	2.73%	甘 肃	396	0.73%
福 建	1317	2.44%	青 海	94	0.17%
江 西	628	1.16%	宁 夏	148	0.27%
山 东	5442	10.06%	新 疆	607	1.12%
河 南	1983	3.67%	新疆兵团	366	0.68%

昆山"8.2"特别重大粉尘爆炸事故后,我国对粉尘爆炸危险的专项整治达到了前所未有的强度,出台了一系列政策、措施、标准,加之企业安全生产意识的提升,潜在市场将得到有效激发。预测数据显示,未来5年,除尘改造市场规模将达到700亿元至1200亿元。

以产业发展推动安全发展是粉尘防爆治理的重要途径,但应注意标准的制修订。首先,提高粉尘防爆标准的强制性。2015年2月11日国务院常务会议要求将涉及公众利益的健康、安全、环保等领域建立统一的强制性国家标准,逐步缩减推荐性标准,推动向公益类标准过渡。而粉尘防爆全部涉及上述三个领域,应做好顶层设计,加强粉尘防爆标准的总体规划与协调,建立健全强制性标准体系。

其次，加强基础研究，为粉尘防爆标准的制修订提供数据和理论支撑。提高政府相关专项资金的扶持力度，支持科研院所、企业等开展粉尘防爆特征、粉尘防爆技术等基础研究；鼓励企业自主创新，开展粉尘防爆工艺、装备、仪器、信息系统等方面的研究。第三，加强标准制修订。与发达国家粉尘防爆标准对比，结合我国生产实际，加强粉尘防爆标准的制定；对于已有标准，加强相关条款的修订，提升标准适用性。

第三十章 "3.1"、"7.19"和"8.9"特别重大道路交通安全事故

2014 年全国共发生 4 起一次死亡 30 人以上的特别重大安全生产事故，其中 3 起为交通事故，且均与"两客一危"和长途货运等重点营运车辆有关。分别是晋济高速公路山西晋城段岩后隧道"3·1"特别重大道路交通危化品燃爆事故，沪昆高速湖南邵阳段"7·19"特别重大道路交通危化品爆燃事故和西藏拉萨"8·9"特别重大道路交通事故。

第一节 事件回顾

2014 年 3 月 1 日，山西省晋城市泽州县的晋济高速公路山西晋城段岩后隧道内，两辆运输甲醇的铰接列车追尾相撞，前车甲醇泄漏起火燃烧，隧道内滞留的另外两辆危险化学品运输车和 31 辆煤炭运输车等车辆被引燃引爆，造成 40 人死亡、12 人受伤和 42 辆车烧毁，直接经济损失 8197 万元。

2014 年 7 月 19 日，湖南省邵阳市境内沪昆高速公路 1309 公里 33 米处，一辆自东向西行驶运载乙醇的轻型货车，与前方停车排队等候的大型普通客车发生追尾碰撞，轻型货车运载的乙醇瞬间大量泄漏起火燃烧，致使大客车、轻型货车等 5 辆车被烧毁，造成 54 人死亡、6 人受伤（其中 4 人因伤势过重医治无效死亡），直接经济损失 5300 余万元。

2014 年 8 月 9 日，拉萨市尼木县境内 318 国道 4740 公里 237 米处，一辆大客车与对向行驶的越野车左前部发生正面相撞，大客车随后向右前方与路侧波型

梁护栏刮擦并撞断护栏后，仰翻坠落至 11 米深的山崖，导致车内 42 人死亡、8 人受伤。越野车在撞击后，又与随后同向驶来的轻型普通货车发生刮撞，导致藏越野车内 2 人死亡、2 人受伤，轻型普通货车内 1 人受伤。该事故共造成 44 人死亡、11 人受伤、两辆汽车严重损坏，直接经济损失 3900 余万元。

第二节　事件分析

一、公路营运车辆已成为我国交通安全治理的重中之重

首先，我国公路营运车辆数量多，增长速度快。2013 年底，我国公路营运汽车拥有量达到 1504.73 万辆，与 2012 年相比增长了 12.3%；其中公路营运载货汽车拥有量 1419.48 万辆，载客汽车拥有量 85.26 万辆。

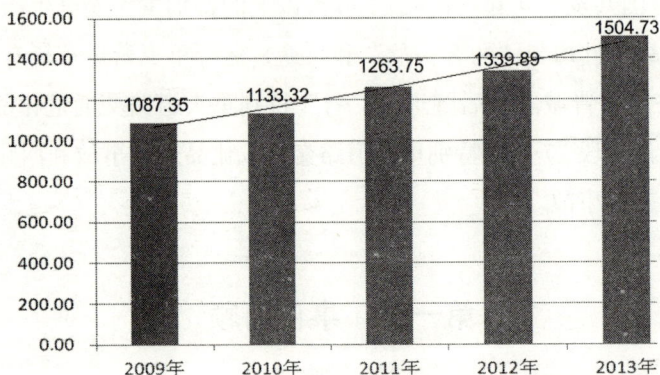

图30-1　2009—2013年我国公路营运汽车拥有量（万辆）

数据来源：国家统计局

其次，营运车辆违章行为多，事故发生率高。营运车辆"重生产、轻安全"情况较多，特别是货运车辆，市场不规范，道路货运个体挂靠多、集约化程度低，通过超载、超速等违章行为获取额外收益的情况十分普遍。以短途货运为例，装载 2 吨货物运送 40 公里的运费约 150 元，而加装到 5 吨运费就是 400 元，扣除车辆的损耗和油费约 120 元，可获得 280 元的收益，超载"利益"显而易见，目前，货运车辆超载 200%—300% 是普遍现象，甚至有非法改装后超载 1000% 以上的行为。超速、超载、超员、疲劳驾驶、闯红灯、强行超车等违章行为大量存在导致营运车辆事故发生率较高，尤其是死亡 10 人以上的重特大交通事故，更是占到 80% 以上。以 2011 年数据为例，全国营运客货车辆肇事 50296 起，占交通事

故总起数的 23.9%,造成 20648 人死亡,占交通事故死亡总人数的 33.1%。全国共发生一次死亡 10 人以上的重特大交通事故 27 起,造成 451 人死亡,其中营运客货车肇事的事故 23 起,造成 390 人死亡,分别占 85.1% 和 86.5%。

第三,重点营运车辆发生事故伤亡惨重。重点营运车辆包括旅游包车、三类以上班线客车和运输危险化学品、烟花爆竹、民用爆炸物品的道路专用车辆(简称"两客一危"车辆)和长途货运车辆。2014 年,我国发生 4 起一次死亡 30 人以上的特大安全生产事故,其中 3 起为交通事故,共造成 138 人死亡、29 人受伤,直接经济损失超过 1.7 亿元,这 3 起事故均与重点营运车辆有关。

表 30-1　2014 年 3 起特大交通事故情况

时间	伤亡人数	直接经济损失	肇事车辆
3月1日	40人死亡、12人受伤	8197万元	危险化学品运输车
7月19日	54人死亡、6人受伤	5300余万元	大客车、轻型货车(违规运输危险化学品)
8月9日	44人死亡、11人受伤	3900余万元	大货车、越野车、轻型货车

重点营运车辆发生事故伤亡惨重的原因在于:危险品具有易燃、易爆、有毒、有害等特点,出现运输安全事故,可能造成重大人员伤亡、财产损失、环境污染等严重后果;客运车辆载客多,发生重大事故后伤亡惨重;载重运输货车发生事故虽自身伤亡不多,但许多重特大交通事故是由其超速、超载等违章行为所肇事。

二、运用信息化手段提升安全治理能力是解决营运车辆安全问题的有效手段

从"3.1"、"7.19"和"8.9"特别重大道路交通安全事故的事故调查报告可以看出,各种违章行为是造成事故的重要原因,因此,解决公路营运车辆安全问题的关键在于治理超速、超载、超员、疲劳驾驶、闯红灯、强行超车等违章行为。通过安全检查、违章查处等传统方式治理营运车辆安全问题的方式存在一定局限性,往往短期效果好,事后容易反弹。而通过信息化手段,能够提升营运车辆本质安全水平,从源头上降低交通安全事故。信息化提升安全治理能力是指通过建立网络平台,并在车辆和交通基础设施上加装传感终端,利用先进传感技术、智能技术等通信技术,实现车辆与网络平台、车辆与行驶环境、网络平台与行驶环境之间互联互通,从而实现对车辆进行智能化监管。据分析,智能化交通可使车辆安全事故率比现在降低 20% 以上,每年因交通事故造成的死亡人数下

降 30%—70%。可使交通堵塞减少约 60%，使短途运输效率提高近 70%，使现有道路网的通行能力提高 2—3 倍。

信息化手段提升安全治理能力主要表现在几个方面：一是预防超速。通过安装在车辆上的超速报警终端，车辆一旦发生超速行为，将会自动为驾驶员报警，提醒驾驶员减速，并将超速信息发送至监管平台，接受企业负责部门和交通管理部门的处理。二是预防超载、超员。通过自动称重、定员等传感终端，车辆一旦发生超载、超员等违章行为，会给驾驶员发出报警，并限制车辆不能正常启动，直至违章消除为止。三是预防疲劳驾驶。通过安装在驾驶员前方的智能摄像头，时刻监视驾驶员的状态，一旦驾驶员出现超过规定驾驶时间未休息、瞌睡等疲劳驾驶状态，终端会发出报警，提醒驾驶员注意安全。四是预防不按规定路线行驶。通过车辆卫星导航定位装置，车辆一旦出现违反"三规一限"（规定路线、规定时间、规定停车点、分路段限制速度）的安全行车原则的行为，终端会报警，提醒驾驶员注意，并将违章行为信息发送至企业负责部门和交通管理部门，接受处理。

三、我国在公路营运车辆监管平台建设方面已经取得一定成效

一是政府监管平台已经建立。由交通运输部牵头、北京千方集团运营维护的道路交通营运联网联控平台已经于 2010 年正式上线运行，该平台的主要成效：一是系统充分整合现有各省级道路运输监控系统资源，完成重点营运车辆各省间信息互通。它一方面实现了重点营运车辆动态信息的跨区域交换体系，使跨地区联合监管成为可能。另一方面它作为一个全开放系统，建立数据交换通道，实现了同一地区不同政府管理部门之间的信息沟通。为多部门协同办公、应急联动等方面的应用奠定了基础。二是该系统实现了车辆动、静态信息的有效结合，将车辆位置信息、车辆运政信息以及车辆货物运输信息实时地转发给相应平台，使接收平台不但可以清晰地了解车辆的行驶轨迹，还可以对车辆的货物信息、属性信息了如指掌。三是实现了数据在部级层面的统一集中，可以有效掌握道路运输行业的总体运行情况，加强道路运输行业监管，提升道路运输行业信息化管理水平。实现为现代物流业、应急指挥系统、路网拥堵情况分析、交通经济运行分析等多个方面提供数据支撑。目前，该平台已经接入了 31 个省级平台的数据，入网车辆超过 200 万辆。

二是企业平台也取得了不错的成效。如中国石油天然气运输公司的信息安全

管理系统，该平台的主要成效：一是通过 GPS 超速报警系统和远程视频实时监控系统基本抑制了超速、疲劳驾驶等违章现象，提高了企业本质安全水平；二是提高了管理效益，减少配送车辆 10%，提高配送车辆利用率 25%；三是提高了经济效益，降低油料消耗及成品油的非正常损耗；四是提高了社会效益，减少了事故伤亡和环境污染，提升节能减排效果；五是率先实现了集团化运输企业的全国范围跨区域联网实时动态监控。目前，该平台已扩展到全国 31 个省市自治区，通过集团公司、各省、市级分、子公司三级监控平台，监控车辆 2 万多辆，其中危险品运输车 1 万辆左右。

四、车联网等信息技术蕴含的经济效益巨大

信息化不但能够解决营运车辆安全问题，还能够产生巨大的经济效益。以车辆网为例，其产业链涵盖汽车零部件生产厂家、芯片厂商、软件提供商、方案提供商、网络供应商等多个领域，发展车联网可带动相关产业发展。预测数据显示，按照相对保守的 30% 的复合增长率计算，从 2015 年开始的未来 5 年我国车联网总产值市场空间超过 13000 亿元。

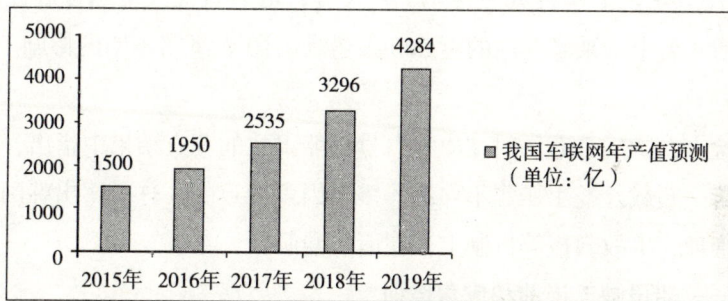

图30-2　2015—2019年我国车联网产值预测（亿元）

信息化手段还可降低运输企业成本。据报告显示，我国车辆运营的空载率约45% 左右，车辆的空载率大大增加了运输企业的成本。以往企业为节省眼前的成本而忽略了车辆实时调度监控系统的应用，于是在运输过程中企业无法准确知道车辆的具体位置，不能为其组织货源和灵活配货，造成车辆在回程时的空载，既增加了车辆空载所产生的成本，还造成了巨大的仓储成本。通过车联网，可以实时掌握车辆基本信息，有效地避免车辆的空载现象，减少车辆的空载率，提高车辆的利用率，实现货物动态配送，减少仓储空间、时间，加快货物和商品的流通速度，一方面降低了运输成本，同时也降低了企业的仓储成本。

第三十一章 韩国"岁月"号沉船事故

第一节 事件分析

2014年4月16日，韩国"岁月"号（SEWOL）客轮在韩国全罗南道珍岛郡屏风岛以北海域为躲避礁石突然改变航向，导致船载货物移位而发生90%以上船体倾斜进水并最终沉没。客轮载有339名安山檀园高中学生和教师、2名菲律宾女歌手、24名工作人员等共477名人员，虽然救援人员迅速赶往救援，但仍造成包括4名中国乘客在内的近300人遇难、10人下落不明的惨剧，仅有172人获救。

韩国检方在随后公布的对"岁月"号沉船事故的调查结果中指出，事故是由于船体改装、超载及舵手操作不熟练等多个因素导致的。这暴露出韩国在航海安全、运输管理、事故救援等机制上存在诸多漏洞。

漏洞一：船员缺乏岗前和应急培训

韩国检警联合调查本部调查发现，当"岁月"号发生事故后，在弃船前，船上的联络员与珍岛交通管制中心进了31分钟的联系，双方进行了11次沟通。珍岛交通管制中心在第一次沟通时就要求船长采取紧急救援措施并立即安排逃生，但船长只是反复询问"是否有救援"，却没有及时下令逃生。而在客轮即将沉没时，船长和船员却不顾自身责任，抛弃了乘客，只顾自己先逃。韩国检方调查发现，在"岁月"号船员上岗之前，船务公司没有给船员进行任何急救和职责培训，也没有讲解过相关规则和章程。

漏洞二：轮船载货量监管不到位

调查显示，"岁月"号突然改变航向时，船载货物发生了严重移位。获救舵手吴英锡承认是船上的货物固定不规范，船上装载了三四层集装箱，应该用铁链捆绑固定，但实际上只用了普通绳子。更严重的问题是"岁月"号严重超载，"岁月"号上的货物重量为3606吨，达到其最大规定载货量的3倍。

漏洞三：船舶改装、报废规定缺失

"岁月"号于1994年由日本建造，适用于短距离岛屿间的交通运输，稳定性和抗风浪性能较弱。韩国船务公司购买"岁月"号后，又在船体上增建了第5层结构，这导致重心的稳定性和结构强度更差，存在严重的安全隐患。此外，"岁月"号还存在寿命问题。船舶的使用寿命一般是20年左右，"岁月"号在日本时已服役了18年，2012年被韩国船务公司收购、改装后继续使用。据韩国媒体报道，"岁月"号客轮此前曾发生过因发动机故障而导致的晚点及返航，但一直未进行彻底检修。

漏洞四：乘客安全教育不足

在许多国家，乘客必须在登船之前接受安全教育，否则将被拒绝登船。事发时，"岁月"号上的乘客大部分是学生，一位学生在事故发生时拍摄的船内画面显示，当船内广播说船只可能有危险时，学生们丝毫没有意识到事情的危险性，仍在漫不经心地做着自己的事情。事件发生后，学校在安全教育上的问题引发了社会的广泛关注。

漏洞五：危机响应和救援机制不完善

在"岁月"号发出求救信号后，救援人员半小时后就赶到了现场施救，此时距离船体完全倾覆还有两个多小时。但由于救援指挥人员对事故严重性判断失误，认为只是船只搁浅，没有开展及时正确的救援措施。另外，救援人员没有遵循灾害管理手册的规定，由于不了解船只及乘员情况，不知道船内还留有大量乘客，也没想到船体下沉速度会很快，因此没有让乘客立即弃船逃生，错过了救援的"黄金期"，最终导致大半乘客遇难或失踪。

第二节　对我国救援机制的反思

韩国"岁月"号沉船事故震惊了世界，应急救援成为此次事故的最大短板。由于自然灾害或人为因素，当灾害或事故不可避免的时候，有效的应急救援行动是唯一可以抵御事故或灾害蔓延，并减缓危害后果的重要措施。

随着我国信息化、城镇化、工业化的快速发展，各种安全事故、自然灾害、突发事件的多发性、复杂性和不可预见性增强，对救援力量、正确救援，提高成功率都提出了更高要求，但事故防范、应急救援管理体系和关键技术仍亟待突破。如韩国"岁月"号沉船事故，几乎第一时间就收到报警信息，救援力量也快速到达，还造成大量人员死亡的灾难。思考灾难事故的前因后果，对于提高我国应急救援的能力具有重要意义。

一、应急援救预案缺乏针对性

应急救援预案是我国安全管理体系的重要组成部分。应急救援预案制订得好坏，对于救援准备是否充分、行动是否及时都具有重要作用。好的方案可以防止次生危害发生，减少损失和降低人员伤亡。然而，我国的许多应急救援预案千篇一律，针对性差，存在格式化、内容脱节、设定简单、重点不突出、不切合实际、缺乏操作性、修订不及时、不进行评估、盲目使用等突出问题，严重影响了预案的使用，甚至制约了应急救援的进行。而与此相对应的是，国内外应急救援系统突出的问题在于信息处理能力不足，无法应对应急救援管理中海量数据带来的冲击，更没有办法运用海量数据为应急救援服务。如此次韩国救援力量到达现场后，因不具备专业知识和救援手段，甚至采取了错误的施救措施，都直接造成了救援的延缓和失败，这样的现象在我国应急救援中也同样存在。

二、应急救援力量协调性差

如何快速形成有序、高效的应急救援能力，是应急救援体系建设的核心问题。目前，我国的应急救援力量以专业救援队伍为龙头，公安、消防、解放军为骨干，武警、民兵预备役、志愿者组织协调行动的科学应急体系正在形成，各地已经建立了行业和部门的应急救援队伍。但由于应急力量比较分散，缺乏有效的资源整合和统一协调，当发生重特大事故或灾害时，救援工作中往往存在职责不明、机制不顺、针对性不强等问题，缺乏有效协同，难以形成整体救援能力。此外，救援信息保障技术落后，当面对跨行业、跨领域、跨地域的重特大事故灾难，指挥信息不畅，资源共享困难。国外也有此类情况，如此次韩国的救援，缺乏协调统一指挥，是没有实施有效救援的重要原因，我们当引以为戒。

三、应急救援演练难以满足社会需要

现代社会，安全应急演练不仅是事故应急预案的重要组成部分，也是提高全社会公共安全应急水平的需要。传统上，我国更多是进行必要的生产安全事故应急救援演练，检验安全生产应急预案的效果。当今社会，不仅生产安全的复杂性更高，而且突发的公共安全事件和自然灾害，使社会和公众对于应急处置与救援提出了更多的要求。提高全社会防范和应急救援能力，对应急演练提出了新课题。让实训、体验成为应急演练的主要方式，是改变当前应急救援演练缺乏针对性和难以满足需要的有效途径。如汶川地震中，参加过应急演练的学生迅速而有序撤离，与韩国沉船事故中学生错失宝贵逃生机会形成了鲜明对比。

第三节　运用互联网思维为应急救援提供新思路

平台化、大数据、简捷性、网络式等互联网思维可以为应急救援提供新思路、新模式、新方法。

一、平台化为应急救援开辟新渠道

建立向社会开放的自主应急救援服务平台。开放、共享、共赢的平台化特性，为打造信息传递、协调指挥、准确实施等综合性应急救援平台提供了有力武器。打破封闭的应急救援管理体制，一方面可以吸收社会力量参与应急救援工作，另一方面也可以疏通应急救援信息来源渠道。例如，借鉴国外紧急救援（E-Call）业务的模式和经验，在物联网条件下，将先进的车联网技术和各种救援信息网络相结合建立的应急救援服务平台，已经在国内进行了联运试验和演练，取得了良好效果。

二、大数据为应急救援提供有利武器

以大数据为工具，可以快速提供综合的决策模型，为应急决策指挥提供支持，提升应急救援能力。与大数据时代提供了海量数据及其处理能力，将其应用于主动安全和应急救援系统，将有效改善应急救援的现况。大数据技术可以快速整合信息数据，构建起安全模型，综合分析各类事故、自然灾害和突发公共事件，满足应急救援所需的实时获取、预测预警、智能研判、信息共享、应急联动和辅助

决策等需求。此外，可靠的信息来源，在保障应急救援决策外，还有利于开辟正面的信息发布通道，堵住谣言散布的渠道，准确清楚地向公众传递相关信息，减少次生伤害，避免社会恐慌。

三、简单快速将满足应急救援的根本需要

追求简约、快速的互联网思维，为赢得宝贵的救援时间提供保障。在互联网时代，海量的信息经过大数据的处理，将形成分类更加明确，针对性更强的个性化方案。应急救援管理系统通过对实时的突发事件感知数据、历史数据、决策模型以及应急资源等信息通过网络集成，实现信息快速收集、抽取、挖掘、分析、预测和推演，可以进行智能化动态决策。在此基础上，可以将将信息快速地传递到各执行单位，最大限度地发挥数据信息的功能，使各救援力量都更快、更清楚地了解情况和任务，实现应急救援最好的决策和执行效果。

四、形成体验化应急救援服务网络

在互联网时代，应急救援所带来的服务，不仅能带来商业价值，亦能产生社会价值。在当前社会，应急救援及演练，除政府主导的应急管理体系需要外，更需要广大民众参与，才能实现全社会共同参与的高效应急救援网络体系。要把开展安全应急救援实训、演练等安全服务，作为安全产业重要的组成部分加以培育，建立政府支持，社会投入，公众参与的应急救援演练和培训体系。第一，要设立安全应急培训实训基地，将基础理论培训、现场装备设备实训、安全技能和应急逃生仿真模拟实训于一体，全面全社会，开展仿真模拟体验式培训实训。第二，将应急救援培训、演练通过互联网，建立专业的网络教育培训体系，使更多的人了解和掌握应急救援所需的知识与技能。第三，要建立专业的网站，平时宣传应急救援技术、产品、服务、案例等信息，在救援时，发挥传递救援信息、自救手段、信息交流等功能。

第三十二章　上海"12·31"外滩拥挤踩踏事件

第一节　事件回顾

2014 年 12 月 31 日，上海市黄浦区外滩在群众自发进行的迎新年活动中发生拥挤踩踏事件，踩踏事件已造成 36 人死亡，49 人受伤，死者中女性 26 人、男性 10 人，年轻人居多，年龄最大的 36 岁、最小的 16 岁。

踩踏事件发生后，党中央、国务院高度重视，中共中央总书记、国家主席、中央军委主席习近平立即作出重要指示，要求上海市全力以赴救治伤员，做好各项善后工作，抓紧调查事件原因，深刻汲取教训。中共中央政治局常委、国务院总理李克强也就伤员救治和加强安全管理作出批示，要求千方百计减少因伤死亡，精心安抚家属，各有关部门要督促各地切实做好节日期间人员密集场所的安全管理，落实各项防范保障措施，严防重特大事件发生，确保人民群众生命安全和社会稳定。上海市连夜成立工作组，上海市委书记韩正、市长杨雄要求全力做好伤员抢救和善后处置等工作。

第二节　事件解析

一、拥挤踩踏事发现场情况

外滩风景区东侧黄浦江对岸是上海东方明珠等上海标志性建筑所在，西侧沿中山东一路有多处历史文化建筑，并与延安东路等人员密集道路相通。新年倒计时活动的举办地点外滩源位于中山东一路 33 号，与外滩风景区相隔不远，与陈毅广场步行距离约 550 米。陈毅广场位于外滩风景区中部,与南京东路东端相邻、与中山东一路相连,公共活动面积约 2877 平方米,此区域节假日人员流量大、密度高。当晚踩踏事件现场位于陈毅广场东南角通往黄浦江观景平台的上下人行通道阶梯处。

二、踩踏事件经过及救援情况

2014 年 12 月 9 日黄浦区政府决定今年的新年倒计时活动在外滩源举行,预计活动现场观众人数控制在 3000 人左右。事发当日即 2014 年 12 月 31 日 20 时至事发时,外滩风景区人员流量短时间内持续上升。数据显示,当日 20 时至 21 时,外滩风景区的人员流量约 12 万人,21 时至 22 时约 16 万人,22 时至 23 时约 24 万人,23 时至事发时约 31 万人,一直处于进多出少、持续上升的状态。23 时 30 分,陈毅广场上下江堤的一个通道上人员滞留密度过大,随后有大量市民游客朝观景平台方向逆行,和亲水平台的相向人流在斜坡上发生对冲,对冲后在阶梯中间形成僵持,由于逆行的人流现在变得混乱。23 时 35 分左右,僵持人流向下的压力陡增,对冲人流中有人摔倒,随着更多的人被层层涌来的人浪压倒,情势开始更加混乱。失控的上下人流不断造成人员失衡跌倒,继而引发多人叠压,致使拥挤踩踏事件发生。拥挤踩踏事件发生后,上海市调集值班警力赶赴现场,现场维持秩序的民警遭超大规模拥挤人流的阻隔,民警试图与市民游客一起将临近的摔倒人员拉出,但因跌倒人员仍被上方的人流挤压,多次尝试均未成功。十分钟后人流涌动的趋势开始减慢并停止,这时阶梯处多位市民游客在他人帮助下翻越扶手,阶梯上方人流在民警和热心的市民游客指挥下开始后退,上方人员密度逐步减少,当人群终于散开时,楼梯上已经有十几人无力地瘫倒在那里,民警和市民游客开始将被拥挤踩踏的人员移至平地进行抢救。许多市民游客自发用身体围成人墙,辟出一条宽约三米的救护通道。现场市民游客中的医生、护士都自发加入了抢救工作,对有生命体征的受伤人员进行紧急抢救。

三、事件原因及事故性质、处理

(一)事件原因

一是对新年倒计时活动变更风险未作评估。大量市民游客认为外滩风景区仍会举办新年倒计时活动,南京路商业街和黄浦江对岸的上海中心、东方明珠等举办的相关活动吸引了部分市民游客专门至此观看。对此，黄浦区政府在新年倒计时活动变更时，未对可能的人员聚集安全风险予以高度重视，没有进行评估，缺乏应有认知，导致判断失误。

二是新年倒计时活动变更信息宣传严重不到位。新年倒计时活动变更后，主办单位应当提前向社会充分告知活动信息。但是，直至12月30日，黄浦区旅游局才对外正式发布了新年倒计时活动信息，对"外滩"与"外滩源"的区别没有特别提醒和广泛宣传，信息公告不及时、不到位、不充分。

三是预防准备严重缺失。黄浦公安分局未按照黄浦区政府常务会议要求，在编制的新年倒计时活动安全保卫工作方案中，仅对外滩源新年倒计时活动进行了安全评估，未对外滩风景区安全风险进行专门评估。黄浦公安分局仅会同黄浦区市政管理委员会等有关部门在外滩风景区及南京路沿线布置了350名民警、108名城市管理和辅助人员、100名武警，安保人员配置严重不足。

四是对人员流量变化未及时研判、预警，未发布提示。截至12月31日20时，外滩风景区人员流量呈上升趋势。黄浦公安分局指挥中心未严格落实上海市公安局指挥中心每半小时上报人员流量监测情况的工作要求，也未及时向黄浦区委区政府总值班室报告。黄浦公安分局对各时段人员流量快速递增的变动情况未及时采取有效措施，未报请黄浦区政府发布预警，控制事态发展。对上海市公安局多次提醒的形势研判要求，未作响应。

五是应对处置不当。针对事发当晚持续增加的人员流量，在现场现有警力配备明显不足的情况下，黄浦公安分局只对警力部署作了部分调整，没有采取其他有效措施，一直未向黄浦区政府和上海市公安局报告，未向上海市公安局提出增援需求，也未落实上海市公安局相关指令，处置措施不当。上海市公安局对黄浦公安分局处置措施不当指导监督不到位。黄浦区政府未及时向市政府报送事件信息。

（二）踩踏事件性质

在"12·31"外滩拥挤踩踏事件的调查报告中，认定这是一起对群众性活动预防准备不足、现场管理不力、应对处置不当而引发的拥挤踩踏并造成重大伤亡和严重后果的公共安全责任事件。

（三）责任人处理情况

调查认定，对事件发生，黄浦区政府负有主要管理责任，黄浦区公安分局负有直接管理责任，对各时段人员流量快速递增的变动情况未及时采取有效措施；未报请黄浦区政府发布预警；对上海市公安局多次提醒的形势研判要求未作响应；在现场现有警备明显不足的情况下，只对警力部署作了调整，没有采取其他有效措施，一直未向黄浦区政府和市公安局报告，未向上海市公安局提出增援需求。黄浦区市政管理委员会负有管理责任，黄浦区旅游局负有管理责任，黄浦区外滩风景区管理办公室负有管理责任，上海市公安局负有指导监督管理责任。给予黄浦区委书记、区长等11人给予党纪处分。

四、踩踏事件教训与启示

（一）安全意识

近年来大城市发展方兴未艾，全国各地踩踏事件频发，有数据统计显示，目前我国真正有自救、互救能力的公民比例不足2%，与一些发达国家70%以上的自救知识普及率差距明显。

解决安全意识问题，培养人们对危险因素的正确认识，是预防事故的基础。但事故是一种非常复杂的现象，事故外在的偶然性使人们对事故的认识仍然肤浅，甚至出现一定的偏差，形成错误的安全意识和安全态度。提高社会安全意识的本质，是让更多的人充分认识和接受事故的必然性、可预防性等内在特性，克服侥幸心理。

一是提高管理层的安全意识。树立正确的安全态度和良好的职业道德，严格落实和贯彻安全措施和制度。坚持"以人为本，安全第一"的原则，排除管理方面存在的隐患，对于管理层安全教育形成常态化。二是通过不同的形式，对社会中的各种群体开展有针对性的安全科技和文化知识的宣传教育。让更多的人充分认识事故的偶然性和必然性，牢固树立事故可以预防的观念，并积极采取各种措施防范事故的发生。三是提升社会公众的安全意识。强调安全的投入本身也是一种经济投入，提升公众的安全意识能使安全效益明显化。

（二）安全培训

目前我国安全培训方面投入不足，在培训模式上有待创新，另外培训的针对性和普及性不高。一是要加强安全培训机构的基础设施建设，切实提高安全生产培训质量，已取得安全培训资质的单位，要集中人力、物力、财力，加强内部建设，改善硬件条件，提高培训水平，并不断更新知识，充实提高，做到科学、实用、可操作性强。二是创新培训模式，增强安全培训的普及。在传统实训基地、演练等基础上，拓展思路，运用互联网思维，调动公众的积极性，以"要我安全到我要安全"的理念参与到各种形式的培训。三是做好安全培训工作的统筹规划，树立大教育、大培训的素质教育观念，将安全培训作为提高全民素质的重要内容，保障安全培训工作的落实。

（三）应急预案

通过建立预警机制，提前预防，实时监控等手段，减少恶性伤亡事件的发生，是建设智慧城市的要求，也是我国新常态时期完成转型的基础。2014 年 12 月国务院办公厅印发了《关于加快应急产业发展的意见》，这是中国首次对应急产业发展做出全面部署。《意见》明确了应急产业发展的总体要求、主要任务和政策措施，提出到 2020 年，应急产业规模显著扩大，应急产业体系基本形成，为防范和处置突发事件提供有力支撑，成为推动经济社会发展的重要动力。

一是提高新一代信息技术在应急救援领域的应用，引领一批高新技术和产品，有力的支撑应急救援。二是完善应届救援机制。成立专门的应急救援组织，分析研究在贯彻执行应急法律法规方面存在的突出问题，协调解决应急工作中的难点，收集信息、分析数据，随时掌握最简单高效的救援信息，组织开展各领域的应急救援演练。

第三十三章　中国安全产业协会成立

第一节　事件回顾

安全产业是为安全生产、防灾减灾、应急救援等安全保障活动提供专用技术、产品和服务的产业，是安全生产领域事前预防、过程控制和事故应急救援的基础与保障，是源头治理的重要手段。同时，安全产业在满足国家安全发展和人民群众平安期待、扩大内需和培育新经济增长点、结构调整和转型升级等方面可以发挥应有的作用。

为落实国务院关于将安全产业作为国家战略性产业培育发展的部署要求，以及工业和信息化部、国家安全生产监督管理总局《关于促进安全产业发展的指导意见》（工信联安〔2012〕388号），进一步推进安全产业的发展，2013年，由重庆安全产业发展集团有限公司、中国电子信息产业发展研究院等5家单位发起，近百家单位支持，正式申请筹备成立中国安全产业协会（简称协会）。2014年，经国务院批准，紧密筹备一年多的中国安全产业协会于12月21日在京召开了成立大会暨第一届会员代表大会。国务院应急管理办公室、公安部、国家安监总局、保监会等有关部门和企业代表等共300余人参加大会。

第二节　事件分析

协会的成立，是贯彻党的十八届三中全会全面深化改革精神的重要举措，标志着我国安全产业走上了规范化、规模化发展的道路，对我国经济平稳渡过"三期叠加"阶段具有重要意义。

发展安全产业，是我国结构调整阵痛期的镇痛剂。2014 以来，全国接连发生三十几起重特大安全事故，教训惨痛。安全事故频发已成为我国转型升级、结构调整时期出现阵痛的症状之一，制约我国工业经济社会的科学发展、安全发展。为缓解安全压力带来的阵痛，安全产业应运而生。发展安全产业，坚持红线意识和底线思维，实现安全梦是实现中国梦必不可少的一部分。

发展安全产业，是我国增长速度换挡期的缓冲剂。近年来，国家不断加大对资源浪费严重、安全保障缺乏落后产能的淘汰力度，但要保证经济增长稳定在合理区间，结构调整绝不能只做减法不做加法，大力淘汰落后产能的同时一定要培育新的经济增长点，重构经济发展新平衡，打造经济增长新平台。安全产业即顺应"新常态"而生：一方面，安全产业包含的安全技术和安全服务等第三产业将提供更多就业机会；另一方面，安全技术创新和安全人才培养释放的技术红利、人才红利，将成为接力人口红利和全球化红利推动经济增长的新力量。

发展安全产业，是我国前期刺激政策消化期的新动力。我国在应对 2008 年国际金融危机过程中采取的强刺激政策虽然在特定时期取得了保增长、保就业的良好效果，但长期来看，其造成的产能过剩、中小企业地位弱化等问题还会在今后一段时间内影响我国经济发展。发展安全产业，符合国家定向调控要求，将促进前期刺激政策的消化，稳定经济增长。

安全产业虽然在我国总体处于初期发展阶段，但部分相关细分产业早已存在，如个体防护、监测预警、应急救援等，还有一部分则被纳入高端装备制造、新材料、节能环保等新兴产业的支持范畴。2012 年 8 月，工业和信息化部、国家安全生产监督管理总局联合发布《关于促进安全产业发展指导意见》，首次给出安全产业的定义，这一重要意见的出台使得安全产业的范畴更加明晰，发展方向更加明确。协会就是在安全产业发展到这一阶段，在政府和社会各界的关注支持下，在大批安全产业企业要求发展的呼声中，举起了引领产业发展的大旗。中国安全产业协会具有以下几个显著特点：

第一，协会是新常态下的新协会。其一新，就是大胆改革会费制度，在严格遵守社会团体登记管理条例规定的前提下，由会员自愿缴纳会费，承诺管好用好每一分钱并接受监督，这也要求会员具有高度自觉性和自律性，共同营造诚信、友爱的行业环境；其二新，是协会将充分发挥社会治理多元主体责任，做好服务与协调工作,拒绝做"第二政府",浪费其存在意义和价值;其三新,协会成立初衷,就是要做造福人民,保卫人民群众生命财产安全的有爱协会,协会作为和谐社会中的和谐协会,必将最大限度增加发展和谐因素,增强社会和谐发展活力。

第二,协会是中小企业发展的战斗堡垒。如何为安全产业占比超过90%的广大中小企业做好服务,支持并规范中小企业发展,做大做强安全产业,是协会自筹备以来就首要考虑的问题。中国经济已由发展速度导向向发展质量导向转变,以低成本抢占市场的时代一去不返,协会将在今后的工作中有序引导企业技术改革,安全产品质量,同时探索减轻企业负担,适合安全产业大多数企业的发展之路,推动安全产业在自律中发展,在发展中规范。

第三,协会是信息化与工业化深度融合的具体体现。信息化与工业化深度融合和互动发展是推动经济增长的巨大推力。协会自产业范畴明晰以来,从筹备成立到获得国家批准,一直都在工业和信息化部的有力指导下逐渐规范和成长,天然与信息化紧密结合。协会一定会抓住国家新四化发展机遇,创新发展,安全发展,带领广大会员以信息化技术助推产业转型升级,促进安全产业健康发展。

展望篇

第三十四章　主要研究机构预测性观点综述

安全产业的提法最早出现于 2010 年《国务院关于进一步加强企业安全生产工作的通知》（国发〔2010〕23 号），文件中明确提出了"安全产业"的概念，其中要求"把安全检测监控、安全避险、安全保护、个人防护、灾害监控、特种安全设施及应急救援等安全生产专用设备的研发制造，作为安全产业加以培育，纳入国家振兴装备制造业的政策支持范畴。"此后，安全产业的概念开始多次出现在政府公文中，成为了学术界的研究课题之一，安全产业的定义、界定和范围逐渐清晰。本章对国内一些主要研究机构有关安全产业的最新研究成果及其提出的有关安全产业在 2015 年预测性观点进行综合整理和介绍。

第一节　中国安全生产科学研究院

中国安全生产科学研究院（以下简称"安科院"）是国家安全生产监督管理总局直属的综合性和社会公益性科研事业单位。2014 年 2 月，安科院在其与营口高新区合作的研究项目《中国北方安全（应急）智能装备产业园发展战略研究》这一报告中，对安全产业在我国的发展情况以及 2015 年的发展态势进行了分析和预判。报告统计了《我国安全产业现状与发展战略研究》课题组对我国 31 个省（区、市）的安全产业的问卷调查结果，估算出 2014 年我国安全产业产值约4200 亿元，约占全国国内生产总值的 1.23%，推算出 2015 年我国安全产业产值将达 6863 亿元。项目指出，由于统计过程中，很多地方与安全产业范围掌握并不清楚，导致部分企业未列入统计范围，统计结果与实际相比偏低，我国安全产业产值实际可能超过 1 万亿元，市场空间巨大。其次，我国各地区安全产业发展情况并不均衡，安全产业产值、企业数量和从业人员数量都呈现出东部较高，中部稍差，西部最低的特点，各地区差异明显。总体结论就是我国安全产业已经达到了一定市场规模，然而发展却不够均衡，东西部差异较大。

第二节　中国安全生产报

《中国安全生产报》在 2013 年曾撰文指出了我国安全产业当前发展过程中存在起步晚、规模小以及无序竞争严重等主要问题，表示我国安全产业近年来虽然总体上取得了长足发展，但与发达国家相比，产业发展仍较为滞后，还不能在更高水平上为企业安全生产提供有效的技术装备保障。

主要表现在如下六个方面，一是社会认知程度不高，产业发展缺乏规划指导。安全产业所占国民经济比例较小，尚属弱势产业，社会对大力发展安全产业的认知程度和社会需求有待提高。产业发展缺乏统一的规划和指导，各级政府的政策支持十分有限，市场培育不足，市场机制尚未建立。二是市场规模较小，产业集中度低。我国安全产业起步较晚、规模小，未形成与国家经济规模相适应的格局。根据调研，整个产业产值仅占 GDP 的 1.2%，与美国、日本等发达国家相比仍有一定差距。产业布局分散，产业集中度较低，企业规模都不大，市场竞争力弱，无法形成规模经济。三是技术研发能力较弱，产品附加值低。受科技发展水平所限，我国相关企业技术装备的研发能力和动力不足，科技成果转化能力不强，内部管理水平不高，导致产品质量较差。产品主要集中在低端劳动防护用品市场，缺乏高技术含量、高附加值的安全产品。四是管理体制不顺，未形成独立的行业。安全产业的范畴十分广泛，尚未形成一个独立行业。许多企业和产品与其他产业产品混合在一起，给政府有关部门把握产业现状、指导产业发展带来一定困难。虽然其在专业上属安全生产领域，但在体制上归工业与信息化部门管理，安全监管部门对产业发展的指导作用有限。五是市场秩序混乱，无序竞争严重。我国从事安全产业的企业多为中小型民营企业，没有知名品牌和驰名商标产品，存在较多无证生产、无证经营等问题，低水平的无序竞争较为激烈，拥有自主知识产权核心技术的企业凤毛麟角。六是国外厂商进入国内，市场竞争日趋激烈。越来越多的世界安全产业知名厂商进入中国，并以一流的技术、产品和服务在中国站稳了脚跟，占据了高端市场。国内安全产业市场竞争日趋激烈，给国内相关企业的发展和壮大带来巨大压力。

同时，《中国安全生产报》指出，我国安全产业同其他新兴产业一样，在发展初期也需要国家相关政策的扶植，并提出四点建议。一是要培育安全产业市场，引导和促使企业及各级政府加大安全投入，扩大安全产业市场需求。同时，规范安全产业市场秩序，建立健全统一高效的安全产业市场指导与监管体制。二是要大力推进"科技兴安"战略，加快建设以企业为主体、市场为导向、政产学研用相结合的安全科技创新体系，着力解决制约我国安全装备发展的共性、关键技术难题，提升我国安全技术和装备的整体水平。鼓励集团化和专业化发展，鼓励大型企业实施研发制造服务一体化发展战略，发展一批具有核心竞争力、辐射带动能力强的大企业、大集团。三是要加速构建安全服务体系，培育安全中介服务机构，开展安全生产、防灾减灾、应急救援技术支撑服务，为企业提供咨询和诊断服务，推广应用先进技术、工艺和装备，扩大国际交流与合作。四是要积极推动产业集聚发展，选择安全产业基础较好的地区，积极培育建立一批安全产业特色园区、集群，鼓励企业集聚集约、关联成链、合作发展。

第三节　中国安全产业协会

2010年以来，国务院多次印发通知，从国家层面提出了培育安全产业的要求，安全产业正成为我国工业转型升级的新动力。中国安全产业协会在工业和信息化部与国家安监总局的牵头下，顺应这一响应于2014年12月21日北京成立。

中国安全产业协会是由中国安全产业及相关行业的社会团体和企事业单位自愿组成的全国性、综合性、非盈利性的社团组织，目前拥有正式会员单位251家，其核心是促进安全产业与经济同步发展，构建"政产学研用金"平台，并实施安全产业创新、产业技术创新、产业商业模式创新，在科技、资金等方面为安全产业发展提供支持，有效防控重特大事故，促进社会增长并在全球范围内推广中国安全产品。

据中国安全产业协会理事长肖健康介绍，目前全国已有安全产品规模以上企业1500多家，分属各工业行业，呈小、散、乱、差局面，技术落后，产品陈旧，安全标准缺失、检测检验无力，科技信息和投融资支撑脱节，相关企业经济效益低下，无力进行技术创新，陷于"早投入早死，不投入等死"的恶性循环。未来，中国的安全产业发展需更加重视运用科技信息、自动装置、计算软件、传感网络、智能化设计等新型制造技术，打造智能安全产业。预计到 2017 年，要初步形成门类比较齐全的智能安全产业体系，在 2020 年左右，形成一批具有较强国际竞争力的安全产品研发、制造和服务企业。

2015 年 3 月 11 日，中国安全产业协会肖健康理事长与中国电子商务协会张会生理事长在京签署"安全产业电子商务应用服务平台合作建设协议"。两个国家一级协会的强强联手，将迅速推动我国的安全产业进入"互联网 +"时代，构建立足中国，辐射亚太，影响全球的新型的安全产业构架，成为我国国家实力的重要组成部分。

安全产业电子商务应用服务平台，包括由信息平台、交易平台、仓储物流管理云、认证管理系统、培训系统等多个部分组成，致力于进一步提高我国安全产业的互联网应用深度，促进安全产业的电子商务应用，加快我国安全产业的转型升级步伐，更好地服务于民生和国民经济建设。

据介绍，安全产业电子商务应用服务平台，将从四个方面打造全方位的安全产业电商应用服务支持体系。一是建立安全产品准入机制，安全产品必须符合质量标准，技术标准和安全标准要求，才能进入电子商务平台进行交易，规范安全产品市场；二是通过产业金融和互联网金融配套服务支持，保障安全产品的研发、生产、交易等资金需求，促进安全产业新技术转化、新产品研发，提升安全产品的交易活跃度；三是通过产品全流程追踪、全生命周期管理和实时呼叫调度保障，保障安全产品的可靠性和及时性；四是通过专业化的产业服务，实训培训等配套服务支持，保证安全产品的应用效果，深度落实安全保障的有效性。

第三十五章 2015年中国安全产业发展形势展望

第一节 总体展望

党中央、国务院对安全生产工作高度重视,在2014年全国安全生产实现了"三个继续下降、两个进一步好转",继续保持了持续稳定好转的态势。然而,我国经济社会发展,人民生活水平的不断提高,对安全保障工作提出了更高要求,并且我们面临的安全形势依然严峻,存在很大的压力。正如国家安监总局局长杨栋梁强调的,虽然2014年安全生产工作取得新成效,但与党中央、国务院的要求和人民群众的期望相比,仍然存在较大差距。事故总量仍然较大,重特大事故时有发生,非法违法行为仍然突出,安全隐患仍很严重。总体来说,我国安全基础工作还比较薄弱,安全隐患较大、安全保障能力不足。2014年42起重特大安全生产事故表明,统计数据背后是潜在的安全隐患和随时可能发生的安全事故。

表35-1 2014年全国安全生产同比情况

类别	下降幅度
全国事故起数	3.5%
死亡人数	4.9%
全国重特大事故起数	17.6%
死亡人数	13.5%
亿元GDP事故死亡率	13.7%
工矿商贸10万从业人员事故死亡率	12.5%
煤矿百万吨死亡率	12.2%
道路交通万车死亡率	7.7%

数据来源:国家安全生产监督管理总局,2015年3月。

2015年国内先后发生多起火灾、建筑施工、气体燃爆等重大事故，还有上海外滩发生了造成重大人员伤亡的群众踩踏事件，引起社会强烈反响，教训深刻。党中央、国务院领导做出多次批示、要求各地深刻吸取教训，全力抓好当前安全生产重点工作。2015年初的全国安全生产电视电话会议，在部署2015年工作时要求做好的六项工作都与安全产业有关：强力推进隐患排查治理；建立安全生产责任体系；推进依法治安；奋力抓好安全生产基础，提升安全生产保障；健全完善安全生产监管体制；提高应急救援能力。因此，作为承载提供安全生产、防灾减灾、应急救援等方面所需技术、产品和服务的安全产业，在我国经济社会科学发展、安全发展中将扮演更为重要的角色。

表35-2   我国安全生产重点领域每日情况统计

分类	具体数据（每天）
公路	出行1亿人，2.6亿辆机动车，3亿名驾驶员
铁路	开3000对客车，乘坐火车1000万人
航空	航班1万次，在天上飞行100万人
地铁	3000多公里，乘坐地铁4000万人
工地	100多万个工地，4000万人劳动
矿山	煤矿580万人，非煤矿山300多万人，合计是800多万人在地下劳动
油气管线	埋在地下12万公里
危险化学品	2.5亿吨在道路上运输
危险路段	公路上急弯、陡坡、临水、临崖7.5万处，6.5万公里还没有整改完成

数据来源：国家安全生产监督管理总局，2015年3月。

展望2015年，做好安全管理工作，在加强安全监管的同时，必须不断提高全社会的本质安全水平。本质安全水平的提高，需要通过提升技防和物防的水平，大力发展安全产业来实现。一方面，安全产业将在全国各地产业发展中占据重要位置。工信部和国家安监总局联合发布的《关于促进安全产业发展的指导意见》将逐步得到落实。吉林省率先发布了《吉林省人民政府关于推进安全产业发展的实施意见》，这是我国第一个省级安全产业发展支持政策。同时，许多地市也在积极出台政策支持安全产业发展，安全产业将迎来快速发展的新局面。另一方面，安全产业示范园区将引领产业发展的步伐。继重庆和徐州的安全产业基地建设颇具规模后，营口国家安全产业示范园区规划已于2014年通过评审，并被列为安全产业示范园区，成为北方第一个安全产业示范基地。2015年初，安徽合肥、河北怀安、湖北襄阳等地也纷纷申报设立安全产业示范园区或提出申请。

此外，中国安全产业协会已于2014年底召开了成立大会，并完成了在民政部的审批注册工作。新的一年，协会将充分发挥企业与政府间的桥梁、纽带作用，统筹协调各方力量，及时倾听企业心声，助力国家财政、金融等一系列政策的落实，推进我国安全产业发展。

从2010年，国务院文件首次提出发展安全产业起，经过几年的培育，2015年安全产业将乘着中国安全产业协会成立的东风，在产业布局、企业发展、产品创新、投融资体系建设等方面开始新一轮快速增长。预计到2015年末，我国安全产业规模有望突破5000亿元。

第二节　发展亮点

一、"互联网+"将贯穿安全产业发展的各重点领域

"互联网+"作为我国经济发展新常态下重要的创新载体，在安全产业发展中可以发挥重要作用。"互联网+"是新一代信息技术对传统行业的渗透与改变，安全产业的许多领域属于传统行业，也正在不同程度地通过信息技术进行改造提升。通过信息化和工业化的融合，在安全技术、产品和服务上，新一代信息技术可以发挥重要作用。生产和安全装备信息化水平的提高，可以在安全保障方面增强自动防护功能，减少危险作业场所操作人员数量，消除安全隐患；提高灾害预测预警水平，提升防灾减灾能力；建立应急救援信息平台，提高应急救援装备的信息技术水平，提高应急救援能力，降低事故和灾害造成的损失。在安全产业发展的各个重点领域中，互联网都将扮演重要角色。如除交通领域外，还有依托物联网技术的监测监控、人员定位、紧急避险、压风自救、供水施救和通信联络等井下安全避险六大系统；建筑施工现场安全全过程全方位自动抓拍监测监控系统；城市下水道管网改造提升、化粪池无害化防爆监测监控物联网系统；高层电梯安全智能监测监控应急救援系统；高层消防应急救援逃生系列项目，电子监控智能监控逃生技术；应急救援指挥和服务平台建设等。

二、重点领域和重点产品将引领产业发展

针对我国安全生产情况和特点，重点研发道路交通、建筑施工、煤炭矿山、

市政管网、消防化工、应急救援等重点多发易发领域的安全保障技术，跟踪聚集全球最先进科研成果和装备设备，推出一批重点产品和项目。

在道路交通安全方面，重点研发安全标准道路防撞护栏系列产品；汽车防撞、防爆、防翻、防烧设施；重点载人车辆和特种作业车；固态氢安全节能环保装置、撬装式加油站、防爆危化运输车系列产品；驾驶员安全信息监控系统和数据库；危化品生产经营储存运输使用销毁六个环节全程动态监控系统等。

在建筑施工领域，重点研发现场安全标准化系列装备及设施；施工现场安全过程全方位自动抓拍监测监控系统；新型安全节能环保泡沫建材等。

在煤炭矿山生产方面，重点研发深化矿山井下"6大系统"；光干涉移动瓦斯监测监控智能联网；矿山消防自带氧气发生器等。

在市政管网领域，重点研发城市下水道管网改造提升、化粪池无害化防爆监测监控物联网系统；污水处理的生物倍增技术；高层电梯安全智能监测监控应急救援系统；安全智能立体停车场。

在消防化工环保领域，重点研发高层消防应急救援逃生系列项目：电子监控智能监控逃生技术；移动应急固废无害化处理车；新型国标危化车；地沟油消污机等。

在应急救援领域，重点研发应急救援八大移动车；应急救援科技信息新技术和产品；道路交通事故航测证据固化系统等。

在安全服务方面，重点在应急培训实训领域，将基础理论培训、现场装备设备实训、安全技能和应急逃生仿真模拟实训于一体，对监管执法人员、学校学生、企业领导和特种从业人员、机关人员和城乡居民进行全方位仿真模拟体验式培训实训，提高全民安全意识和应急逃生技能，实现自我安全型市民。任务艰巨而光荣。

示范工程将推动安全产业发展的步伐。

（一）"生命工程"将推动道路运输本质安全

近年来，交通安全一直是我国安全事故和死亡人数最多的领域，交通安全已经成为我国安全生产治理的重中之重。2014年11月，《国务院办公厅关于实施公路安全生命防护工程的意见》（国办发〔2014〕55号）提出了要"坚持突出重点、分步实施，着力整治事故多发易发路段隐患，满足公众安全出行基本需要"。其中，将在2015年全面完成公路安全隐患的排查和治理规划工作，健全完善严查车辆超限超载的部门联合协作机制，并率先完成通行客运班线和接送学生车辆集中的农村公路急弯陡坡、临水临崖等重点路段约 3 万公里的安全隐患治理。2015 年是这项活动的起步之年，也是贯彻落实《安全生产法》的重要举措，对于做好道路运输安全工作至关重要。在做好源头治理工作中，安全产业可以在提高道路交通运输本质安全水平中发挥重要作用。

路、车、人是构成交通安全的三要素，提高这三个方面的本质安全水平，以交通安全事故降低为目标，以道路安全管理需求为核心，以营运车辆安全保障为抓手，对改善交通安全局面意义重大。2015 年，交通安全产业将用服务促安全的形式，构建一个全方位的道路运输安全保障体系，着力从源头上整治车辆超载超限违法运输问题。在交通安全领域，将通过信息技术建立车联网，实现了对道路运输车辆的监控，特别是在"两客一危"重点营运车辆的安全监控中发挥了重要作用，对减少超速、超员、超载和疲劳驾驶等违章违法行为作用明显；下一步，还可能通过进一步拓展车载信息终端的功能，加装自动防撞系统等手段，充分运用新一代信息技术来提升道路运输车辆的本质安全水平。其中，重点发展内容包括：

1. 安全标准道路防撞护栏系列产品（整合了新型安全智能远程实时监控防撞护栏等新产品）。有效防控道路交通重特大事故。

2. 汽车安全设备：汽车防碰撞系统、防爆胎系统、防侧翻系统、防发动机燃烧、事故瞬时破玻逃生、北斗智能监控定位导航系统。

3. 安装汽车安全设备的公交车、旅游车、客运车、学校校车、危化运输车和特种作业车等。

4. 固态氢安全节能环保装置、撬装式加油站、防爆运油槽车、防爆自卸加油车、防爆汽车油箱、防爆储油罐、防爆加工设备、LNG 加气装置等防爆系列产品。有效防控石油和危化品生产、经营、运输重特大事故。

5. 科技创新技术和产品：驾驶员安全信息监控系统和数据库；压缩无线传输现代智能安全防撞防护栏；危化品生产经营储存运输使用销毁六个环节全程动态监控系统。

（二）新型安全清洁燃料将逐步得到推广使用

传统的石化能源日趋枯竭，开发清洁的新能源以取代不可再生能源将成为未来的趋势。中国已成为世界上最大的能源生产国与消费国，严重的环境污染制约着中国经济的可持续发展，保证能源安全和节能减排对中国经济的可持续发展极为重要。在"十二五"期间，我国工业发展仍处于重化工业阶段，据测算，"十二五"

末期我国能源消费总量约为 41.2 亿吨标准煤。加快我国能源结构改革步伐，以燃煤为主的能源结构必须逐渐调整。

在绿色和平发展的前提下，新能源和可再生能源的应用得到空前重视，氢能作为新能源中重要的组成部分，安全使用是首要问题，必须保障输送、分配、存储等环节的安全。同时降低使用成本，以安全清洁能源来代替煤炭，加快空气污染治理，促进生态良性发展。作为最环保的可燃气体，氢燃料的使用一直是人们追求的目标，但必须解决其安全使用的问题。

2015 年，以氢基燃料替代燃煤为主的安全清洁燃料，将产生良好的环保和经济效益。首先，采用 HAN 阻隔防爆技术进行氢基燃料的储运。HAN 阻隔防爆技术是一项有效预防相关易燃易爆气态、液态危险化学品储运的容器和装置，能够有效防止因静电、明火、焊接、枪击、碰撞、错误操作、恐怖袭击等意外事故引发的爆炸事故。该项技术具有我国自主知识产权，从根本上解决了成品油、液化石油气、氢基燃料等相关气态、液态危险化学品的生产、运输、储存过程中的本质安全。

其次，氢基燃料以制氢技术为核心，节能环保、安全可靠。使用时以触媒混合清洁燃料为原料，经过气化转化为氢气等混合气体，作为热源进行燃烧。终端为即产即用型，没有储存氢气，没有强大压力容器的危险，不会影响到原燃烧锅炉的安全问题。由于节省了管网建设所需经费，改氢基燃料的综合成本低于使用天然气的成本。

再次，安全清洁燃料大量使用甲醇为主要原料，可以解决我国甲醇产能过剩的问题。同时，安全清洁燃料燃烧时以自产的氢气为主要燃料，这将避免直接燃烧甲醇等醇基燃料所产生的有毒有害气体，保障职业健康和民众生命安全。

三、以创新为抓手，大力促进产业投融资体制建设

创新安全发展理念，创建全社会安全投入新机制。展望 2015 年，创新将成为大力促进产业投融资体制建设的重要抓手。一方面，通过科技兴安、产业强安、投入保安、培训助安、文化促安，政府监管能力、企事业单位安全保障能力和社区家庭全社会安全保障能力将得到进一步改造提升。另一方面，通过创新商业模式，可先配备装备主动保障有效防控事故，政府、企事业单位和社区家庭再分年购买公共服务或支付成本，大大推进了安保设施装配进度，有效解决了安保产业

发展的"资金"瓶颈。可以预见,通过建立投融资平台,能够引领撬动国有资本、保险资金、银行资金、私募股权基金、上市融资、外资基金、境外融资向安全产业聚集;通过深化国企改革和资本运作,可以建立健全安全产业金融体系。同时,积极争取中央和地方政府的产业政策支持扶持,具体包括:

(一)积极争取建立中央和地方政府财政安全产业股权投资基金。

(二)以资本金发起引进民间资金组建中安产引导投资基金,引领撬动国有资本、保险资金、银行资金、私募股权基金组建安产专项子基金。

(三)以保险资金为主引领银行资金组建安全产业中长期资金,充分发挥保险资金时间长、利息低、金额大的优势与银行中长期贷款资金作为安全产业发展的主导资金。

(四)深化国企改革,构建混合经济体制,重组整合资源,盘活存量资产,通过资本运作,建立激活生产要素打造安全产业科技研发基地和新产品生产制造基地。

四、依托协会,构建政产学研用金平台

依托中国安全产业协会,为民从善,服务会员,构建政产学研用金平台。根本是实施安全产业创新、产业技术创新、产业商业模式创新;关键是用科技信息改造提升安全装备设备,超前装备分年偿还,防控大事故,保障社会安全;重点是用财政产业基金、银行和保险资金引导民间资金、境外资金组建安全产业投融资体系,投入安全产业,支持政府公共安全项目投入采用PPP模式不增加地方政府负债,地方政府以时间换空间,以市场换技术装备和资金。支持企业安全项目投入采用金融租赁模式,不增加企业负担,企业以本质安全增加效益税前提取安全费用偿还;以新兴智能安全产业有效防控重特大事故,促进社会经济增长。最终实现安全产品装备全国服务世界。

创新型中国安全产业协会的显著特点是:为政府服务,创新产业保障安全,增加税收促经济增长;为会员服务,提供科技信息、装备设备、培训实训、投融资服务、会员根据享受服务自愿缴纳会费;为行业服务,组建行业联席会、专委会、标委会、行业分会,依托行业抓好示范省市、示范城市、示范基地和示范企业,以点带面推向全国。为民众服务,提供现代智能安全技术、装备设备超前配送和提供培训实训体验,努力保障家庭和民众安全;为社会服务,努力推动实现本质安全型企业、智能监管型政府、自我安全型市民、安全保障型社会。

后 记

为增强全社会对安全产业的理解和支持，推进安全产业发展，发挥好安全产业对我国经济社会科学发展、安全发展的保障作用，赛迪智库工业安全生产研究所撰写了《2014—2015年中国安全产业发展蓝皮书》。

本书由王鹏担任主编，高宏任副主编。高宏、刘文婷、胡文志、于萍、王毅、王昊、陈楠、李泯泯等共同参加了本书的撰写工作。其中，综合篇由刘文婷负责编写；行业篇由胡文志、于萍、王毅、陈楠、李泯泯根据各自专长负责编写，胡文志撰写第三章和第六章，陈楠撰写第四章和第九章，李泯泯撰写第五章，王毅撰写第七章，于萍撰写第八章；区域篇分别由胡文志、刘文婷、于萍编写，具体分工是胡文志编写第十章，刘文婷编写第十一章，于萍编写第十二章；园区篇全部由刘文婷负责编写；企业篇由李泯泯负责编写和整理；政策篇由王昊撰写第二十七章，第二十八章是由胡文志、于萍、陈楠和王昊分别进行了相关政策的解析；热点篇由胡文志编写第二十九章和第三十章，刘文婷编写第三十一章，王毅编写第三十二章，于萍编写第三十三章；展望篇由王毅编写第三十四章，高宏编写第三十五章。高宏、于萍等负责对全书进行了统稿、修改完善和校对工作。工业和信息化部安全生产司、国家安全生产监督管理总局规划科技司和中国安全产业协会的有关领导也为本书的编撰提供了大量的帮助，并提出了宝贵的修改意见。本书还获得了有关专家的大力支持，在此一并表示感谢！

由于编者水平有限，书中难免有不足之处，希望读者给予批评指正。